城市更新法律实务指引

——基于上海城市更新的探索与实践

袁　青　张莹琳
韩春燕　孔　瑜　著

金茂法律丛书

法律出版社
LAW PRESS·CHINA
北京

图书在版编目(CIP)数据

城市更新法律实务指引：基于上海城市更新的探索与实践／袁青等著. --北京：法律出版社，2022
(金茂法律丛书)
ISBN 978-7-5197-7415-8

Ⅰ.①城… Ⅱ.①袁… Ⅲ.①城市建设-法律-研究-中国 Ⅳ.①D922.297.5

中国版本图书馆CIP数据核字(2022)第237279号

城市更新法律实务指引
——基于上海城市更新的探索与实践
CHENGSHI GENGXIN FALÜ SHIWU ZHIYIN
—JIYU SHANGHAI CHENGSHI GENGXIN DE TANSUO YU SHIJIAN

袁　青　张莹琳
韩春燕　孔　瑜　著

策划编辑 肖　越
责任编辑 肖　越
装帧设计 汪奇峰

出版发行 法律出版社
编辑统筹 法商出版分社
责任校对 王晓萍　王语童
责任印制 胡晓雅
经　　销 新华书店

开本 710毫米×1000毫米　1/16
印张 15.75　**字数** 243千
版本 2022年12月第1版
印次 2022年12月第1次印刷
印刷 天津嘉恒印务有限公司

地址：北京市丰台区莲花池西里7号(100073)
网址：www.lawpress.com.cn
投稿邮箱：info@lawpress.com.cn
举报盗版邮箱：jbwq@lawpress.com.cn
销售电话：010-83938349
客服电话：010-83938350
咨询电话：010-63939796

书号：ISBN 978-7-5197-7415-8　**定价**：68.00元
凡购买本社图书，如有印装错误，我社负责退换。电话：010-83938349

金茂律师著述之花持续盛开

金茂律师专业著作一本又一本、一批又一批陆续出版发行,令人欣喜。

金茂律师文集。金茂律师事务所建所以来,每隔五年,出版一本金茂律师文集,回顾总结五年间金茂律师法律服务优秀专业成果,记录金茂律师的不俗业绩和执业经验。

金茂律师专业著作系列。金茂律师在为当事人服务中,在不同领域形成了一批专业团队,不仅专业水准高超,且专业著作频出,形成系列。如吴荣良律师领衔的生态环境、员工健康、公共安全法律服务团队,单独或与复旦大学、华东理工大学等高校专家教授合作,自 2015 年以来的七年间,出版发行了《HSE 法治热点面对面》《企业环境法律风险管理实务》《企业环境健康安全风险管理》《ESG 理论与实务》等五部专著,在生态环境、员工健康、公共安全领域形成了系统性研究成果。

金茂法律丛书。继 2021 年首批法律丛书《外商投资法律实务》《科创企业运营与上市法律实务》《建设工程全流程实务指引——基于司法裁判的大数据分析》等三部丛书出版发行后,2022 年已出版了由吴荣良、万美、黄启荣律师撰写的《环境法律实务——争议解决与合规发展》一书,目前又有四部专著即将出版发行。

本次出版发行的金茂法律丛书,包括由袁青、张莹琳、韩春燕、孔瑜律师撰写的《城市更新法律实务指引——基于上海城市更新的探索与实践》,张莹琳律师撰写的《房地产全流程实务指引——基于司法裁判的大数据分析》,万波律师撰写的《数据与个人信息疑难问题实务指引》,丁钰律师撰写的《行政法实务笔记》等。这批金茂法律丛书又有了新的视角和高度,有关对特大型国际大都市上海城市更新重大课题及房地产全流程的法律观察,有关对亿万人民群众关心关注的个人信息和数据安全与保护疑难问题法律解决的方法。金茂法律丛书的创作方式也有创新与发展，用笔记形式叙述事实与法律，更形象，更生动，更贴近百姓。

金茂律师创作著述已入佳境。金茂有众多律师构成了著书立说的群体，而源源不断的高质量法律服务实践，为著述提供永不枯竭的创作源泉。金茂律师的创作热情，会催生更多更好的律师专著。

让金茂律师著述之花持续盛开，出版发行更多更优秀的金茂法律丛书，不断提高律师法律服务的专业水平和执业能力，更好地服务当事人，服务社会，引领法律服务业发展。

上海市金茂律师事务所创设律师、合伙人

吴伯庆

2022年8月

序

习近平总书记在党的二十大报告中指出,要“坚持人民城市人民建、人民城市为人民,提高城市规划、建设、治理水平,加快转变超大特大城市发展方式,实施城市更新行动,加强城市基础设施建设,打造宜居、韧性、智慧城市”。

实施城市更新行动,推动城市结构调整优化和品质提升,转变城市开发建设方式,对全面提升城市发展质量、不断满足人民群众日益增长的美好生活需要、促进经济社会持续健康发展,具有重要而深远的意义。

笔者作为城市更新法律服务领域的先锋者,越发感受到:以前的城市发展,着重于创造空间增量、兑现局部土地建筑价值。但未来的城市发展,需要塑造新动能、新优势,围绕人民群众对美好生活的需要,重塑城市空间和街巷肌理;需要在创新中保留传统,在发展中发扬文化传承,防止千城一面,一拆了之;需要围绕场景重构创造品质增量,培育城市区域各有特色但整体兼容并蓄的繁荣;需要充分调动各类市场主体的积极性,同时充分尊重城市发展的自然历史规律等。

自参与城市更新法律服务以来,笔者有幸持续为城市更新和治理等工作的法律研究和项目推进建言献策,深入跟进了上海首宗“场所联动”城市更新项目——虹口区弘安里项目,全面参与了上海及长三角地区多个“标杆性”“示范性”城市更新项目,在城市更新法律服务领域有一定的理解,也更加深切地认识到:城市更新是一项复杂、庞大的社会系统工程,包括街区改造、城中村改造和旧住房更新改造等形式,涉及历史风貌保护、国土空间综合规划、市场运作、资本运作、公众利益表达等多个领域,其中问题错综复杂,与百姓民生息息相关。然而,当前我国绝大多数城市仍在探索城市更新基本制度架构搭建的过程中,如何建立起一套完善的城市更新制度体系,是各地亟待解决的现实问题与重大挑战,也是目前我国城市更新发展的重要目标。

因此,为厘清城市更新制度建设的堵点,明晰城市更新的新风向,助力各主体更好地参与城市更新进程,笔者组织、开展了多次研讨、交流活动,检索、梳理了各地各阶段的法规、政策,收集、归纳了众多案例、材料,力求能结合完整业务经验与成果,集理论与实践于一体,清晰、全面地为读者展现我国城市更新图谱,呈现金茂律师事务所最全面的独家解读,对城市更新中不断涌现的新情况、新问题开展探索与思考,为城市更新中的重点问题提供新颖、详尽的解决方案。

经过反复讨论、打磨,历时四年,终于付梓。也谨以本书,抛砖引玉,以期帮助读者更好地理解城市更新及相关政策,为我国的城市更新发展贡献金茂之力。

当然,虽勉力而为,无奈绠短汲深,谬误纰漏难以避免,还请方家不吝赐教、匡之正之,以便将来修订时进一步完善。

上海市金茂律师事务所合伙人律师

袁　青　张莹琳　韩春燕　孔　瑜

2022 年 12 月

CONTENTS 目　录

上　编　城市更新的概述

中　编　城市更新的上海方案

下编 城市微更新的落地实例

上　编

城市更新的概述

第一章　“十四五”规划下的城市更新

第一节　从“加强城市规划建设管理”到“实施城市更新行动”

中国城镇化进程不仅见证着城市规模的不断扩张，也意味着中国改革建设的发展成就。刚刚迈入 21 世纪时的中国常住人口城镇化率不超过 40%，而 20 多年后的 2021 年中国常住人口城镇化率已经超过 60%。从“十一五”到“十四五”，从“加强城市规划建设管理”到“实施城市更新行动”，城市更新写入“十四五”规划标志着中国城镇化进程增量迈入了存量阶段。

一、“十一五”时期（2006—2010 年）

这一时期以“加强城市规划建设管理”为城镇化主题，后续主要通过主体功能区的划定，确定了优化开发区域（高度城镇化区域）实行严格控制建设用地增量的政策方向。

1. 2006 年 3 月，《中华人民共和国国民经济和社会发展第十一个五年规划纲要》

第三节　加强城市规划建设管理

规划城市规模与布局，要符合当地水土资源、环境容量、地质构造等自然承载力，并与当地经济发展、就业空间、基础设施和公共服务供给能力相适应。

2. 2007 年 7 月，国务院《关于编制全国主体功能区规划的意见》（已失效）

对优化开发区域实行更严格的建设用地增量控制，适当扩大重点开发区域建设用地供给，严格对限制开发区域和禁止开发区域的土地用途管制，严禁改变生态用地用途。

3.2010年12月,《全国主体功能区规划——构建高效、协调、可持续的国土空间开发格局》

把环渤海、长江三角洲、珠江三角洲地区确定为优化开发区域,就是要促进这类人口密集、开发强度高、资源环境负荷过重的区域,率先转变经济发展方式,促进产业转移,从而也可以为中西部地区腾出更多发展空间。

…………

严格控制优化开发区域建设用地增量;相对适当扩大重点开发区域建设用地规模;严格控制农产品主产区建设用地规模,严禁改变重点生态功能区生态用地用途;严禁自然文化资源保护区土地的开发建设。

二、"十二五"时期(2011—2015年)

这一时期的城镇化主题是优化国土空间开发格局,预防和治理"城市病"。后续密集出台了相关政策,要求严控增量,并具体提出了棚改等要求,如:

《中华人民共和国国民经济和社会发展第十二个五年规划纲要》提出:"提高建成区人口密度""防止特大城市面积过度扩张";

中共中央《关于全面深化改革若干重大问题的决定》提出:"从严合理供给城市建设用地,提高城市土地利用率";

2013年12月中央城镇化工作会议提出:"严控增量,盘活存量""不能再无节制扩大建设用地,不是每个城镇都要长成巨人";

2014年3月十二届全国人大二次会议上政府工作报告提出:"改造约1亿人居住的城镇棚户区和城中村""更大规模加快棚户区改造,决不能一边高楼林立,一边棚户连片""保护历史文化和自然景观,避免千城一面";

2015年中央城市工作会议提出:"防止'摊大饼'式扩张""推动城市发展由外延扩张式向内涵提升式转变""力争到2020年基本完成现有城镇棚户区、城中村和危房改造"。

2011年的"十二五"规划纲要的出台指出了这一时期的城镇化方向,随后一系列的政策文件和工作会议对此进行了细化。

1.2011年3月,《中华人民共和国国民经济和社会发展第十二个五年规划纲要》

第十九章第一节　优化国土空间开发格局

…………

对人口密集、开发强度偏高、资源环境负荷过重的部分城市化地区要优化开发。对资源环境承载能力较强、集聚人口和经济条件较好的城市化地区要重点开发。对具备较好的农业生产条件、以提供农产品为主体功能的农产品主产区,要着力保障农产品供给安全。对影响全局生态安全的重点生态功能区,要限制大规模、高强度的工业化城镇化开发。对依法设立的各级各类自然文化资源保护区和其他需要特殊保护的区域要禁止开发。

…………

第二十章第三节 增强城镇综合承载能力

坚持以人为本、节地节能、生态环保、安全实用、突出特色、保护文化和自然遗产的原则,科学编制城市规划,健全城镇建设标准,强化规划约束力。合理确定城市开发边界,规范新城新区建设,提高建成区人口密度,调整优化建设用地结构,防止特大城市面积过度扩张。预防和治理“城市病”。

2.2012年11月,胡锦涛在中国共产党第十八次全国代表大会上的报告

坚持走中国特色新型工业化、信息化、城镇化、农业现代化道路,推动信息化和工业化深度融合、工业化和城镇化良性互动、城镇化和农业现代化相互协调,促进工业化、信息化、城镇化、农业现代化同步发展。

…………

(一)优化国土空间开发格局。国土是生态文明建设的空间载体,必须珍惜每一寸国土。要按照人口资源环境相均衡、经济社会生态效益相统一的原则,控制开发强度,调整空间结构,促进生产空间集约高效、生活空间宜居适度、生态空间山清水秀,给自然留下更多修复空间,给农业留下更多良田,给子孙后代留下天蓝、地绿、水净的美好家园。加快实施主体功能区战略,推动各地区严格按照主体功能定位发展,构建科学合理的城市化格局、农业发展格局、生态安全格局。提高海洋资源开发能力,发展海洋经济,保护海洋生态环境,坚决维护国家海洋权益,建设海洋强国。

3.2013年11月,中共中央《关于全面深化改革若干重大问题的决定》

(23)完善城镇化健康发展体制机制。坚持走中国特色新型城镇化道路,推进以人为核心的城镇化,推动大中小城市和小城镇协调发展、产业和城镇融合发展,促进城镇化和新农村建设协调推进。优化城市空间结构和管理格局,增强城市综合承载能力。

…………

建立财政转移支付同农业转移人口市民化挂钩机制，从严合理供给城市建设用地，提高城市土地利用率。

4. 2013 年 12 月，中央城镇化工作会议

第二，提高城镇建设用地利用效率。要按照严守底线、调整结构、深化改革的思路，严控增量，盘活存量，优化结构，提升效率，切实提高城镇建设用地集约化程度。耕地红线一定要守住，红线包括数量，也包括质量。城镇建设用地特别是优化开发的三大城市群地区，要以盘活存量为主，不能再无节制扩大建设用地，不是每个城镇都要长成巨人。

5. 2014 年 3 月，十二届全国人大二次会议上政府工作报告

国务院总理李克强 2014 年 3 月 5 日在十二届全国人大二次会议上作政府工作报告时说，今年要推进以人为核心的新型城镇化。坚持走以人为本、四化同步、优化布局、生态文明、传承文化的新型城镇化道路，遵循发展规律，积极稳妥推进，着力提升质量。今后一个时期，着重解决好现有“三个 1 亿人”问题，促进约 1 亿农业转移人口落户城镇，改造约 1 亿人居住的城镇棚户区和城中村，引导约 1 亿人在中西部地区就近城镇化。

…………

加强城镇化管理创新和机制建设。要更大规模加快棚户区改造，决不能一边高楼林立，一边棚户连片。以国家新型城镇化规划为指导，做好相关规划的统筹衔接。提高城镇建设用地效率，优先发展公共交通，保护历史文化和自然景观，避免千城一面。加强小城镇和村庄规划管理。探索建立农业转移人口市民化成本分担、多元化城镇建设投融资等机制。通过提高建设和管理水平，让我们的城镇各具特色、宜业宜居，更加充满活力。

6. 2015 年 12 月，中央城市工作会议

第三，统筹规划、建设、管理三大环节，提高城市工作的系统性……要加强城市设计，提倡城市修补，加强控制性详细规划的公开性和强制性。要加强对城市的空间立体性、平面协调性、风貌整体性、文脉延续性等方面的规划和管控，留住城市特有的地域环境、文化特色、建筑风格等“基因”。规划经过批准后要严格执行，一茬接一茬干下去，防止出现换一届领导、改一次规划的现象。抓城市工作，一定要抓住城市管理和服务这个重点，不断完善城市管理和服务，彻底改变粗放

型管理方式,让人民群众在城市生活得更方便、更舒心、更美好。要把安全放在第一位,把住安全关、质量关,并把安全工作落实到城市工作和城市发展各个环节各个领域。

…………

第五,统筹生产、生活、生态三大布局,提高城市发展的宜居性。城市发展要把握好生产空间、生活空间、生态空间的内在联系,实现生产空间集约高效、生活空间宜居适度、生态空间山清水秀。城市工作要把创造优良人居环境作为中心目标,努力把城市建设成为人与人、人与自然和谐共处的美丽家园。要增强城市内部布局的合理性,提升城市的通透性和微循环能力。要深化城镇住房制度改革,继续完善住房保障体系,加快城镇棚户区和危房改造,加快老旧小区改造。要强化尊重自然、传承历史、绿色低碳等理念,将环境容量和城市综合承载能力作为确定城市定位和规模的基本依据。城市建设要以自然为美,把好山好水好风光融入城市。要大力开展生态修复,让城市再现绿水青山。要控制城市开发强度,划定水体保护线、绿地系统线、基础设施建设控制线、历史文化保护线、永久基本农田和生态保护红线,防止“摊大饼”式扩张,推动形成绿色低碳的生产生活方式和城市建设运营模式。要坚持集约发展,树立“精明增长”“紧凑城市”理念,科学划定城市开发边界,推动城市发展由外延扩张式向内涵提升式转变。城市交通、能源、供排水、供热、污水、垃圾处理等基础设施,要按照绿色循环低碳的理念进行规划建设。

…………

会议指出,城市是我国各类要素资源和经济社会活动最集中的地方,全面建成小康社会、加快实现现代化,必须抓好城市这个“火车头”,把握发展规律,推动以人为核心的新型城镇化,发挥这一扩大内需的最大潜力,有效化解各种“城市病”。要提升规划水平,增强城市规划的科学性和权威性,促进“多规合一”,全面开展城市设计,完善新时期建筑方针,科学谋划城市“成长坐标”。要提升建设水平,加强城市地下和地上基础设施建设,建设海绵城市,加快棚户区和危房改造,有序推进老旧住宅小区综合整治,力争到2020年基本完成现有城镇棚户区、城中村和危房改造,推进城市绿色发展,提高建筑标准和工程质量,高度重视做好建筑节能。要提升管理水平,着力打造智慧城市,以实施居住证制度为抓手推动城镇常住人口基本公共服务均等化,加强城市公共管理,全面提升市民素质。推进改革创新,为城市发展提供有力的体制机制保障。

三、“十三五”时期(2016—2020年)

这一时期的城镇化主题则是以提高城市质量为方向转变城市发展方式,并明确提出了城市更新概念,如:

《中华人民共和国国民经济和社会发展第十三个五年规划纲要》提出:“延续历史文脉,建设人文城市”“严格执行新建小区停车位、充电桩等配建标准”“将棚户区改造与城市更新、产业转型升级更好结合起来”“推进城市有机更新,提倡城市修补改造”;

2019年12月中央经济工作会议提出:“加强城市更新和存量住房改造提升,做好城镇老旧小区改造”;

2020年4月10日习近平总书记在中央财经委员会第七次会议上的讲话提出:“城市单体规模不能无限扩张”“大城市人口平均密度要有控制标准”“在城市旧城和老旧小区改造……方面都有巨大需求和发展空间”;

2020年12月中央经济工作会议提出:“要实施城市更新行动,推进城镇老旧小区改造”。

“十三五”规划已经提出了城市更新概念,并认为其应与此前的棚改进行衔接,随后的一系列工作会议更是强调了要推进城市更新和老旧小区改造。

1. 2016年3月,《中华人民共和国国民经济和社会发展第十三个五年规划纲要》

第三十四章　建设和谐宜居城市

转变城市发展方式,提高城市治理能力,加大“城市病”防治力度,不断提升城市环境质量、居民生活质量和城市竞争力,努力打造和谐宜居、富有活力、各具特色的城市。

第一节　加快新型城市建设

根据资源环境承载力调节城市规模,实行绿色规划、设计、施工标准,实施生态廊道建设和生态系统修复工程,建设绿色城市。加强现代信息基础设施建设,推进大数据和物联网发展,建设智慧城市。发挥城市创新资源密集优势,打造创业乐园和创新摇篮,建设创新城市。提高城市开放度和包容性,加强文化和自然遗产保护,延续历史文脉,建设人文城市。加强城市空间开发利用管制,建设密度较高、功能融合、公交导向的紧凑城市。

第二节 加强城市基础设施建设

构建布局合理、设施配套、功能完备、安全高效的现代城市基础设施体系。加快城市供水设施改造与建设。加强市政管网等地下基础设施改造与建设。加强城市道路、停车场、交通安全等设施建设,加强城市步行和自行车交通设施建设。全面推进无障碍设施建设。严格执行城市新建居民区配套建设幼儿园、学校的规定。严格执行新建小区停车位、充电桩等配建标准。加强城市防洪防涝与调蓄、公园绿地等生态设施建设,支持海绵城市发展,完善城市公共服务设施。提高城市建筑和基础设施抗灾能力。

第三节 加快城镇棚户区和危房改造

基本完成城镇棚户区和危房改造任务。将棚户区改造与城市更新、产业转型升级更好结合起来,加快推进集中成片棚户区和城中村改造,有序推进旧住宅小区综合整治、危旧住房和非成套住房改造,棚户区改造政策覆盖全国重点镇。完善配套基础设施,加强工程质量监管。

第四节 提升城市治理水平

创新城市治理方式,改革城市管理和执法体制,推进城市精细化、全周期、合作性管理。创新城市规划理念和方法,合理确定城市规模、开发边界、开发强度和保护性空间,加强对城市空间立体性、平面协调性、风貌整体性、文脉延续性的规划管控。全面推行城市科学设计,推进城市有机更新,提倡城市修补改造。发展适用、经济、绿色、美观建筑,提高建筑技术水平、安全标准和工程质量,推广装配式建筑和钢结构建筑。

2. 2019 年 12 月,中央经济工作会议

要加大城市困难群众住房保障工作,加强城市更新和存量住房改造提升,做好城镇老旧小区改造,大力发展租赁住房。

3. 2020 年 4 月 10 日,习近平总书记在中央财经委员会第七次会议上的讲话

第三,完善城市化战略……

产业和人口向优势区域集中是客观经济规律,但城市单体规模不能无限扩张。目前,我国超大城市(城区常住人口 1000 万人以上)和特大城市(城区常住人口 500 万人以上)人口密度总体偏高,北京、上海主城区密度都在每平方公里 2 万人以上,东京和纽约只有 1.3 万人左右。长期来看,全国城市都要根据实际合理控制人口密度,大城市人口平均密度要有控制标准……

在城市旧城和老旧小区改造,地下管网、停车场建设,托幼、养老、家政、教育、医疗服务等方面都有巨大需求和发展空间。

4.2020 年 12 月,中央经济工作会议

坚持扩大内需这个战略基点……要实施城市更新行动,推进城镇老旧小区改造,建设现代物流体系。

四、“十四五”时期(2021—2025 年)

《中华人民共和国国民经济和社会发展第十四个五年规划和 2035 年远景目标纲要》将“十三五”规划“转变城市发展方式”调整为“加快转变城市发展方式”,将“实施城市更新行动”提升为重大决策部署,并明确“城市更新”对应的重大工程项目范围为“三区一村”改造。

2021 年 3 月,《中华人民共和国国民经济和社会发展第十四个五年规划和 2035 年远景目标纲要》

第二十九章　全面提升城市品质

加快转变城市发展方式,统筹城市规划建设管理,实施城市更新行动,推动城市空间结构优化和品质提升。

第一节　转变城市发展方式

按照资源环境承载能力合理确定城市规模和空间结构,统筹安排城市建设、产业发展、生态涵养、基础设施和公共服务。推行功能复合、立体开发、公交导向的集约紧凑型发展模式,统筹地上地下空间利用,增加绿化节点和公共开敞空间,新建住宅推广街区制。推行城市设计和风貌管控,落实适用、经济、绿色、美观的新时期建筑方针,加强新建高层建筑管控。加快推进城市更新,改造提升老旧小区、老旧厂区、老旧街区和城中村等存量片区功能,推进老旧楼宇改造,积极扩建新建停车场、充电桩。

第二节　推进新型城市建设

顺应城市发展新理念新趋势,开展城市现代化试点示范,建设宜居、创新、智慧、绿色、人文、韧性城市。提升城市智慧化水平,推行城市楼宇、公共空间、地下管网等“一张图”数字化管理和城市运行一网统管。科学规划布局城市绿环绿廊绿楔绿道,推进生态修复和功能完善工程,优先发展城市公共交通,建设自行车

道、步行道等慢行网络，发展智能建造，推广绿色建材、装配式建筑和钢结构住宅，建设低碳城市。保护和延续城市文脉，杜绝大拆大建，让城市留下记忆、让居民记住乡愁。建设源头减排、蓄排结合、排涝除险、超标应急的城市防洪排涝体系，推动城市内涝治理取得明显成效。增强公共设施应对风暴、干旱和地质灾害的能力，完善公共设施和建筑应急避难功能。加强无障碍环境建设。拓展城市建设资金来源渠道，建立期限匹配、渠道多元、财务可持续的融资机制。

第三节　提高城市治理水平

坚持党建引领、重心下移、科技赋能，不断提升城市治理科学化精细化智能化水平，推进市域社会治理现代化。改革完善城市管理体制。推广“街乡吹哨、部门报到、接诉即办”等基层管理机制经验，推动资源、管理、服务向街道社区下沉，加快建设现代社区。运用数字技术推动城市管理手段、管理模式、管理理念创新，精准高效满足群众需求。加强物业服务监管，提高物业服务覆盖率、服务质量和标准化水平。

第四节　完善住房市场体系和住房保障体系

坚持房子是用来住的、不是用来炒的定位，加快建立多主体供给、多渠道保障、租购并举的住房制度，让全体人民住有所居、职住平衡。坚持因地制宜、多策并举，夯实城市政府主体责任，稳定地价、房价和预期。建立住房和土地联动机制，加强房地产金融调控，发挥住房税收调节作用，支持合理自住需求，遏制投资投机性需求。加快培育和发展住房租赁市场，有效盘活存量住房资源，有力有序扩大城市租赁住房供给，完善长租房政策，逐步使租购住房在享受公共服务上具有同等权利。加快住房租赁法规建设，加强租赁市场监管，保障承租人和出租人合法权益。有效增加保障性住房供给，完善住房保障基础性制度和支持政策。以人口流入多、房价高的城市为重点，扩大保障性租赁住房供给，着力解决困难群体和新市民住房问题。单列租赁住房用地计划，探索利用集体建设用地和企事业单位自有闲置土地建设租赁住房，支持将非住宅房屋改建为保障性租赁住房。完善土地出让收入分配机制，加大财税、金融支持力度。因地制宜发展共有产权住房。处理好基本保障和非基本保障的关系，完善住房保障方式，健全保障对象、准入门槛、退出管理等政策。改革完善住房公积金制度，健全缴存、使用、管理和运行机制。

专栏11　新型城镇化建设工程
01　都市圈建设 在中心城市辐射带动作用强、与周边城市同城化程度高的地区，培育发展一批现代化都市圈，推进基础设施互联互通、公共服务互认共享。
02　城市更新 完成2000年年底前建成的21.9万个城镇老旧小区改造，基本完成大城市老旧厂区改造，改造一批大型老旧街区，因地制宜改造一批城中村。
03　城市防洪排涝 以31个重点防洪城市和大江大河沿岸沿线城市为重点，提升改造城市蓄滞洪空间、堤防、护岸、河道、防洪工程、排水管网等防洪排涝设施，因地制宜建设海绵城市，全部消除城市严重易涝积水区段。
04　县城补短板 推进县城、县级市城区及特大镇补短板，完善综合医院、疾控中心、养老中心、幼儿园、市政管网、市政交通、停车场、充电桩、污水垃圾处理设施和产业平台配套设施。高质量完成120个县城补短板示范任务。
05　现代社区培育 完善社区养老托育、医疗卫生、文化体育、物流配送、便民商超、家政物业等服务网络和线上平台，城市社区综合服务设施实现全覆盖。实施大学生社工计划，每万城镇常住人口拥有社区工作者18人。
06　城乡融合发展 建设嘉兴湖州、福州东部、广州清远、南京无锡常州、济南青岛、成都西部、重庆西部、西安咸阳、长春吉林、许昌、鹰潭等国家城乡融合发展试验区，加强改革授权和政策集成。

五、小结

从“十一五”规划提出加强城市规划管理，到“十二五”规划开始提出棚改、“十三五”规划提出老旧小区改造，再到“十四五”规划提出实施城市更新行动，国家的城镇化规划从空间城镇化逐步过渡到人口城镇化，其背后涉及复杂的土地、人口与资本等问题。这一过程见证着中国从以增量为主、存量为辅到增量、存量并进再到存量为主、增量为辅的城镇化进程。

第二节 实施城市更新行动的重要意义及目标任务

一、引言

中国共产党十九届五中全会通过的《中共中央关于制定国民经济和社会发展第十四个五年规划和二〇三五年远景目标的建议》明确提出实施城市更新行动,对进一步提升城市发展质量作出重大决策部署,为“十四五”乃至今后一个时期做好城市工作指明了方向,明确了目标任务。

为帮助深刻领会实施城市更新行动的重要意义、目标任务和工作要求,原住房和城乡建设部党组书记、部长王蒙徽撰写了《实施城市更新行动》①解读文章,该文提纲挈领地指出城市更新行动的丰富内涵与重要意义,围绕住房制度完善与城市治理水平提升两个核心,全面解读目标与任务,明确推进城市更新、建设美丽家园的坚定信心,同时指导城市更新行动的前进方向。可以说该文是城市更新行动规划与意义的最好解读。以下,将对该文进行深入分析。

二、完善住房制度

文章指出,坚持房子是用来住的、不是用来炒的定位,着力解决住房结构性供给不足的矛盾,完善住房市场体系和住房保障体系,基本建立多主体供给、多渠道保障、租购并举的住房制度,推动实现全体人民住有所居。稳妥实施房地产长效机制方案。因城施策,落实城市主体责任,健全政策协同机制、省部市联动机制、监测预警机制、市场监管机制和舆论引导机制,建立房地产金融审慎管理制度,全面开展房地产市场调控评价考核工作,着力稳地价、稳房价、稳预期,促进房地产市场平稳健康发展。

完善住房保障体系。加快构建以公租房、保障性租赁住房和共有产权住房为主体的住房保障体系,结合城镇棚户区改造和老旧小区改造,有效增加保障性

---

① 王蒙徽:《实施城市更新行动》,载住建部官网,https://www.mohurd.gov.cn/xinwen/jsyw/202011/20201117_248050.html。

住房供应。以解决新市民住房困难为出发点,大力发展租赁住房,完善长租房政策,扩大小户型、低租金的保障性租赁住房供给,探索支持利用集体建设用地按照规划建设租赁住房。

完善土地出让收入分配机制。以住房需求为导向配置土地资源,增加住房建设用地供给,优化住房供应结构。深化土地供给侧结构性改革,建立以需求定供给、以效益定供给的城市建设用地供应机制,提高土地利用效益。

改革完善住房公积金制度。扩大缴存范围,覆盖新市民群体。优化使用政策,为发展租赁住房和城镇老旧小区改造提供资金支持。进一步加强住房公积金管理信息化建设,提高监管服务水平。

提升住房品质。完善住房建设标准规范,加强质量安全监管,提高住房设计和建造水平,建设功能完善、绿色宜居、健康安全的高品质住房,不断改善人民群众住房条件和居住环境。

三、提高城市治理水平

文章指出,城市治理是国家治理体系和治理能力现代化的重要内容,要大幅提升城市科学化、精细化、智能化治理水平,切实提高特大城市风险防控能力。

创新城市治理方式。运用新一代信息技术建设城市综合运行管理服务平台,加强对城市管理工作的统筹协调、指挥监督、综合评价,推行城市治理"一网统管"。从群众身边小事抓起,以"绣花功夫"加强城市精细化管理。

深化城市管理体制改革。建立健全党委政府统筹协调、各部门协同合作、指挥顺畅、运行高效的城市管理体系,坚持依法治理,注重运用法治思维和法治方式解决城市治理突出问题,加强城市管理执法队伍建设,推进严格规范公正文明执法。

加强特大城市治理中的风险防控。全面梳理城市治理风险清单,建立和完善城市安全运行管理机制,健全信息互通、资源共享、协调联动的风险防控工作体系,实现对风险的源头管控、过程监测、预报预警、应急处置和系统治理。实施城市建设安全专项整治三年行动,加强城市应急和防灾减灾体系建设,综合治理城市公共卫生和环境,提升城市安全韧性,保障人民生命财产安全。

四、实施城市更新行动要做到“六个必须”

文章还强调,实施城市更新行动要做到“六个必须”;必须加强党对城市工作的领导;必须坚持以人民为中心的发展思想;必须坚定不移贯彻新发展理念;必须坚持“一个尊重、五个统筹”;必须加快改革创新步伐;必须用统筹的方法系统治理“城市病”。

第二章　上海、深圳、广州城市更新的制度演进、特点与解读

第一节　上海城市更新的制度演进与特点

一、引言

作为率先提出全域范围内建设用地减量化发展的城市，上海在城市更新的开展上一直是国内领跑的城市之一，并正处于持续发展中。2017 年 5 月，上海市第十一次党代会报告描绘了上海的发展蓝图，希望做到“建筑可阅读、街区宜漫步、城市有温度”，进一步将城市更新逐渐由大规模拆建向精细化管理转型，逐步将上海打造成为卓越的全球城市。

二、上海城市更新的制度演进

梳理上海城市更新政策的沿革，可以看到随着城市发展的进程不断变化的过程：

20 世纪 80 年代以住房改造为主；20 世纪 90 年代初期开始实施以拆除重建为主的旧城改造计划；20 世纪 90 年代后期，在“退二进三”政策①的指引下，调整城市产业结构、优化产业布局，提高中心城的综合服务功能，建成以浦西外滩和浦东小陆家嘴为核心的中央商务区，对产业工业用地开始升级改造，尝试创意产业园区、高新技术园区等多种更新方式。

在此政策和城市总体规划下，城市基础设施和生活环境得到了显著改善，但

---

① “退二进三”政策是指将位于规划实施范围内的工业企业，通过采取征收货币补偿、工业用地置换改变用地性质等方式，腾出工业用地空间用于发展教育科研、零售等第三产业活动的政策。

仍然存在土地利用结构不够合理的情况，工业用地占比仍然高达27%，且仍存有大量低效工矿仓储用地和农村宅基地。

2017年11月17日，上海市规划和国土资源管理局印发《上海市城市更新规划土地实施细则》。该细则为规范城市更新活动，建立科学有序的城市更新实施机制进一步细化工作流程，提出动态、可持续、以人为本、多方参与共建共享的工作原则。

2017年12月15日，《上海市城市总体规划(2017—2035年)》获得国务院批复原则同意。该规划明确了"推动城市更新，转向存量优化"的发展模式转型，积极推进渐进式、可持续的有机更新模式的探索，明确"集约紧凑、功能复合、低碳高效"的空间利用目标，倒逼土地利用方式"由外延粗放式扩张向内涵式效益提升"的转变。

与政策相配套，上海也同步建立健全多级联动的城市更新组织体系：

2019年11月11日，上海市政府研究决定合并原先的旧区改造工作领导小组、大型居住社区土地储备工作领导小组、"城中村"改造领导小组及城市更新领导小组，成立上海市城市更新和旧区改造工作领导小组，由市长担任组长。

2020年7月13日，上海城市更新中心在上海地产集团揭牌成立，此举将进一步加快现状成片二级以下旧里的旧改攻坚进程，并助力旧住房改造、城中村改造等项目的实施，探索"政企合作、市区联手、以区为主"的旧改新模式；同时，积极探索建立城市更新基金，提升服务中心城区功能。

2021年8月25日，上海市第十五届人大常委会第三十四次会议表决通过《上海市城市更新条例》，并于2021年9月1日起实施。这是继《深圳经济特区城市更新条例》后，我国第二部有关城市更新的地方立法，也是上海市首个关于城市更新的立法文件，是指导上海实施城市更新行动的"宪法性"文件。

三、上海城市更新的特点

(一)总体思路

上海城市更新的总体思路是以市区政府为主导，以集建区外低效建设用地的"减量化"为抓手，通过拆除复垦等手段对低效用地进行综合土地整治。自2015年起，三年间减量面积达25.57平方公里，超过了20.5平方公里的原定目标。经两轮三年行动计划，已于2020年完成低效用地减量73.8平方公里，并在

《上海市城市总体规划(2017—2035 年)》中设定了 2035 年建设用地总面积在 3200 平方公里以内的总目标。

(二)管理体系

上海市规划和国土资源管理局①构建了市、区、郊野单元(乡镇)、项目规划四级土地整治规划体系,以项目规划为单元载体开展全覆盖单元网格化管理,以乡镇行政边界进行划分,在全市域郊野地区形成 104 个单元,与 998 个控规单元进行衔接。

以闵行区吴泾镇为例,在吴泾镇政府印发的《吴泾镇"198"减量化(复垦)工作方案》中明确,对共和村、和平村、塘湾村、新建村及经发办五个村和部门的管理区域进行减量化复垦任务,实现建设用地"负增长"。

(三)土地整治政策

针对存在的持续增长的人口规模与环境资源间日益突出的矛盾,上海市在促进人口结构优化、调解人口密度与人口布局的基础上,积极开展土地整治:

1. 通过建立土地综合整治平台,以国土空间规划政策为基础并进行创新,统筹专项规划,不断加大土地整治工作力度,并将减量后节约出的指标用于集建区内国有土地开发;

2. 坚持农村低效建设用地拆并与优化并重的方针,大力推进全市域低效建设用地减量复垦、存量工业用地"二次开发",鼓励建设用地功能复合优化和农用地的复合利用,促进土地资源的布局优化和利用效益提升;

3. 拓展城市生态空间、构筑城市生态安全屏障,全面改善农业生产、农民生活条件,助力郊野地区转型发展,鼓励发展郊野地区休闲农业和乡村旅游等产业。

整体上形成了以建设用地减量化为抓手、以示范项目为载体的土地整治政策体系。

表 1-2-1 为上海市出台的土地整治政策文件。

---

① 2018 年 11 月 11 日,党中央、国务院正式批准《上海市机构改革方案》,上海市规划和国土资源管理局已改组为上海市规划和自然资源局。

表1-2-1　上海市出台的土地整治政策文件

序号	文件名称	文号	生效时间
1	*《关于印发〈上海市市级土地整治项目和资金管理办法〉的通知》(已失效)*[1]	*沪规土资综规〔2015〕852号*	*2015年12月1日*
2	《关于印发〈上海市市级土地整治项目申报指南〉和〈上海市市级土地整治项目可行性研究报告编制纲要〉的通知》	沪规土资综〔2012〕667号	2012年8月8日
3	《关于印发〈上海市市级土地整治项目规划设计及预算编制和报批指南〉和〈上海市市级土地整治项目规划设计与预算编制纲要〉的通知》	沪规土资综〔2012〕668号	2012年8月8日
4	《关于做好市级土地整治项目工程监理工作的通知》	沪规土资综〔2012〕669号	2012年8月8日
5	《关于开展本市市级土地整治项目从业机构备案登记工作的通知》	沪规土资综〔2012〕870号	2012年10月19日
6	《关于印发〈上海市市级整治项目实施增减挂钩政策的指导意见〉的通知》	沪规土资综〔2012〕948号	2012年11月15日
7	《关于规范市级土地整治项目竣工验收管理的通知》	沪规土资综〔2012〕950号	2012年11月15日
8	《关于规范市级土地整治项目档案管理的通知》	沪规土资综〔2012〕959号	2012年11月20日
9	《关于印发〈上海市土地整治项目工程设计标准(试行)〉的通知》	沪规土资综〔2012〕1074号	2012年12月18日

资料来源:《上海市市级土地整治项目政策汇编》,载上海市规划和自然资源局网,https://ghzyj.sh.gov.cn/tdr2021jjxw/20210708/b7599fe9bea84545a1f8071d2689deae.html。

〔1〕 该规定已于2020年11月30日经过有效期。表中斜体文件为已失效文件(全书同)。

(四)减量规划政策

2014年,上海建设用地规模已超过全市陆域面积40%,高于发达国家同类城市水平。在此瓶颈下,上海率先在全国提出建设用地规模负增长的城市转型发展策略,针对郊区仍有的198平方公里的零散、低效的工业用地,按照“总量锁定、增量递减、存量优化、流量增效、质量提高”的策略以及“以拆定增”的要求大力推进低效用地减量化及生态和生活功能的完善,并设定2035年累计减量化规模达到268平方公里的目标。

为此,上海对土地利用管理制度进行创新。在引导城市开发边界外存量宅基地自愿和有偿退出,促进农民由分散居住向城镇相对集中的同时,新增民生保障基础设施与公益项目建设;同时,还设立如“198”区域减量化市级资金补助等专项扶持性资金、将减量化工作纳入区县政府领导干部政绩考核体系等多项配套措施。

另外,积极推进“拆三还一”的减量化空间奖励政策,即在集建区外实现建设用地减量化的,可按减量化面积的1/3获得类集建区或集中建设区的建设用地规划空间,实现集建区外土地空间的腾挪目标。

如松江区新浜镇试点推进农民进镇项目、平移集中居住社区项目等,通过按照市级乡村振兴示范村试点要求,选取村内地块平移建房,以及选取集镇区周围成熟便利地块平移的方式进行宅基地平移归并,并根据现有宅基地面积予以货币补偿。

下述表1－2－2、表1－2－3、表1－2－4为上海市出台的减量规划政策文件:

表1－2－2 “198”区域减量化相关政策文件

序号	文件名称	文号	生效时间
1	《关于统筹优化全市工业区块布局若干意见的通知》	沪府发〔2013〕33号	2013年5月14日
2	《关于进一步提高本市土地节约集约利用水平若干意见的通知》	沪府发〔2014〕14号	2014年2月22日
3	《关于印发上海市城镇建设用地增加与农村建设用地减少相挂钩试点有关规定的通知》	沪规土资综〔2009〕1084号	2009年10月14日
4	《关于“198”工业用地减量化土地复垦项目立项实施的指导意见》	—	2014年4月22日
5	《关于减量化项目新增建设用地计划周转指标操作办法的通知》	沪规土资综〔2014〕849号	2014年12月22日
6	*《关于本市推进实施“198”区域减量化的指导意见》(已失效)*[1]	*沪规土资综〔2014〕88号*	*2015年1月1日*
7	*《“198”区域减量化市级资金补助实施意见》(已失效)*[2]	*沪规土资综〔2015〕173号*	*2015年3月11日*

续表

序号	文件名称	文号	生效时间
8	《关于处理建设用地减量化有关问题的通知》	沪规土资综〔2015〕536 号	2015 年 7 月 30 日
9	《关于加快减量化土地复垦项目验收程序的通知》	沪规土资综〔2015〕715 号	2015 年 10 月 12 日
10	《关于本市重点环境综合整治区域"198"减量化地块造林相关政策的实施意见》	沪绿容〔2016〕139 号	2016 年 4 月 11 日
11	《市政府关于进一步推进本市生态廊道建设若干意见的通知》	沪府办〔2018〕15 号	2018 年 3 月 2 日
12	《关于印发本市全面推进土地资源高质量利用若干意见的通知》	沪府规〔2018〕21 号	2018 年 11 月 15 日
13	《上海市生态环境局、上海市农业农村委员会关于加强本市农用地土壤环境管理工作的通知》	沪环保自〔2018〕419 号	2018 年 12 月 27 日
14	《关于规范本市乡村地区农民平移集中居住项目中节地率测算和核定工作的通知》	沪规划资源施〔2019〕451 号	2019 年 9 月 19 日
15	《关于印发市级项目土地指标分配使用管理办法等三个文件的通知》	沪发改财金〔2019〕39 号	2019 年 10 月 31 日
16	《关于进一步完善低效建设用地减量化土地复垦项目管理工作流程的通知》	沪规划资源施〔2020〕424 号	2020 年 9 月 14 日

资料来源:《减量化政策汇编》,载上海市规划和自然资源局网,https://ghzyj.sh.gov.cn/tdr2021jjxw/20210629/9bb56fdbb5c048c29f99d1de08446fa5.html。表中斜体文件为已失效文件。

〔1〕 该规定已于 2017 年 12 月 31 日经过有效期。

〔2〕 该规定已于 2017 年 12 月 31 日经过有效期。

表 1-2-3 土地整理复垦相关政策文件

序号	文件名称	文号	生效时间
1	《国土资源部关于切实加强耕地占补平衡监督管理的通知》	国土资发〔2010〕6 号	2010 年 1 月 12 日
2	《国土资源部关于改进管理方式切实落实耕地占补平衡的通知》	国土资规〔2017〕13 号	2017 年 12 月 11 日
3	*《市政府关于促进本市农民向城镇集中居住的若干意见》(已失效)*[1]	*沪府〔2016〕39 号*	*2016 年 5 月 1 日*

续表

序号	文件名称	文号	生效时间
4	《关于做好耕地占补平衡信息报备工作的通知》	沪规土资综〔2010〕571 号	2010 年 6 月 28 日
5	《关于进一步规范区县土地整理复垦项目管理的通知》	沪规土资综〔2012〕677 号	2012 年 8 月 9 日
6	《关于做好本市土地整治项目权属管理工作的通知》	沪规土资籍〔2013〕45 号	2013 年 1 月 18 日
7	《关于区县土地整治项目立项审批权限下放的通知》	沪规土资综〔2013〕184 号	2013 年 3 月 14 日
8	《关于区县土地整治项目新增耕地确认审批权限下放的通知》	沪规土资综〔2014〕431 号	2014 年 8 月 1 日
9	《关于推进本市城镇低效用地再开发的实施意见的通知》	沪规土资乡〔2015〕887 号	2015 年 12 月 14 日
10	《关于促进已批未供土地盘活利用中有关问题的通知》	沪规土资综〔2016〕54 号	2016 年 1 月 21 日
11	《关于进一步支持本市水利专项中河道整治、小型灌排泵站用地的通知》	沪规土资综〔2018〕141 号	2018 年 2 月 26 日

资料来源:《减量化政策汇编》,载上海市规划和自然资源局网,https://ghzyj.sh.gov.cn/tdr2021jjxw/20210629/9bb56fdbb5c048c29f99d1de08446fa5.html。表中斜体文件为已失效文件。

〔1〕 该规定已于 2021 年 4 月 30 日经过有效期。

表 1-2-4　土地利用现状分类相关政策文件

序号	文件名称
1	土地利用现状分类(GB/T 21010)
2	土地利用现状分类(试行)

资料来源:《减量化政策汇编》,载上海市规划和自然资源局网,https://ghzyj.sh.gov.cn/tdr2021jjxw/20210629/9bb56fdbb5c048c29f99d1de08446fa5.html。

四、上海城市更新制度面临的挑战

目前上海城市更新正处于积极推进中,但同时也面临着一些挑战。

(一)政府主导下的资金短缺

鉴于土地整治需要大量资金,且工业用地的减量化也导致了就业机会的减少与补偿金、收购款的支出，如果没有社会资本的投入，后续可能存在启动资金短缺的危险。为此上海也在积极推进场所联动招商股转工作机制，由综合土地市场与产权市场择优遴选招商目标，推动城市更新项目进展与资金回笼，实现“政企合作”旧改新机制的重要突破。

（二）各区差异下的政策适用

对于城市更新政策而言，因涉及政府、企业、社区、居民等多方，极易出现意见不一致的情况，在谨慎处理的同时亦要兼顾效率。并且，尽管上海行政区域面积不大，但是中心城区与远郊区县情况各异，实际运行中存在需要一事一议的决策困难。对于中心城区而言，在“拆三还一”等土地置换腾挪政策的激励下，城市更新推行相对顺利，但对郊区而言，市场热情不高，推行压力较大。

五、小结

综上，上海城市更新自 20 世纪 80 年代推行以来，经历了数次制度变化。目前，在以低效土地减量化为抓手的土地整治政策的指引下，已取得一定成效。后续也将进一步以《上海市城市总体规划》为蓝图，向建设卓越的全球城市迈进。

第二节　《上海市城市更新条例》重点解读

一、引言

2021 年 8 月 25 日，上海市第十五届人大常委会第三十四次会议表决通过《上海市城市更新条例》，该条例于 2021 年 9 月 1 日起正式施行。本文将通过对条例配套文件的整理及重点解读，对其进行综合介绍。

二、配套文件梳理

为推行城市更新工作，上海自 20 世纪起就陆续出台多项政策，以提供政策指引，具体梳理如表 1－2－5 所示。

表 1-2-5　上海市城市更新工作的配套文件

配套文件	文号	生效时间
上海市《关于加快本市中心城区危棚简屋改造的若干意见》	—	1996 年 4 月 22 日
《关于执行〈加快本市中心城区危棚简屋改造若干意见〉中有关问题的实施意见》	沪府办发〔1997〕20 号	1997 年 3 月 17 日
上海市人民政府印发《关于加快本市中心城区危棚简屋改造实施办法的通知》(已失效)	*沪府发〔1998〕33 号*	*1998 年 8 月 25 日*
上海市人民政府《关于进一步推进本市旧区改造工作的若干意见》	沪府发〔2009〕4 号	2009 年 2 月 4 日
关于印发《上海市征收集体土地房屋补偿暂行规定》的通知	沪府发〔2011〕75 号	2011 年 11 月 4 日
上海市人民政府关于批转市住房保障房屋管理局制定的《上海市国有土地上房屋征收补偿决定的若干规定》的通知	沪府发〔2012〕73 号	2012 年 8 月 8 日
上海市人民政府印发《关于进一步提高本市土地节约集约利用水平若干意见的通知》	沪府发〔2014〕14 号	2014 年 2 月 22 日
《关于本市开展"城中村"地块改造的实施意见》	沪府〔2014〕24 号	2014 年 3 月 26 日
《关于加强本市工业用地出让管理的若干规定(试行)》的通知(已失效)	*沪府办〔2014〕26 号*	*2014 年 3 月 28 日*
《上海市旧住房综合改造管理办法》(已失效)	*沪府发〔2015〕3 号*	*2015 年 1 月 21 日*
《关于加强本市经营性用地出让管理的若干规定(试行)》	沪府办〔2015〕30 号	2015 年 4 月 1 日
《上海市城市更新实施办法》(已失效)	*沪府发〔2015〕20 号*	*2015 年 6 月 1 日*
《关于本市盘活存量工业用地的实施办法》	沪府办〔2016〕22 号	2016 年 4 月 1 日
《关于本市推进供给侧结构性改革的意见》	沪府发〔2016〕55 号	2016 年 7 月 29 日
上海市人民政府办公厅延长《关于推进本市房屋土地征收中企事业单位房屋补偿工作的若干意见》有效期的通知	沪府办发〔2016〕61 号	2016 年 12 月 27 日

续表

配套文件	文号	生效时间
上海市人民政府关于印发《上海市土地资源利用和保护“十三五”规划》的通知	沪府发〔2017〕24 号	2017 年 4 月 24 日
上海市人民政府关于延长《上海市国有土地上房屋征收补偿决定的若干规定》有效期的通知	沪府发〔2017〕30 号	2017 年 5 月 2 日
《关于深化城市有机更新促进历史风貌保护工作的若干意见》	沪府发〔2017〕50 号	2017 年 8 月 1 日
《关于坚持留改拆并举深化城市有机更新进一步改善市民群众居住条件的若干意见》	沪府发〔2017〕86 号	2017 年 11 月 9 日
《上海市城市更新规划土地实施细则》	沪规土资详〔2017〕693 号	2017 年 12 月 1 日
《上海市加快推进具有全球影响力科技创新中心建设的规划土地政策实施办法》(已失效)	*沪府办〔2017〕69 号*	*2017 年 11 月 28 日*
《上海市旧住房拆除重建项目实施管理办法》	沪房规范〔2018〕1 号	2018 年 2 月 11 日
《上海市工程建设项目审批制度改革试点实施方案》	沪府规〔2018〕14 号	2018 年 9 月 1 日
上海市人民政府《关于印发本市全面推进土地资源高质量利用若干意见的通知》	沪府规〔2018〕21 号	2018 年 11 月 15 日
上海市人民政府关于延长《上海市征收集体土地房屋补偿暂行规定》有效期的通知	沪府规〔2019〕38 号	2019 年 9 月 16 日
《上海市旧住房综合改造管理办法》	沪房规范〔2020〕2 号	2020 年 3 月 15 日
《上海市城市更新中心旧区改造项目招商管理暂行办法》	沪建旧改联〔2020〕458 号	2020 年 9 月 4 日
《关于支持旧区改造土地管理有关工作意见》	沪建旧改联〔2020〕455 号	2020 年 9 月 7 日
《上海市历史风貌保护及城市更新专项资金贴息操作细则》	沪建旧改联〔2020〕221 号	2020 年 6 月 11 日
《关于进一步规范本市旧区改造地块中直管公房补偿款管理工作的通知》	沪建房管联〔2020〕290 号	2020 年 6 月 9 日
《关于完善本市旧区改造项目和商品住房项目配建政策的通知》	—	2020 年 6 月 30 日

续表

配套文件	文号	生效时间
《市更新中心旧区改造项目涉税事项指引(1.0)》	—	—
《关于进一步完善征收补偿机制推进旧区改造提速的通知》	沪建房管联〔2020〕405 号	2020 年 8 月 14 日
《关于进一步加强旧改征收基地安全管理的通知》	沪房征收〔2020〕78 号	2020 年 7 月 10 日
《上海市城市更新中心旧区改造项目前期土地成本认定办法》	沪旧改发〔2020〕2 号	2020 年 8 月 31 日
《上海市城市更新中心土地资源管理暂行办法》	沪旧改发〔2020〕3 号	2020 年 8 月 31 日
《上海市城市更新中心政企合作旧改项目实施管理暂行办法》	沪建旧改联〔2020〕459 号	2020 年 9 月 4 日
《上海市城市更新中心旧区改造项目招商管理暂行办法》	沪建旧改联〔2020〕458 号	2020 年 9 月 4 日
《关于加快推进本市旧住房更新改造工作的若干意见》的通知	沪府办规〔2021〕2 号	2021 年 2 月 3 日
上海市政府新闻发布会问答实录	—	2021 年 5 月 26 日

资料来源:表中斜体文件为已失效文件。

三、重点解读

(一)赋能政府,建立更新统筹机制

《上海市城市更新条例》明确了政府在城市更新项目中的地位,即统筹主体,全面积极推进、协调全市的城市更新工作。

根据《上海市城市更新条例》第 4 条规定:"市人民政府应当加强对本市城市更新工作的领导。"《上海市城市更新条例》建立了由市政府统筹推进、政府各部门分工管理、城市更新中心及专家委员会参与科学决策、区政府(管委会)具体推进本辖区内城市更新工作的城市更新管理机制。(详见图 1-2-1)

第一,《上海市城市更新条例》规定由市人民政府建立城市更新协调推进机制,统筹、协调全市城市更新工作,并于市住建部门设城市更新协调推进机制办公室负责日常工作。

第二,《上海市城市更新条例》明确由规划资源部门、住房城乡建设管理部门、经济信息化部门以及商务部门作为城市更新主要管理部门并明确了各自的职责分工。

第三,《上海市城市更新条例》设立城市更新中心和专家委员会,保障城市更新的顺利实施和提高决策的科学性。

第四,各区政府(管委会)是推进本辖区城市更新工作的主体,负责组织、协调和管理辖区内城市更新工作。同时,街道办事处、镇人民政府按照职责做好城市更新相关工作。

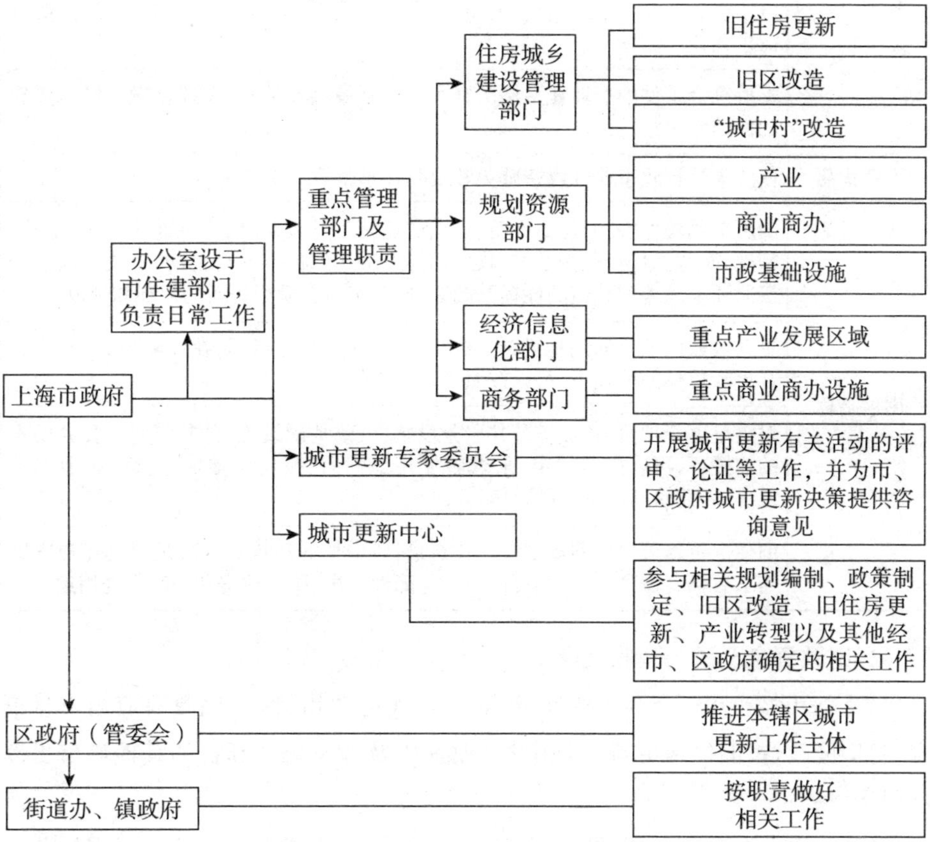

图1-2-1　城市各部门有关城市更新相关工作

(二)完善措施,推进更新制度保障

《上海市城市更新条例》从财政资金与金融、税收优惠、用地性质及容积率奖

励等多方面提供支持。(详见表 1 -2 -6)

表 1 -2 -6 用地性质及容积率奖励细分

保障类别	具体内容
总体保障要求	市、区人民政府及其有关部门应当完善城市更新政策措施,深化制度创新,加大资源统筹力度,支持和保障城市更新
财政金融支持	市、区人民政府应当安排资金,对旧区改造、旧住房更新、“城中村”改造以及涉及公共利益的其他城市更新项目予以支持
	鼓励通过发行地方政府债券等方式,筹集改造资金
	鼓励金融机构依法开展多样化金融产品和服务创新,满足城市更新融资需求
	支持符合条件的企业在多层次资本市场开展融资活动,发挥金融对城市更新的促进作用
税费优惠	依法享受行政事业性收费减免和税收优惠政策
用地指标	因历史风貌保护、旧住房更新、重点产业转型升级需要,有关建筑间距、退让、密度、面宽、绿地率、交通、市政配套等无法达到标准和规范的,有关部门应当按照环境改善和整体功能提升的原则,制定适合城市更新的标准和规范
	更新区域内项目的用地性质、容积率、建筑高度等指标,在保障公共利益、符合更新目标的前提下,可以按照规划予以优化
	对零星更新项目,在提供公共服务设施、市政基础设施、公共空间等公共要素的前提下,可以按照规定,采取转变用地性质、按比例增加经营性物业建筑量、提高建筑高度等鼓励措施
	旧住房更新可以按照规划增加建筑量;所增加的建筑量在满足原有住户安置需求后仍有增量空间的,可以用于保障性住房、租赁住房和配套设施用途

1. 财政资金金融与税收优惠

《上海市城市更新条例》第 36 条第 1 款规定:“市、区人民政府应当安排资金,对旧区改造、旧住房更新、‘城中村’改造以及涉及公共利益的其他城市更新项目予以支持。”

同时,在资金政策上还鼓励发行地方政府债券、金融机构依法开展多样化金融产品和服务创新等方式,满足城市更新融资需求。发挥金融对城市更新的促进作用。

《上海市城市更新条例》第 38 条规定:“城市更新项目,依法享受行政事业性收费减免和税收优惠政策。”

2. 用地性质及容积率奖励

《上海市城市更新条例》第 40 条第 1、2 款规定:“更新区域内项目的用地性质、容积率、建筑高度等指标,在保障公共利益、符合更新目标的前提下,可以按照规划予以优化。对零星更新项目,在提供公共服务设施、市政基础设施、公共空间等公共要素的前提下,可以按照规定,采取转变用地性质、按比例增加经营性物业建筑量、提高建筑高度等鼓励措施。”

《上海市城市更新条例》第 43 条第 2 款:“城市更新因历史风貌保护需要,建筑容积率受到限制的,可以按照规划实行异地补偿;城市更新项目实施过程中新增不可移动文物、优秀历史建筑以及需要保留的历史建筑的,可以给予容积率奖励。”

(三)关注民生,设立社区规划师制度

对社区内的空间资源整体进行规划、改造和利用,构建“十五分钟社区生活圈”,保障公共利益、满足民生需求。

《上海市城市更新条例》第 44 条规定:“本市探索建立社区规划师制度,发挥社区规划师在城市更新活动中的技术咨询服务、公众沟通协调等作用,推动多方协商、共建共治。”

《上海市城市更新条例》第 45 条第 1 款规定:“鼓励在符合规划和相关规定的前提下,整合可利用空地与闲置用房等空间资源,增加公共空间,完善市政基础设施与公共服务设施,优化提升城市功能。”

因此,《上海市城市更新条例》将“持续改善城市人居环境”作为工作原则,在市内构建多元融合的“十五分钟社区生活圈”,以城市功能改善与优化为目标,推进城市更新工作。

(四)保护风貌,注重整体协调设计

《上海市城市更新条例》对“风貌协调要求”和“风貌保障”作出专门规定,在城市更新的同时对历史风貌进行特别保护。基于上海市历史建筑存量现状,城市更新指引的编制原则中提出了“注重历史风貌保护”的要求。《上海市城市更新条例》共有 5 章 10 条涉及风貌保护,并将“历史风貌保护和文化传承”“提升城市魅力”作为城市更新工作开展的重要原则,挖掘上海城市丰富的文化内涵,延续历史文脉,留住城市记忆。

第一,《上海市城市更新条例》对优秀历史建筑周边建设提出了相应要求,第34条规定:“在优秀历史建筑的周边建设控制范围内新建、扩建、改建以及修缮建筑的,应当在使用性质、高度、体量、立面、材料、色彩等方面与优秀历史建筑相协调,不得改变建筑周围原有的空间景观特征,不得影响优秀历史建筑的正常使用。”

第二,《上海市城市更新条例》对历史上形成的公有房屋承租权在城市更新中的处理进行了重点规定,明确给予市场主体更多参与承租优秀历史建筑、花园住宅等特殊类型房屋的空间,符合条件的市场主体可以归集优秀历史建筑、花园住宅类公有房屋承租权,实施城市更新。

(五)倡导低碳,建成绿色建筑城区

以绿色低碳为原则,打造环保、生态的城市。

《上海市城市更新条例》第3条规定:“本市城市更新,坚持‘留改拆’并举、以保留保护为主,遵循规划引领、统筹推进,政府推动、市场运作,数字赋能、绿色低碳,民生优先、共建共享的原则。”

因此,在积极推进城市更新的同时,《上海市城市更新条例》也倡导低碳环保。将“进行绿色建筑建设和既有建筑绿色改造,发挥绿色建筑集约发展效应,打造绿色生态城区”作为原则,打造“更可持续的韧性生态之城”。

(六)破解难题,提供征收推进措施

《上海市城市更新条例》对城市更新中产权归集难、征收难的问题,从征收人和被征收人的角度双向立法,提供“调解+决定+复议或诉讼+强制执行”的解决方案,保障搬迁效率的同时也注重业主意愿。

第一,《上海市城市更新条例》为协议出让方式供地预留空间。《上海市城市更新条例》规定,“按照法律规定,没有条件,不能采取招标、拍卖、挂牌方式的,经市人民政府同意,可以采取协议出让方式供应土地”,同时鼓励在符合法律规定前提下,创新土地供应政策,激发市场主体参与城市更新活动的积极性。

第二,《上海市城市更新条例》为市场主体自主归集房地产产权并重新设定土地使用期限提供制度保障。《上海市城市更新条例》允许物业权利人将房地产转让给市场主体,由该市场主体依法办理存量补地价和相关不动产登记手续,并明确可以按照相应土地用途和利用情况,依法重新设定土地使用期限。

第三,《上海市城市更新条例》明确旧房征收拆迁的实施路径,保障用地。首先,明确城市更新过程中征收房屋的适用情形,《上海市城市更新条例》第 31 条规定适用征收的前提条件为“为了促进国民经济和社会发展等公共利益,按照国家和本市有关房屋征收与补偿规定确需征收房屋提升城市功能”,减少了实施征收的限定条件,放宽了对城市更新过程中征收房屋的适用情形。同时明确针对被征收人不提起诉讼,且不按时搬迁的,区政府可向人民法院申请强制执行。其次,对于公有旧住房拆除重建成套改造中搬迁难的问题提出了相应的破解路径,明确公有旧住房拆除重建和成套改造,在达到规定同意和签约比例后,公房承租人拒不搬迁的,规定了“调解 + 决定 + 申请执行”的方式。

(七)专注浦东新区,创新更新机制模式

《上海市城市更新条例》以第六章对浦东新区的城市更新进行了专章规定,支持创新探索。《上海市城市更新条例》单列一章特别规定浦东新区城市更新,授予浦东新区人民政府更多的自主权,对浦东的城市更新工作提出“应当统筹推进城市有机更新,与老城区联动,加快老旧小区改造,打造时代特色城市风貌。支持浦东新区在城市更新机制、模式、管理等方面率先进行创新探索”的要求。

第一,《上海市城市更新条例》对浦东新区更新空间垂直利用作出专门规定。为贯彻落实《民法典》和中共中央国务院《关于支持浦东新区高水平改革开放打造社会主义现代化建设引领区的意见》精神,《上海市城市更新条例》明确“浦东新区人民政府编制更新行动计划时,应当优化地上、地表和地下分层空间设计,明确强制性和引导性规划管控要求,探索建设用地垂直空间分层设立使用权”。

第二,《上海市城市更新条例》在规定市、区人民政府应按照公平、公开、公正原则组织遴选更新统筹主体的原则下,授予浦东新区人民政府更大自主权,允许浦东新区人民政府可以直接指定更新统筹主体,统筹开展原成片出让区域等建成区的更新。同时,支持浦东加强旧区改造、空间复合利用、深化产业用地出让方式改革、探索不同产业用地类型合理转换,以充分发挥浦东新区的引领示范作用。

(八)鼓励参与,倡导公众知情监督

践行“人民城市人民建,人民城市为人民”的理念,推行更新过程中全面听取社会意见。

《上海市城市更新条例》在条文设置上就规定了大量人民参与城市更新、城市建设的条款,践行“人民城市人民建,人民城市为人民”的理念,建立健全城市更新公众参与机制，依法保障公众在城市更新活动中的各项权利。

第一，建立城市更新专家委员会制度。城市更新专家委员会制度是《上海市城市更新条例》新设定的一个制度，根据《上海市城市更新条例》第 8 条、第 18 条、第 24 条等条款的规定，由各行各业的专业人士所组成的专家委员会在城市更新计划、指引、方案的编制过程中发挥着十分的作用。城市更新计划需经专家委员会评审、城市更新指引应当听取专家委员会和社会公众的意见、区域更新方案应附专家委员会的采纳情况和说明等。

第二，建立城市更新公众参与机制。根据《上海市城市更新条例》的规定，公众在城市更新活动的全流程都可参与，《上海市城市更新条例》第 9 条明确规定了公众参与城市更新活动的四项权利："本市建立健全城市更新公众参与机制，依法保障公众在城市更新活动中的知情权、参与权、表达权和监督权。"

第三，零星更新制度。根据《上海市城市更新条例》的规定，城市更新活动主要由市、区人民政府遴选的更新统筹主体负责。但同时设置特殊的零星更新制度，根据该制度，零星的更新项目不需要遴选更新统筹主体，可由物业权利人直接实施，且物业权利人还可与市场主体合作进行实施。零星更新制度充分体现了"人民城市人民建"的理念。

四、小结

综上，《上海市城市更新条例》体现了践行"人民城市"的重要理念，从地方性立法的层面给上海城市更新工作的开展提供了制度指引，积极将上海建设为具有世界影响力的社会主义现代化国际大都市，提高城市竞争力和城市软实力。

从内容上来看，《上海市城市更新条例》在多方面存在创新。在"人民城市人民建，人民城市为人民"的重要理念下，提出"市区联动、政企结合、场所联合"和"留改拆并举"，积极推进风貌保护、生态建设、全生命周期的管理制度，为积极将上海打造成为一个全球城市提供制度保障。

第三节　深圳城市更新的制度演进与特点

一、引言

作为全国第一个发布城市更新办法、第一个发布城市更新条例的城市，深圳一直都走在国内城市更新工作的前沿。在四十余年的城市更新改革中，深圳经历了由城中村改造、旧村改造逐步向城市更新转变的过程，为全国其他城市更新工作的开展提供了深圳经验和深圳智慧。

二、深圳城市更新的制度演进

早在20世纪80年代，深圳就开始了摸索城市更新的进程。

1986年6月27日，深圳市政府发布了《关于进一步加强深圳市特区农村规划工作的通知》。以此文件为开端，直至21世纪初，形成了以改造城中村为抓手的城市更新系列政策体系。

2009年10月22日，深圳市政府四届一四六次常务会议审议通过《深圳市城市更新办法》，是国内首部针对城市更新出台的地方政府规章。该办法首次提出了"城市更新单元规划"的概念，将其作为管理城市更新活动的基本依据。2016年11月深圳市政府令第290号对该办法进行修正。

与之配套的，2012年1月21日发布了《深圳市城市更新办法实施细则》，进一步细化了城市更新项目的各项措施，就申报条件、程序和手续等作出更为细致的规定。至此，深圳城市更新体系已经形成相对完善的体系。

之后，深圳市政府又进一步提出多项优化政策，密集出台如《深圳市城市更新单元规划编制技术规定（试行）》《深圳市城市更新单元规划容积率审查技术指引（试行）》等文件对城市更新工作提供指导。

2020年12月30日，深圳市第六届人大常委会第四十六次会议通过并公布《深圳经济特区城市更新条例》。该条例于2021年3月1日起施行，是全国首部就城市更新问题进行的地方立法。

整体上来看，深圳城市更新思路从拆除重建逐步发展为综合整治，在全国范围内形成了一套有借鉴意义和参考价值的城市更新政策体系。

三、深圳城市更新的特点

(一)四层次的政策体系

经过三十余年的发展,深圳的城市更新逐渐形成了一套四个层次“1+N”的政策体系。围绕着最上位的条例、办法和实施细则(“1”),通过规章、技术标准、操作层面的各项政策(“N”)对包括城市更新单元规划、土地整备等措施进行细化。(详见表1-2-7、表1-2-8、表1-2-9、表1-2-10)

表1-2-7　行政法规层面

文件名称	文号	生效时间
《深圳经济特区城市更新条例》	深圳市六届人大常委会公告第228号	2021年3月1日
《深圳市城市更新办法》	深圳市人民政府令第290号	2016年11月12日
《深圳市城市更新办法实施细则》	深府〔2012〕1号	2012年1月21日

表1-2-8　地方性规章层面

文件名称	文号	生效时间
《深圳市城市更新历史用地处置暂行规定》(已失效)[1]	*深规土〔2013〕294号*	*2013年5月17日*
《关于加强和改进城市更新实施工作的暂行措施》	深府办〔2016〕38号	2017年1月1日
《深圳市拆除重建类城市更新单元旧屋村范围认定办法》	深规土规〔2018〕1号	2018年2月9日
《深圳市拆除重建类城市更新单元土地信息核查及历史用地处置规定》	深规土规〔2018〕15号	2018年11月19日

〔1〕该规定已于2016年5月16日经过有效期。

表 1-2-9 技术标准层面

文件名称	文号	生效时间
《深圳市拆除重建类城市更新单元规划编制技术规定》	深规土〔2018〕708 号	2018 年 9 月 18 日
《深圳市城市更新项目保障性住房配建比例暂行规定》	深规土〔2010〕843 号	2010 年 12 月 22 日
《深圳市城市更新项目创新型产业用房配建比例暂行规定》	深规土规〔2016〕2 号	2016 年 10 月 18 日

表 1-2-10 操作层面

文件名称	文号	生效时间
《深圳市拆除重建类城市更新单元规划审批规定》	深规划资源规〔2020〕2 号	2020 年 5 月 10 日
《市规划国土委关于明确城市更新项目地价测算有关事项的通知》	深规土〔2015〕587 号	2015 年 11 月 20 日

(二)城市更新单元规划制度和年度计划管理制度

《深圳市城市更新办法》率先提出了“城市更新单元”的概念,即综合考虑道路、河流等自然要素及产权边界等因素,划定相对成片的区域作为城市更新单元。在全市范围内实行城市更新单元规划和年度计划管理制度,并将此作为管理城市更新活动的基本依据。对每个单元进行包括功能、产业方向、布局、更新方式、更新目标的具体规划,设定规划控制指标与城市设计指引。

在城市更新年度计划管理制度中,列明总体任务和分项任务,在民生、住房保障、产业空间质量等方面分别指定明确目标,并囊括资金、保障措施等配套政策。

以《深圳市 2021 年度城市更新和土地整备计划》为例,其对 2020 年度计划完成情况进行说明的同时,也设定了如“2021 年度全市通过土地整备完成不少于 2 平方公里的民生设施用地”“通过城市更新和土地整备规划统筹实施基础教育设施用地面积 53.5 公顷,学位 53,500 个”等具体目标,为 2021 年度城市更新工作提供明确指引。

(三)“预申报”制度设计下政府对进程的调控

深圳城市更新强调利用市场机制,实行项目的多主体申报和政府审批控制。

城市更新单元项目在开展前需要进行申报,各区政府通过对申报的城市更新单元项目进行筛选后,根据情况制定下一年的单元更新计划并向市规划国土部门进行申报。如市级规划国土部门将该计划纳入的,各单元方可编制城市更新单元规划。这种“预申报”制度设计,使政府在推进城市更新工作的同时,可以通过年度计划控制节奏并进行监管。

(四)政府引导,市场化为主

与上海市采用的政府统筹、政企联合的措施不同,深圳市政府在城市更新中主要扮演规划引导、规划审批和政策支持的角色,鼓励市场发展、吸引私人投资。如《深圳经济特区城市更新条例》中规定,除政策性住房原则上采取产权置换方式外,其他建筑的搬迁补偿标准,可以由开发商等市场主体和业主间自行协商确定,城市更新单元计划也可以由申报主体自行委托编制并上报。区城市更新部门负责的是对城市更新单元计划草案进行审查,并报区城市更新部门审批。在这种“积极不干预”的原则指导下,进一步推进市场通过自身活力进行实施改造,对于物业权利人的保护也进一步提升。

四、深圳城市更新制度面临的挑战

深圳城市更新核心政策相对稳定,但也存在一定的问题与挑战。

(一)市场主导下的利润最大化

在深圳市政府引导调控、市场推进主导的原则下,在社会资本投入的同时,必然会导致企业以“利润最大化”作为城市更新项目推进最重要的目标,从而给城市基础设施容量、公共配套设施建设等民生保护方面造成巨大挑战,甚至出现违法抢建等情况。在2020年发布的《深圳经济特区城市更新条例》中将政府职能改为政府统筹,也是对该问题的破解。

(二)更新单元的分散无序

在强区放权的深圳政策下,因为城市更新单元的分散无序、情势各异的现状,同时因必须兼顾更新项目的可实施性与各方主体间的利益冲突,在具体的推进上往往需要一事一议。在城市整体发展和社会公共利益间的平衡上,需要多方进行协调商议,也导致了碎片化的更新与整体秩序间存在一定矛盾。

五、小结

综上，在城市更新领域，深圳一直是全国领跑城市之一，也给我国其他城市提供了经验参考，具有非常重要的实践意义。通过多层次的政策体系和城市更新单元规划制度，将深圳一步步打造成为“创新创业创意之都”和“美宜居幸福家园”。

第四节 《深圳经济特区城市更新条例》重点解读

一、引言

2020 年 12 月 30 日，深圳市第六届人大常委会第四十六次会议通过并公布《深圳经济特区城市更新条例》。该条例于 2021 年 3 月 1 日起施行，是全国首部就城市更新问题进行的地方立法，是对城市更新措施的进一步细化，也是从更高层级对深圳市城市更新提供政策指引。

二、重点解读

（一）提出“政府统筹、市场运作”的原则

《深圳经济特区城市更新条例》第 5 条第 1 款规定：“市人民政府负责统筹全市城市更新工作，研究决定城市更新工作涉及的重大事项。”

第 6 条第 1 款规定：“各区人民政府（含新区管委会，下同）负责统筹推进本辖区城市更新工作。”

《深圳经济特区城市更新条例》改变了原先注重政府引导职能的运行机制，将政府提到统筹主体的职能上，强调市城市更新部门的主管作用、各区城市更新部门的组织实施和统筹管理作用及街道办事处的配合作用。

（二）明确城市更新单元规划的编制原则，以单元为更新实施的基本单位

《深圳经济特区城市更新条例》第 14 条规定：“城市更新单元是城市更新实施的基本单位。一个城市更新单元可以包括一个或者多个城市更新项目……”

在综合考虑原有城市基础设施和公共服务设施情况、自然环境以及产权边

界等因素下，深圳城市更新将城市片区划定多个更新单元，以此为单位开展城市更新活动及计划管理。各单元依照城市更新专项规划和法定图则等法定规划制定单元计划，包括更新范围、申报主体、物业权利人更新意愿、更新方向和公共用地等内容。

（三）突出公共利益优先的基本原则，将旧住宅区拆除重建后优先用于公共住房建设，明确加强公共设施建设与城市配套基础设施建设

《深圳经济特区城市更新条例》第 20 条第 2 款规定："市、区城市更新部门应当加强对城市更新单元规划编制的指导、监督，加强规划刚性管控，确保社会公共利益的实现。"

故各单元在指定城市更新单元计划时，应当明确"道路交通、市政工程、城市设计、利益平衡方案"，满足对学校、医院、养老院、公安派出所、消防站、文化活动中心、综合体育中心、公交首末站、变电站等公共服务设施建设要求和对创新型产业用房、公共住房等配建要求。

（四）注重拆除范围内物业权利人更新意愿，对意愿人数比例进行明确规定

《深圳经济特区城市更新条例》第 25 条规定："申报拆除重建类城市更新单元计划时，拆除范围内物业权利人更新意愿应当符合下列要求：

"（一）用地为单一地块的，应当经全体共同共有人或者产权份额四分之三以上的按份共有人同意，建筑物区分所有权的，应当经专有部分面积占比四分之三以上的物业权利人且占总人数四分之三以上的物业权利人同意，其中旧住宅区所在地块应当经专有部分面积占比百分之九十五以上且占总人数百分之九十五以上的物业权利人同意；

"（二）用地包含两个或者两个以上地块的，每一地块物业权利人更新意愿应当符合前项规定，且物业权利人同意更新的面积不少于总用地面积的百分之八十；

"（三）用地属城中村、旧屋村或者原农村集体经济组织和原村民在城中村、旧屋村范围以外形成的建成区域的，应当经原农村集体经济组织继受单位的股东大会表决同意进行城市更新，或者符合前两项规定，经原农村集体经济组织继受单位同意。

"申请将旧住宅区纳入拆除重建类城市更新单位计划，自发布征集意愿公告之日起十二个月内未达到前款物业权利人更新意愿要求的，三年内不得纳入城

市更新单元计划。”

（五）确定以产权置换方式进行补偿的标准和市场协商的原则

《深圳经济特区城市更新条例》第34条规定了产权置换比例：“城市更新搬迁补偿可以采用产权置换、货币补偿或者两者相结合等方式，由物业权利人自愿选择。……已登记的商品性质住宅物业采用原地产权置换的，按照套内面积不少于一比一的比例进行补偿；产权置换的实际面积不得少于约定面积，因误差导致超出面积在百分之三以内的，物业权利人可以不再支付超出面积部分的房价。安置补偿费最迟应当在物业权利人搬离之日起按约定给付。”

同时，对于其他合法建筑和历史违建的搬迁补偿标准，规定可以由市场主体与物业权利人参照本市房屋征收相关规定协商确定。

（六）明确城市更新工作中违法行为的法律责任

《深圳经济特区城市更新条例》第六章第64条至第69条对未履职或不正确履职、违规签订搬迁补偿协议、拆除建筑物前未备案等行为明确可处以警告、罚款等相应处罚措施，进一步规范城市更新工作的开展。

三、小结

《深圳经济特区城市更新条例》的出台是在深圳相对完善的城市更新政策体系的基础上的进一步优化与细化。从内容上看，与原有的《深圳市城市更新办法》相比进行了多项创新制度建设，也一定程度上解决了当时政策下深圳城市更新工作中遇到的难点与问题。

结合深圳一系列补充配套措施，在政府统筹领导下，《深圳经济特区城市更新条例》的出台有望助力深圳城市更新工作进入下一个黄金时期，也为将深圳进一步打造成为宜居幸福家园提供了强劲的制度保障。

第五节　广州城市更新的制度演进与特点

一、引言

广州城市更新探索至今已有二十余年，其城市更新制度不断完善：从广州市人民政府1999年11月19日发布《广州市危房改造工作实施方案》开始，到2015年广州市人民政府发文《广州市城市更新办法》；再到如今，为进一步推进城市更新有机有序有效开展，2021年广州市住房和城乡建设局发布《广州市城市更新条例（征求意见稿）》。该条例将历年行之有效的城市更新规章、政策总结提炼上升为地方性法规，进一步体现了广州市正持续运用法治思维解决城市更新工作中的痛难点问题。

二、广州城市更新的制度演进

广州市从20世纪90年代危房改造伊始，至今改造范围扩增到城中村改造、旧厂房改造、旧城镇改造、工业园及旧批发市场改造等。广州城市更新制度沿袭可概括为以下四个时期：市场自主探索时期、政府介入主导时期、"三旧"改造时期和城市更新系统化建设时期，且各阶段实质上呈跨越式的发展。

（一）市场自主探索时期

改革开放后，我国结束长期施行的"福利分房制度"，开始转向商品化住房开发，鼓励并支持私人企业进入房地产市场，该时期结束于1999年广州市政府明令禁止私人开发商直接参与旧城改造项目。

包括东湖新村、五羊新城、江南新村等在内的商品房开发模式采用政府提供土地、私人资本进行开发建设，预留一定比例回迁房作为回报的模式。该模式缓解了政府资金不足的压力，但与此同时也存在弊端。上述开发模式下的商品房价格均过高，普通居民难以购买，本质上未缓解居住环境差等问题；另外，增量更新也不断加剧了旧城的公共设施危机，旧城地区交通及基础设施等跟进不及时，一定程度上对历史风貌也造成了破坏。

（二）政府介入主导时期

广州市人民政府1999年11月19日发布《广州市危房改造工作实施方案》，确立了全市危房改造的宗旨、目标、具体措施和工作步骤。明确危房改造工作的社会福利属性，必须由政府主导、投资、实施。市场自主探索结束后，受益于我国改革开放后的经济快速发展，在前期和企业合作过程中已经积累了一些开发、融资经验的前提下，更新项目逐渐由政府主导进行投资、安置和建设等工作。

为加快"城中村"改制步伐，中共广州市委办公厅、广州市人民政府办公厅2002年5月24日发布《关于"城中村"改制工作的若干意见》对"城中村"改制涉及的有关问题提出了意见，包括“城中村”村民户口“农转非”、“城中村”改制中集体土地及房屋权属的处置、撤销“城中村”村委会、建立居委会、农村集体资产的处置、“城中村”改制后的规划和市政设施的管理等问题，以及对“城中村”学校管理、环卫和计划生育政策、就业、社会保障问题进行了明确与解决，无疑是为“城中村”改制保驾护航。

而后为了贯彻实施市政府《关于推进市区产业“退二进三”工作的意见》，加快推进广州市国有企业“退二进三”工作进程，广州市人民政府国有资产监督管理委员会2008年6月12日发布《关于加快推进市属国有企业市区内产业“退二进三”工作实施意见》。对列入范围的国有及国有控股企业，由其所在的投资主体根据企业实际情况、发展前景和产业结构调整方向，逐一制定处置方式。符合产业发展方向、具有良好发展前景的企业，实施易地搬迁升级改造；经营困难、发展无望的企业，实施关闭停产；部分基础好、具备整改条件的企业，可转变经营业态或采取原地整改达标后继续经营。上述意见实际上为企业更新项目确定了指引方向。此时期政府的更新表现出很强的计划性质，无论是旧城、旧村和旧厂都逐步印发相应政策文件指导。

（三）“三旧”改造时期

为深入贯彻落实《珠江三角洲地区改革发展规划纲要（2008—2020年）》，着力推进广州市“三旧”改造工作，加快建设现代化宜居城市和国家中心城市，根据《关于推进“三旧”改造促进节约集约用地的若干意见》有关精神，广州市人民政府2009年12月31日发布《关于加快推进“三旧”改造工作的意见》（现已失效），意见中为加强改造工作的组织领导，成立市“三旧”改造办公室（正局级）统筹全市改造工作的常设性工作部门，负责集中办理改造项目市级权限范围内的立项、国土房管、规划、建设等各项审批、审核事项，实行“一站式”服务。

“三旧”改造时期大量政策文件密集出台，如《关于加快推进“三旧”改造工作的意见》《关于广州市推进旧城更新改造的实施意见》《关于广州市推进“城中村”（旧村）整治改造的实施意见》《关于广州市旧厂房改造土地处置实施意见》《广州市旧城更新改造规划》《广州市旧厂房改造专项规划》《关于加快推进“三旧”改造工作的补充意见》等构建起了针对三类用地的常态化更新机制及早期的“1+3”旧改政策体系。广州市政府在此基础上也编制了《广州市“三旧”改造规划（2010—2020年）》。

不同于20世纪90年代市场自主探索阶段以利益为导向,"三旧"改造运动在制度监督下重新引入社会资本,政府以"互利共赢、适度让利"为原则开展更新工作。但"三旧"改造依然存在弊端,不仅仍存在增量更新等问题,而且因制度设计与城市规划缺乏协调,而忽略了城市规划作为空间管控的作用。

(四)城市更新系统化建设期

2015年2月28日下午,广州市城市更新局挂牌成立。作为本轮政府机构改革新成立的政府部门之一,广州市城市更新局接替原"三旧"改造工作办公室,标志着广州由"三旧"改造时期进入城市更新时期。2015年12月1日广州市发布《广州市城市更新办法》,标志着从土地更新向综合城市空间更新的思路转变,工作方式从大拆大建、独立产权单位更新向全面改造与微改造相结合的模式转变。2016年1月广州市发布《广州市旧村庄更新实施办法》、《广州市旧厂房更新实施办法》和《广州市旧城镇更新实施办法》,作为《广州市城市更新办法》的配套文件,确立了城市更新"1+3"政策体系,正式将"三旧"改造调整为"城市更新"。

经查询广州市城市更新局的权责清单如下:(1)存量土地征收、协商收购、整合归宗;(2)集体建设用地转国有建设用地审核报批;(3)历史用地手续报批;(4)改造项目方案审核;(5)安置房统筹分配;(6)复建安置资金监督;(7)项目实施监督。

城市更新局职能设置是对当前城市更新工作进行针对性的设计,而后城市更新局领导编制了《广州市城市更新总体规划(2015—2020年)》,明确2020年要基本建立政策稳定、流程规范、体系完整的城市更新长效发展制度。此时广州市城市更新局的设立对全国的城市更新制度建设具有里程碑式的示范作用。因新一轮国家机构改革确定组建自然资源部,广州市城市更新局于2019年撤并。

为继续明确"政府主导"的原则,广州近年来又陆续发布了多个配套文件,如《关于提升城市更新水平促进节约集约用地的实施意见》,《广州市旧村庄全面改造成本核算办法》,《关于进一步规范旧村合作改造类项目选择合作企业有关事项的意见》,中共广州市委、广州市人民政府《关于深化城市更新工作推进高质量发展的实施意见》,广州市人民政府办公厅《关于印发广州市深化城市更新工作推进高质量发展的工作方案的通知》等。

三、广州城市更新的特点

（一）政策体系与流程

广州城市更新政策导向自2009年施行“三旧”改造起进行转变：核心机构为“广州市城市更新局”，核心政策从“开放市场”转变为“政府主导”。

2010年广州市开始组织全市“三旧”改造规划编制工作，并采取“1+3+N”的规划编制体系：“1”为整体规划纲要；“3”为旧厂、旧城、旧村相应的规划要求和控制措施；“N”是指具体更新地块的改造方案或规划控制导则。

此外，广州为方便掌握“三旧”改造用地的基本情况以及对改造工作进行有效的动态监管建立了“标图建库”。建立的数据库包括改造地块的位置、范围、面积、权属、现状等。处于机动更新的“标图建库”可以实时了解城市更新的片区及其相关信息。

同时，广州市城市更新工作施行“三旧”分类管理，整体流程如下：（1）申报。申报前进行“标图建库”，将符合要求用地纳入“标图建库”数据库，之后确定范围并申报年度计划。（2）编制。编制实施方案。（3）审批。城市更新局对城市更新方案审批。（4）批复。市城市更新局接收申请并审批，如方案需修改，完善后进行风险评估。（5）实施。城市更新机构指导实施并验收，涉及历史用地需审批环节上报，实施完成后进行历史用地登记确权。

（二）改造思路与挑战

1999年开始的旧城改造项目禁止开发商参与，由政府投资和建设，导致资金缺口逐渐增大、改造慢。2006年开始放宽，社会资本进入。2012年，基于自由市场会出现各类问题，广州市提出“政府主导、规划先行、成片改造、配套优先、分类处理、节约集约”原则，对于重点地区土地，要求政府优先储备，并收紧自主改造范围。

整体上，广州市呈现出“自上而下”的规划编制体系，主要目的是与上位规划进行衔接而进一步加强规划引导城市更新。但鉴于“三旧”改造涉及主体多，如果规划未充分考虑主体意愿，也会使“自上而下”的规划如空中楼阁无法付诸实践。

在实践中，为享受广州市城市更新相关政策红利，各区上报的“三旧”改造面积普遍较大，导致实际进度与实施计划不符；因涉及产权人过多，权利人对补偿不满、对“三旧”改造缺乏积极性，政府与村集体、企业主产生利益争据，政府面临包括但不限于土地整合、利益协调、拆迁安置等问题，并且土地增值收益难以实现资金的统筹平衡。

四、小结

综上，作为较早开始进入城市更新的城市，不同于深圳市规划体系“自下而上”的特点，广州市呈现出“自上而下”是为加强规划引导以控制规划调控改造进程，其与其他城市的更新差异性也为各地城市提供了宝贵的对比经验。

同时《广州市城市更新条例(征求意见稿)》等各项规定的发布也说明广州市非常重视通过法治方式推动城市更新进展。在当前依法治国的发展理念下，通过落实该条例意见稿等规定实现以人民为中心，共同构建“共建共治共享”社会治理格局。

第六节 《广州市城市更新条例(征求意见稿)》重点解读

一、引言

广州市委、市政府为贯彻落实习近平总书记关于广州要实现“老城市新活力”和“四个出新出彩”的重要指示精神，以及党的十九届五中全会、中央经济工作会议关于“实施城市更新行动”的重大决策，于2020年将城市更新列为推动广州市发展的“双引擎”之一，构建了深化城市更新推进高质量发展的“1+1+N”政策体系。

为进一步推进城市更新有机有序有效开展，市人大常委会将《广州市城市更新条例》列入2021年立法工作计划。于是以习近平新时代中国特色社会主义思想为指导，2020年全国住房和城乡建设工作会议、《国民经济和社会发展第十四个五年规划和二〇三五年远景目标纲要》关于“实施城市更新行动”的重大部署，进一步推进和规范广州市城市更新工作，健全制度体系，形成《广州市城市更新条例(征求意见稿)》。

二、重点解读

（一）无偿提供人民政府储备用地、超出规定提供公共服务设施用地或者作出历史文化保护贡献的城市更新项目按照相关政策给予容积率奖励

根据《广州市城市更新条例（征求意见稿）》第16条规定："在规划可承载条件下，对无偿提供政府储备用地、超出规定提供公共服务设施用地或者对历史文化保护作出贡献的城市更新项目，市、区人民政府可以按照有关政策给予容积率奖励。"

也就是说，其规定政府给予容积率奖励目的是提倡无偿提供储备用地、超出规定提供公服务设施用地或者作出历史文化保护贡献的城市更新项目。

《广州市旧村庄更新实施办法（修订征求意见稿）》第37条、《广州市旧城镇更新实施办法（修订征求意见稿）》第16条，同样对容积率奖励进行了规定。

（二）城市更新项目实施方案与国土空间详细规划明确的建设量相较的节余量的用途

根据《广州市城市更新条例（征求意见稿）》第21条规定："城市更新项目实施方案明确的建设量与国土空间详细规划明确的建设量相较的节余量，由市、区人民政府统筹安排，优先用于异地平衡、项目组合实施、城市更新安置房、保障性住房、重大基础设施等公益性项目。"

首次规定建设量相较的节余量优先用于何种项目，包括异地平衡、项目组合实施、城市更新安置房、保障性住房、重大基础设施公益性项目。

（三）片区策划方案和项目实施方案可以同步编制、同步联审，未经划定城市更新片区，可以直接编制项目实施方案

根据《广州市城市更新条例（征求意见稿）》第22条规定："片区策划方案和项目实施方案可以同步编制、同步联审，同步提交市城市更新领导机构审定。市城市更新领导机构可以按照规定委托区人民政府审定片区策划方案和项目实施方案。未经划定城市更新片区，纳入城市更新项目储备库的单个项目，可以直接编制项目实施方案。"

对比《广州市城市更新办法》第33条"城市更新项目实施方案批复后……办理后续的行政审批手续……实行并联审批"的规定，条例意见稿直接规定片区策划方案和项目实施方案可以同步编制、同步联审。

(四)综合考虑实施主体承担的改造成本

根据《广州市城市更新条例(征求意见稿)》第30条规定:“城市更新项目供地应当综合考虑实施主体承担的改造成本,按照规定确定应收土地出让金。”

对比《广州市旧村庄更新实施办法》第40条“融资地块按照合作改造和自主改造以协议方式出让的,按申请办理土地出让手续时点市场评估价20%计收土地出让金”的规定,条例意见稿进一步规定对土地出让金的计收标准需考虑更新主体承担的改造成本,对城市更新项目而言有积极推进作用。

(五)城市更新项目组合实施的,应当优先实施老旧小区改造项目、历史文化遗产保护利用项目及其他特殊控制区内的项

根据《广州市城市更新条例(征求意见稿)》第31条规定:“城市更新项目可以按照民生先行、灵活分片、动态分期的原则,依据经批准的项目实施方案分地块申请办理规划、用地、建设等许可事项,最小分片应当不小于国土空间详细规划的导则地块。涉及房屋拆迁安置的,实施主体应当坚持先安置、后拆迁,优先保护历史文化遗产,先行建设复建安置房、公共服务设施和市政基础设施,并优先移交投入使用。公共服务设施和市政基础设施未在规定的时限内启动建设的,其他建设项目(除安置房外)不得启动。城市更新项目组合实施的,应当优先实施老旧小区改造项目、历史文化遗产保护利用项目以及其他特殊控制区内的项目。”

对比《广州市城市更新办法》第51条和第52条“城市更新实施时序”的规定,条例意见稿额外规定了城市更新项目组合实施的应当优先实施老旧小区改造项目、历史文化遗产保护利用项目及其他特殊控制区内的项等。

(六)涉及土地供应的,应当在土地供应前与符合条件的实施主体签订项目实施监管协议

根据《广州市城市更新条例(征求意见稿)》第32条规定:“区城市更新部门或者其委托的单位应当在项目实施方案批复后三个月内与符合条件的实施主体签订项目实施监管协议。涉及土地供应的,应当在土地供应前签订。项目实施监管协议应当包括实施主体履行历史文化遗产保护、公共服务设施和市政基础设施建设和移交、补偿安置、产业导入、社会风险防范、安全生产、运营管理、投保工程质量潜在缺陷保险等义务。区城市更新部门或者其委托的单位应当按照项目实施监管协议的约定,对改造项目实行动态监管。区人民政府应明确城市更

新改造项目相关拆卸工程的安全监管部门，依法展开安全监督管理。”

对比《广州市城市更新项目监督管理实施细则》，条例意见稿增加了应当在土地供应前签订城市更新项目实施监管协议。

(七)要求签订房屋搬迁补偿安置协议的权利主体达到80%以上方可启动房屋拆除工作

《广州市城市更新条例(征求意见稿)》第41条规定：“区人民政府对旧城镇实施全面改造，应当征求改造区域内权利主体的意见，经改造区域内百分之九十以上的权利主体同意的，方可启动改造。在经批准的项目实施方案规定时间内，签订房屋搬迁补偿安置协议的权利主体达到百分之八十以上的，实施主体方可启动房屋拆除工作。”

对比《广州市旧城镇更新实施办法》规定“签订房屋搬迁补偿安置协议的权利主体达到三分之二以上的，实施主体方可启动房屋拆除工作”，条例意见稿规定的比例提高到80%。

(八)通过设置提起诉讼、申请裁决，要求限期搬迁应对“钉子户”

《广州市城市更新条例(征求意见稿)》第44条、第45条、第46条规定，首次规定旧村庄更新改造项目宅基地使用权人拒不交回土地使用权的，村集体经济组织可以向人民法院提起诉讼；首次规定区人民政府可以按照《国有土地上房屋征收与补偿条例》相关规定对未签约部分房屋实施国有土地上房屋征收。并且规定了权利主体对搬迁补偿安置协议不能达成一致意见符合情形的，权利主体可以向项目所在地区人民政府申请裁决，要求限期搬迁。

对比广东省人民政府《关于深化改革加快推动“三旧”改造促进高质量发展的指导意见》第16条，提高了比例：

建筑物区分所有权的，专有部分占建筑物总面积、权利主体签订搬迁补偿安置协议占比由2/3变化至了95%。

旧村改造项目的，村民或者户代表签订搬迁补偿安置协议占比由2/3变化至95%。

(九)设置法律责任

《广州市城市更新条例(征求意见稿)》第48条、第50条等设置了法律责任。

对比《广州市城市更新办法》，条例意见稿新设置了“自然人、法人和其他组织参与城市更新活动时，有欺诈、胁迫、虚构事实、伪造变造文件、散布虚假信息、侵害个人隐私、泄露商业秘密、受贿、行贿等行为的,五年内禁止参与城市更新的活动"等准入限制等。

三、小结

根据《广州市城市更新条例(征求意见稿)》的起草说明,该条例意见稿体现了以人民为中心的发展思想,旨在通过城市更新提供高质量的产业发展空间,配建高标准的公共服务设施,引导多主体、多渠道供给保障性住房,以看得见的变化回应群众期盼,让千万市民有更优质的就业岗位,更舒适的居住条件,更先进的教育医疗,更优美的生活环境,构建"共建共治共享"社会治理格局。

该条例意见稿的起草目的是推进历史文化保护及活化利用,强调在城市更新中始终把对历史文化保护放在第一位,并促进历史文化资源活化利用。从而提升公共服务供给能力,提供高质量的产业发展空间,强化多方主体权益保障。

同时,为确保大多数人的利益得到保障,《广州市城市更新条例(征求意见稿)》还设计了相关制度,将争议纠纷解决方式纳入法治轨道。加大对城市更新微改造的支持力度。促进土地节约集约利用。积极推动盘活低效存量建设用地,促进成片连片城市更新,着力缓解建设用地供给不足难题。设置用地管理专章,从城市更新土地整备、土地整合、异地平衡、土地置换、留用地统筹利用、"三旧"用地审批、土地供应等方面进行总结提升城市更新用地管理经验和做法,为高质量推动广州城市更新用地工作提供法律保障。

第三章　城市更新与其他城市建设行为辨析

第一节　城市更新与土地出让

一、引言

城市更新中的土地出让,决定了城市更新项目的资金自平衡和最终的成功实施,而土地出让的方式、价款等则取决于各地有关用地和规划政策。从当前实践来看,我国虽然没有全国统一的城市更新土地出让政策,但北京、上海、深圳、广州等地分别已对城市更新的土地出让方式、土地出让价款等方面进行了一系列规定。

二、城市更新的土地出让方式

关于土地出让方式,在深圳、广州等城市更新政策较为成熟的城市,土地出让方式较为简单,更倾向于以公开或协议出让方式;也有不少城市,如北京、重庆,为了加强对城市更新的土地要素保障,除定向“招拍挂”这一经营性土地出让的基本方式以外,在城市更新的土地出让方式上进行了探索,提出了作价出资、带方案“招拍挂”出让等方式。这些突破,满足了市场投资主体对于供地确定性的需求,也赋予原有土地使用人更有利的市场地位;有利于实现一二三级联动,拉长价值链条,提高社会资本的参与积极性,也有利于其利用市场资金积极进行项目改造,重大利好于市场各参与主体。

1. 北京在城市更新的土地出让方式上,不但允许以协议出让和租赁方式供地,还允许以划拨用地使用权作价出资入股。具体而言:在老旧楼宇更新改造项目、老旧厂房更新改造项目中，对于符合《划拨用地目录》的，可以划拨方式供地；不符合《划拨用地目录》的，可以协议方式办理用地手续，也可结合市场主体意愿，依法采取租赁、先租后让、租让结合、作价出资(入股)等方式办理用地手续，但法律、法规以及国有建设用地划拨决定书、有偿使用合同等明确应当收回土地使用权重新出让的除外。在危旧楼房改建项目中，原国有土地使用权需全部收回，以重新划拨的方式供给项目实施主体，并办理国有建设土地使用权首次登记。

2. 上海在城市更新的土地出让方式上，采用招标、拍卖、挂牌、协议出让以及划拨等方式。按照法律规定，没有条件，不能采取招标、拍卖、挂牌方式的，经市人民政府同意，可以采取协议出让方式供应土地。

3. 广州在城市更新的土地出让方式上，在旧城镇更新项目中，按国有建设用地公开出让方式供应土地；在旧厂房更新项目中，政府收储的，纳入土地供应计划，由政府按规定组织土地供应；在旧村改造项目用地中，复建安置地块转为国有土地的可采取划拨方式供地，融资地块可采取公开方式出让给市场主体或协议出让给村集体经济组织等主体。

4. 深圳在城市更新的土地出让方式上，没有特殊规定，通常倾向于采用协议出让以及划拨等方式。

5. 重庆在城市更新的土地出让方式上规定：城市更新项目涉及土地出让的，采取协议出让或公开“招拍挂”(含带方案招拍挂)方式。符合划拨条件的城市更新项目土地，按划拨方式办理供地手续。城市有机更新涉及产权变动的，可通过协议搬迁、房屋征收、房屋买卖、资产划转、股份合作等方式依法办理不动产登记。城市有机更新不涉及产权变动的，可通过市场租赁方式取得原建筑使用权。城市有机更新既不涉及产权变动，也不需要取得原建筑使用权的，经充分征求原建筑权利人意见后依法实施。

三、城市更新的土地出让价款

关于土地出让价款，许多城市如北京、上海、成都，不仅规定土地出让价款可以分期补缴，同时还调减了改造主体所需补缴的土地出让价款金额，根本上减轻了改造主体的资金压力。其中，成都不仅对于住宅及商服用地按照7～9折优惠减免土地价款，同时鼓励自持，对于自持比例越高的，减免优惠力度也越大。

1. 北京在城市更新的土地出让价款上，特别规定：更新项目中需补缴的土地价款可分期缴纳，首次缴纳比例不低于50%，且分期缴纳的最长期限不超过一年。

2. 上海在城市更新的土地出让价款上，规定涉及补缴土地出让金的，在土地价格市场评估时，综合考虑土地取得成本、公共要素贡献等因素，确定土地出让金。同时规定，区规划土地管理部门应当委托土地评估机构，经区人民政府集体决策后，按照新土地使用条件下土地使用权市场价格与原土地使用条件下剩余年期土地使用权市场价格的差额，补缴出让价款。商务办公等经营性用地的市场评估地价，不得低于相同地段同用途的基准地价。对于按合同无偿提供的公益设施用地，或按合同约定承担公共服务设施、公共开放空间和城市基础设施等无偿移交政府相关部门的用地，符合划拨用地目录的，可以按照划拨用地方式管理。

3. 广州在城市更新的土地出让价款上，规定：属于新型产业用房或产业配套设施的，按照相应基准地价标准的50%计收土地出让价款。土地出让价款可分期缴纳，首次缴交比例不低于30%，余款1年内缴清。原土地权利人申请自行改造的“三旧”用地，按办理土地有偿使用手续时新规划用途市场评估价的70%缴交土地出让价款；“工改工”项目无须缴交土地出让价款。

4. 深圳在城市更新的土地出让价款上，规定：以划拨方式供应的土地，不计收地价；以出让、租赁方式供应或划拨方式转为有偿使用的土地，应根据土地的市场价格及《深圳市地价测算规则》的规定计收地价，其中产权归政府的建筑面积部分不计收地价；以作价出资方式供应的土地，应根据土地的市场价格及《深圳市地价测算规则》确定作价出资金额。其中产权归政府的建筑面积部分不计作价出资金额。

5. 成都在城市更新的土地出让价款上，规定：对按城市规划要求实施自主改造用于商品住宅开发的，按“双评估”价差的90%收取土地出让价款。用于发展服务业（含总部经济）的商服用地按70%收取土地出让价款[对自持物业比例超过60%（含60%）的按65%收取土地出让价款；自持全部物业的按60%收取土地出让价款；自持全部物业的省、市重点项目可按不低55%收取土地出让价款]。

四、城市更新的土地出让过渡期政策

所谓过渡期政策，是指用地主体可以在一定期限内按照原用途、原权利类型使用土地。北京契合目前国家及北京支持新型基础设施发展的现状，为拟投资发展新基建项目的投资者提供了更多可以选择的项目类型及土地出让方式。除北京外，上海、广州、天津、重庆等城市也存在类似的过渡期政策。

1. 北京的过渡期政策，规定在符合规划且不改变用地主体的条件下，更新项目发展国家及本市支持的新产业、新业态的，由相关行业主管部门提供证明文件，可享受按原用途、原权利类型使用土地的过渡期政策。过渡期以 5 年为限，5 年期满或转让需办理用地手续的，可按新用途、新权利类型，以协议方式办理用地手续。

2. 上海的过渡期政策，支持原土地使用权人利用存量工业用地发展先进制造业、生产性服务业、研发总部经济以及“互联网 +”等产业。按照规划转型为研发总部产业类用地的；园区平台利用存量工业用地建设众创空间、孵化器等新型服务平台，按规划转型为标准厂房、研发总部通用类用地的，经投资或相关主管部门认定后，可以实行继续按原用途和土地权利类型使用土地的过渡期政策。适用过渡期政策的项目，应按照规划批准用途和土地全生命周期管理要求签订土地出让合同，过渡期内仍按照原土地批准用途管理。过渡期内，涉及按照规划提高容积率的，应根据相关规定按照原批准用途补缴土地价款。现有建设用地过渡期支持政策以 5 年为限，5 年期满以及过渡期内经出让人同意整体转让的，应按照批准转让时点、新用途、新权利类型的市场评估地价，补缴土地价款，完善相关用地手续。

3. 广州的过渡期政策，规定利用工业产业区块外存量工业用房进行制造业与文化创意、科技服务业融合发展的，经发展改革、行业主管部门审核符合投资和产业要求的，在 5 年过渡期内可继续按原用途和土地权利类型使用土地。5 年期满涉及转让需办理相关用地手续的，新用途与详细规划一致的，可按新用途申请调整规划条件，办理协议出让手续，按照新用途和申请补缴出让金时点的市场评估价补缴土地出让价款，办理不动产登记手续。新的用途与详细规划不一致的，在申请规划条件前应先申请调整详细规划。

4. 天津的过渡期政策，规定支持土地使用权人自主更新。不改变土地用途的，可维持原供地方式；土地用途变更为经营性用途或新增建筑面积用于销售产权的，按照新土地使用条件下土地使用权市场价格与原土地使用条件下剩余年期土地使用权市场价格的差额补缴土地收益，办理相关用地手续，其中涉及国家支持发展的各类产业情形的，可适用在 5 年过渡期内暂不办理变更用地主体和土地使用性质的建设用地过渡期政策。

表 1－3－1 为涉及城市更新中土地出让的政策文件：

表 1－3－1　城市更新中土地出让的政策文件

<table>
<tr><th>地区</th><th colspan="2">文件名</th></tr>
<tr><td>北京市</td><td colspan="2">2021 年 3 月 26 日《关于首都功能核心区平房（院落）保护性修缮和恢复性修建工作的意见》
2021 年 4 月 9 日《关于老旧小区更新改造工作的意见》
2021 年 4 月 21 日《关于开展老旧厂房更新改造工作的意见》
2021 年 4 月 21 日《关于开展老旧楼宇更新改造工作的意见》
2021 年 5 月 15 日北京市人民政府《关于实施城市更新行动的指导意见》
2021 年 6 月 7 日北京市人民政府办公厅《关于完善建设用地使用权转让、出租、抵押二级市场的实施意见》</td></tr>
<tr><td>上海市</td><td colspan="2">2015 年 6 月 1 日《上海市城市更新实施办法》
2016 年 4 月 1 日《关于本市盘活存量工业用地的实施办法》
2017 年 12 月 1 日《上海市城市更新规划土地实施细则》
2017 年 11 月 28 日《上海市加快推进具有全球影响力科技创新中心建设的规划土地政策实施办法》
2021 年 9 月 1 日《上海市城市更新条例》</td></tr>
<tr><td rowspan="2">广东省</td><td>省规定</td><td>2018 年 4 月 4 日广东省国土资源厅《关于印发深入推进“三旧”改造工作实施意见的通知》</td></tr>
<tr><td>广州市</td><td>2016 年 1 月 1 日《广州市城市更新办法》
2016 年 1 月 1 日《广州市旧村庄更新实施办法》（已失效）[1]
2016 年 1 月 1 日《广州市旧厂房更新实施办法》（已失效）[2]
2016 年 1 月 1 日《广州市旧城镇更新实施办法》（已失效）[3]
2016 年 6 月 2 日《关于科技企业孵化器建设用地的若干试行规定》（已失效）[4]</td></tr>
</table>

续表

地区	文件名	
		2017 年 6 月 5 日广州市人民政府《关于提升城市更新水平促进节约集约用地的实施意见》 2018 年 4 月 1 日广州市人民政府办公厅《关于加强土地管理的实施意见》 2019 年 4 月 18 日《广州市深入推进城市更新工作实施细则》 2020 年 12 月 21 日《广州市市本级共有产权住房供应配售实施细则》 2020 年 12 月 22 日《广州市旧村全面改造项目涉及成片连片整合土地及异地平衡工作指引》 2021 年 3 月 4 日广州市黄埔区人民政府、广州开发区管理委员会《关于印发广州市黄埔区广州开发区集体经济发展留用地管理办法的通知》 2022 年 4 月 23 日《广州市提高工业用地利用效率实施办法》
	深圳市	2018 年 5 月 3 日《深圳市总部项目遴选及用地供应管理办法》 2019 年 10 月 17 日深圳市人民政府办公厅《关于印发深圳市地价测算规则的通知》(部分失效) 2021 年 1 月 1 日深圳市规划和自然资源局《关于印发〈深圳市地价测算规则〉附表(2020 年修订稿)的通知》 2021 年 3 月 1 日《深圳经济特区城市更新条例》
重庆市	2021 年 6 月 16 日《重庆市城市更新管理办法》	
成都市	*2018 年 4 月 9 日《成都市进一步疏解中部区域非核心功能高品质提升城市能级的若干政策》(已失效)* 2021 年 5 月 10 日成都市人民政府办公厅《关于进一步推进“中优”区域城市有机更新用地支持措施的通知》	
天津市	2021 年 6 月 22 日《天津市老旧房屋老旧小区改造提升和城市更新实施方案》	

〔1〕 该规定已于 2021 年 1 月 1 日经过有效期。

〔2〕 该规定已于 2021 年 1 月 1 日经过有效期。

〔3〕 该规定已于 2021 年 1 月 1 日经过有效期。

〔4〕 该规定已于 2018 年 6 月 2 日经过有效期。

五、深圳与上海两城城市更新在土地出让上的对比

深圳城市更新采取一二级开发联动模式。深圳城市更新的实施思路是政府引导,市场化运作。以拆除重建类为例,在签订土地出让合同之前,市场主体需依次完成如下工作:征集更新意愿、申报及制定更新单元计划,核查汇总土地建

筑物、编制更新单元规划草案并取得批复、签订搬迁补偿安置协议以形成单一主体、申请确认实施主体、完成房屋拆除和产权注销。深圳城市更新允许市场主体充分参与城市更新，且由于其拆除重建类项目比例较大，实操上允许二级开发企业在实施主体申报阶段通过民事拆迁完成一级开发工作再签订土地出让合同，变相完成了"毛地"出让，减轻了大规模城市更新下政府的财政压力。这种方式实质上属于一二级联动的土地开发方式，变相允许二级房企实施一级开发，完成"毛地"出让。

上海城市更新一般不考虑一级开发而直接进行二级开发。上海的城市更新大多不涉及征收工作（除了旧住房更新项目涉及拆除重建），即使涉及征收（如旧区改造）也可采取"征而不拆，人走房留"方式，因此无须考虑传统房地产开发模式下的一级开发和土地出让条件问题。上海在有关城市更新规划设计的操作指引上，具体操作方式首先由市资规部门会同区资规部门和市级城市更新具体实施机构提出项目初步规划设计要求，市级城市更新具体实施机构再会同有关实施主体进行评估策划工作，对初步规划设计进行优化，最后经市资规部门同意后再编制具体实施方案。实施方案经专家评审后，再由市级城市更新具体实施机构配合市资规部门和区资规部门进行相关调整（其中涉及风貌保护的应当由风貌保护相关委员会进行专家论证）。

六、广州与北京两地城市更新在土地出让上的对比

首先，在更新政策较为成熟的广州，其土地出让方式较为简单，倾向以公开或协议出让方式供应土地；而北京，则在现行法律规定的框架下采取了相对灵活的土地出让方式，基本涵盖了现行法律法规规定的所有土地出让方式，不仅允许以协议出让和租赁方式供地，也允许以划拨用地使用权作价出资入股。其次，广州在土地出让价款缴纳优惠的政策上，不仅规定土地出让价款可以分期补缴，同时还调减了改造主体所需补缴的土地出让价款，从根本上减轻了改造主体的资金压力。而北京，仅规定了土地出让价款可分期缴纳的优惠政策。具体对比详见表1-3-2。

表1－3－2　广州与北京城市更新土地出让政策对比

土地出让	广州	北京
土地出让方式	《广州市城市更新办法》： 旧城镇更新项目：按国有建设用地公开出让方式供应土地。 旧厂房更新项目：政府收储的，纳入土地供应计划，由政府按规定组织土地供应。 旧村改造项目用地：复建安置地块转为国有土地的可采取划拨方式供地，融资地块可采取公开方式出让给市场主体或协议出让给村集体经济组织等主体	北京市人民政府《关于实施城市更新行动的指导意见》： 更新项目可依法以划拨、出让、租赁、作价出资（入股）等方式办理用地手续。代建公共服务设施产权移交政府有关部门或单位的，以划拨方式办理用地手续。经营性设施以协议或其他有偿使用方式办理用地手续
土地出让价款缴纳优惠政策	《广州市旧厂房更新实施办法》及广州市人民政府办公厅《关于印发广州市深入推进城市更新工作实施细则的通知》： 属于新型产业用房或产业配套设施的，按照相应基准地价标准的50%计收土地出让金。 土地出让金可分期缴纳，首次缴交比例不低于30%，余款1年内缴清。 原土地权利人申请自行改造的“三旧”用地，按办理土地有偿使用手续时新规划用途市场评估价的70%缴交土地出让金；“工改工”项目无须缴交土地出让金	北京市人民政府《关于实施城市更新行动的指导意见》： 用地性质调整需补缴土地价款的，可分期缴纳，首次缴纳比例不低于50%，分期缴纳的最长期限不超过1年

七、城市更新中土地出让可能面临的问题

（一）单宗土地出让难以适应城市更新活动的跨区域联动

城市是一个复杂的系统，各个城区之间的功能相互联系、相互支撑。城市更新活动尤其需要高屋建瓴地进行系统谋划、整体布局。但现行的以单宗土地出让方式为主的土地出让制度，还无法适应这种系统性更新的实现。

在我国目前的城市更新过程中，逐渐从“大拆大建”转向“微改造”与“微开发”。从投资视角衡量，这类城市更新项目常常难以凭借自身实现盈利。因此，单个更新项目难以引入社会投资资本，只能依靠地方政府的财政投入。然而，当前许多地方政府负债压力大，此类项目很可能因资金问题陷入停顿。若能将该类项目与具有高开发利润的项目进行联动实施，或许可以避免融资难、资金不足问题的发生。而联动实施的基础条件，即需要在防范土地出让风险的基础上，对现有的以单宗土地出让方式为主的土地出让制度进行创新。

(二)"净地"出让不利于引入社会资本开展城市更新工作

"净地"出让是我国许多城市建设用地的主要出让方式,对保护被拆迁人权益、防止野蛮拆迁具有重大意义。

然而,"净地"出让也存在问题:首先,其客观上鼓励了采用拆除重建的方式进行城市更新,而不是优先考虑对现有建筑的改造再利用,在我国"防止大拆大建"的政策背景下,不符合以保留利用提升为主,加强修缮改造,补齐城市短板,注重提升功能的城市更新理念。其次,在"净地"出让的前提下,地方政府在城市更新项目前期,难以引入社会资本。政府必须投入资金完成拆迁、补偿等工作,在地方财力有限的情况下,城市更新项目难以推动。

第二节　城市更新与土地储备

一、引言

随着2021年11月4日住房和城乡建设部办公厅《关于开展第一批城市更新试点工作的通知》的发布,城市更新进入了新的节点。土地储备作为城市更新的重要手段,将为城市更新工作的推进提供有力支撑。

目前正式的政府土地储备工作主要由土地储备中心(以下简称"土储中心")负责。"土储中心"多为地方政府设立的公益性事业单位,其实施的土地储备行为通常不具有政府强制效力,对土地进行收储时需要遵照市场规律,面临的资金压力大。

如何解决"土储中心"面临的资金问题?地方国企作为责任担当和引领动力,能否配合"土储中心"完成土地储备工作?国企与"土储中心"可行的合作模式是什么?本节将通过对相关规定和实务案例的梳理,探索上述问题的可能答案。

二、禁止的合作模式:国企向土储中心进行直接债权投资

从2004年中国银行业监督管理委员会发布的《关于加强土地储备贷款和城市基础设施建设贷款风险提示的通知》(已失效)以来,一系列关于土地储备的国家规定相继出台。其中大部分相关规定涉及土地储备融资问题,且由于关涉政

府性债务管理的问题，相关规定对土地储备的资金管控呈逐渐收紧态势。（详见表1－3－3）

表1－3－3　关于土地储备的国家规定

序号与文件名称	规定内容
1.《关于规范土地储备和资金管理等相关问题的通知》（财综〔2016〕4号）	五、调整土地储备筹资方式 土地储备机构新增土地储备项目所需资金，应当严格按照规定纳入政府性基金预算，从国有土地收益基金、土地出让收入和其他财政资金中统筹安排，不足部分在国家核定的债务限额内通过省级政府代发地方政府债券筹集资金解决…… 六、规范土地储备资金使用管理 根据《预算法》等法律法规规定，从2016年1月1日起，土地储备资金从以下渠道筹集：一是财政部门从已供应储备土地产生的土地出让收入中安排给土地储备机构的征地和拆迁补偿费用、土地开发费用等储备土地过程中发生的相关费用。二是财政部门从国有土地收益基金中安排用于土地储备的资金。三是发行地方政府债券筹集的土地储备资金。四是经财政部门批准可用于土地储备的其他资金。五是上述资金产生的利息收入。土地储备资金主要用于征收、收购、优先购买、收回土地以及储备土地供应前的前期开发等土地储备开支，不得用于土地储备机构日常经费开支。土地储备机构所需的日常经费，应当与土地储备资金实行分账核算，不得相互混用
2.《关于印发〈地方政府土地储备专项债券管理办法（试行）〉的通知》（财预〔2017〕62号）	第三十二条 地方各级政府不得以土地储备名义为非土地储备机构举借政府债务，不得通过地方政府债券以外的任何方式举借土地储备债务，不得以储备土地为任何单位和个人的债务以任何方式提供担保
3.《关于印发〈土地储备资金财务管理办法〉的通知》（财综〔2018〕8号）	第二章　土地储备资金来源　第五条 土地储备资金来源于下列渠道： （一）财政部门从已供应储备土地产生的土地出让收入中安排给土地储备机构的征地和拆迁补偿费用、土地开发费用等储备土地过程中发生的相关费用； （二）财政部门从国有土地收益基金中安排用于土地储备的资金； （三）发行地方政府债券筹集的土地储备资金； （四）经财政部门批准可用于土地储备的其他财政资金
4.《关于印发〈土地储备项目预算管理办法（试行）〉的通知》（财预〔2019〕89号）	第四条 土地储备项目从拟收储到供应涉及的收入、支出必须全部纳入财政预算。 土地储备项目预算按规定纳入地方政府性基金预算管理，年度预算执行中遵循以收定支、先收后支的原则

续表

序号与文件名称	规定内容
5.《2019年上海市杨浦区土地储备项目实施方案》	3. 资金平衡方案 项目计划收储土地面积为26,010平方米,项目总投资合计349,400万元(市本级承担60%、杨浦区承担40%)。项目以前年度(2017年)已通过专项债券融资29,265万元;2018年财政预算安排自有资金12,663万元;2019年通过土地储备专项债券融资97,000万元(其中:市本级发行60,000万元,杨浦区发行37,000万元),财政预算安排自有资金210,472万元(其中:市本级安排149,640万元,杨浦区安排60,832万元)

1. 上述规定和实例的对比

《关于规范土地储备和资金管理等相关问题的通知》明确了土地储备资金的“财政资金+政府债券”两大正面筹资方向。

《关于印发〈地方政府土地储备专项债券管理办法(试行)〉的通知》则从反面规定了不得以地方政府债券以外任何方式举借土地储备债务。

《关于印发〈土地储备资金财务管理办法〉的通知》更是将《关于规范土地储备和资金管理等相关问题的通知》文中“四是经财政部门批准可用于土地储备的其他资金”的表述调整为“(四)经财政部门批准可用于土地储备的其他财政资金”,封堵了文义上的漏洞,再次强调财政资金才是土地储备的直接资金来源。

《2019年上海市杨浦区土地储备项目实施方案》的资金平衡计划里仅规划了财政资金和土储专项政府债两大资金组成。

2. 收紧土地储备资金管控旨在严格管控政府性债务

通过对比以上文件可以明确,出于严格管控政府性债务的考虑,首先,土地储备项目的直接资金来源可以是:(1)财政预算安排的政府自有资金;(2)土地储备地方政府专项债券(纳入地方政府性债务统一管理)。其次,土地储备项目的直接资金来源不可以是:地方政府债券以外的任何方式举借的土地储备债务(意味着“土储中心”不得接受外部直接债权投资)。

三、未禁止的合作模式:“土储中心”接受社会资本合作

虽然政府土地储备的相关规定通过资金管控否定了“土储中心”接受外部直接债权投资的路径,但由于“土储中心”自身通常仅为公益性事业单位,“土储中心”不具有工程设计、施工等资质,不能独立完成包括土地前期开发在内的全部土地储备工

作,而这部分工作的完成又有赖于社会力量。因此,“土储中心”在实施具体土储工作时存在与社会资本进行合作的可能。从相关规定和地方土储方案实例来看,这方面的切入口主要是在土地的前期开发(整备)阶段。(详见表1-3-4、表1-3-5)

表1-3-4　相关文件规定

序号与文件名称	规定内容
1.原国土资源部、财政部、中国人民银行、原中国银行业监督管理委员会《关于〈加强土地储备与融资管理〉的通知》(国土资发〔2012〕162号)	三、加强储备土地前期开发管理 土地储备机构应组织开展对储备土地的前期开发,为政府供应“净地”提供有效保障。进行道路、供水、供电、供气、排水、通讯、照明、绿化、土地平整等基础设施建设的,应通过公开招标方式选择工程设计、施工和监理等单位,不得通过下设机构进行工程建设。有下设或挂靠从事工程建设机构的,必须与土地储备机构彻底脱钩。前期开发工程施工期间,土地储备机构要予以监督管理,工程完成后,土地储备机构要组织开展验收,验收工作参照相关工程验收有关规定执行。对储备土地的管护和临时使用,土地储备机构可设立内部机构进行管理,也可通过公开招标方式选择管理单位
2.原国土资源部、财政部、中国人民银行、原中国银行业监督管理委员会《关于印发〈土地储备管理办法〉的通知》(国土资规〔2017〕17号)	(十二)土地储备机构应组织开展对储备土地必要的前期开发,为政府供应土地提供必要保障。 储备土地的前期开发应按照该地块的规划,完成地块内的道路、供水、供电、供气、排水、通讯、围挡等基础设施建设,并进行土地平整,满足必要的“通平”要求。具体工程要按照有关规定,选择工程勘察、设计、施工和监理等单位进行建设。 前期开发工程施工期间,土地储备机构应对工程实施监督管理。工程完成后,土地储备机构应按规定组织开展验收或委托专业机构进行验收,并按有关规定报所属国土资源主管部门备案

表1-3-5　相关地方土储方案实例

序号与文件名称	地方土储方案实例
1.北京市国土资源局、市发展和改革委员会、市规划委员会、市建设委员会《关于印发北京市土地储备和一级开发暂行办法的通知》(京国土市〔2005〕540号)	第十三条　土地储备机构负责实施土地开发的,由土地储备机构负责筹措资金、办理规划、项目核准、征地拆迁及大市政建设等手续并组织实施。其中通过招标方式选择开发企业负责土地开发具体管理的,开发企业的管理费用不高于土地储备开发成本的2%。以招标方式确定开发企业后,土地储备机构应当与中标开发企业签订土地一级开发管理委托协议。 第十四条　通过招标方式选择开发企业实施土地开发的,由开发企业负责筹措资金、办理规划、项目核准、征地拆迁和大市政建设等手续并组织实施。招标底价包括土地储备开发的预计总成本和利润,利润率不高于预计成本的8%。通过招标方式确定开发企业后,土地储备机构应当与中标开发企业签订土地一级开发委托协议

续表

序号与文件名称	地方土储方案实例
2. 东莞市人民政府办公室《关于进一步完善土地收储整备补偿和利益共享机制的意见》(东府办〔2020〕17 号)	(四)进一步鼓励国企参与土地收储前期整备开发,加快收储土地入市。市属企业、镇街属企业以及园区控股公司等国有企业完成地块前期土地整备后移交市土地储备中心的,收储价格可按整备成本和收益来整体核算。其中,收益按照整备成本的 12%(含融资成本)核算
3. 东莞市人民政府办公室《关于印发〈东莞市城市更新市属企业土地整备开发操作规范(试行)〉的通知》(东府办函〔2021〕677 号)	第二条　本操作规范所称"市属企业土地整备开发"是指市属土地整备开发公司成立项目公司,由项目公司完成土地整备工作后,交由政府挂牌招商或收储。 市属土地整备开发公司是指由市委市政府明确以城市更新开发建设为主业的市属国有企业。 第十一条　项目公司完成土地整备工作后交由政府收储的,由市土地储备机构直接办理收储入库手续,具体按《东莞市人民政府办公室关于进一步完善土地收储整备补偿和利益共享机制的意见》(东府办〔2020〕17 号)有关规定执行

通过对比以上文件,可以明确:

第一,从国家规定上来看,明确了储备土地的"七通一平"等前期开发应当由"土储中心"通过公开招标方式来选择相关单位实施。

第二,从 2005 年的北京市土地储备开发实例来看,无论是由土地储备机构负责实施开发,还是由企业实施开发,都是通过土地储备机构与企业签订委托协议,由企业最终完成具体开发工作。

第三,从东莞市政府办公室公布的国企合作土储前期开发的实例来看,允许国企先行完成土地前期开发整备工作,后由"土储中心"收储入库,收储价格包括成本加收益。

四、司法实务:应当避免"明股实债①"的合作模式,否则可能遭遇履行困境

前述规定及实例的梳理探讨了国企从土地前期开发切入与"土储中心"进行合作的可能,但在合作模式的选择上应当避免"明股实债",避免由于受政府性债

① 最高人民法院《关于审理涉及国有土地使用权合同纠纷案件适用法律问题的解释》第 23 条:合作开发房地产合同约定提供资金的当事人不承担经营风险,只收取固定数额货币的,应当认定为借款合同。

务管控政策影响而遭遇履行障碍。以下通过"明股实债"判例的梳理来对这一风险点进行分析。

案例1　上海某投资管理公司与邛崃某建设项目管理有限公司、北京某投资有限公司等合同纠纷，上海市静安区人民法院(2020)沪0106民初1405号

【法院裁判认为】本案的争议焦点为：(1)涉案各方之间法律关系的认定；(2)被告邛崃某建设项目管理有限公司是否存在违约情形以及是否承担责任。

本案原告与各被告之间是以《投资协议》为基础而建立的借款合同关系与相应的担保关系。原告与被告邛崃某建设项目管理有限公司之间实际系借款关系。在原告与被告邛崃某建设项目管理有限公司之间的《投资协议》中约定，原告按期收取固定比例的投资收益，被告邛崃某建设项目管理有限公司的经营风险与实际收益与原告收回收益之间并无关联，且约定原告取回全部投资的期限。这与共担风险、共享收益的投资法律关系的性质是不相符的，而这样的约定恰恰与出借资金在确定的期限内收回资金及相应利息的借款法律关系相一致。

案例2　海南某工业有限公司、海南某实业有限公司合资、合作开发房地产合同纠纷申请再审，最高人民法院(2013)民申字第1521号

【法院裁判认为】协议中提供土地使用权的某工业有限公司并非只提供土地，不承担经营风险，只收取固定利益，因此某实业有限公司主张协议系土地使用权转让协议，不能支持。本案《项目合作协议》约定某工业有限公司提供土地，某实业有限公司提供资金，合作建造商业住宅，其性质应认定为合作开发房地产合同。

综上，对于按固定比例收取投资收益却不承担经营风险的约定，可能被法院认定为借款协议。如果国企与"土储中心"的合作关系被认定为借贷关系，那么就可能被认为属于地方政府通过"政府债券以外的方式向外举借土地储备债务"的情形，从而存在履行风险。

五、小结

我国对土地储备的资金管控呈逐渐收紧态势，"土储中心"不得接受外部直接债权投资。不过,虽然政府土地储备的相关规定,通过资金管控否定了“土储中心”接受外部直接债权投资的路径,但由于“土储中心”自身通常仅为公益性事业单位,“土储中心”不具有工程设计、施工等资质,不能独立完成包括土地前期开发在内的全部土地储备工作。因此,“土储中心”在实施具体土储工作时存在与社会资本进行合作的可能。而在“土储中心”和社会资本合作的过程中,需要注意:如果国企与“土储中心”的合作关系被认定为借贷关系,那么就可能被认为属于地方政府通过“政府债券以外的方式向外举借土地储备债务”的情形,从而存在履行风险。

第三节　城市更新与产业用地

一、引言

国家“十四五”规划中正式提出了实施城市更新行动,城市更新行动已经成为存量时代重要的国家战略。在土地增量资源紧缩,土地利用方式逐步由增量扩张转向存量升级的背景下,城市转型发展和产业用地多元化的需求上升,产业用地已成为近年来城市更新行动的重点内容之一。由于产业用地在更新过程中会涉及企业、政府、资方等诸多不同利益主体的互动和博弈,所以,若要顺利进行产业用地更新,需要适格的规划设计技术与产权制度设计。

目前,产业用地在更新过程中,存在产业用地的相关规则在城市规划、产权交易制度上,缺乏体系设计、产权交易成本高昂且效率偏低等问题。鉴于此,本节将从产业用地的理论基础入手,对我国的产业用地政策进行深入剖析,并探索产业用地的未来发展方向。

二、产业用地的理论基础与产权交易和调整规则的发展

当前的城市规划制度受新制度经济学①的影响,认为土地发展权应当通过规

① 新制度经济学,即用主流经济学的方法分析制度的经济学。

划进行管制。20 世纪 30 年代,科斯最早提出了新制度经济学。“科斯定律”[①]指出,交易成本的大小决定了产权界定方式,而不同的产权界定方式下将有着不同的资源配置效率,交易成本最小的情形下资源配置效率达到最优。城市规划制度引入了产权、交易成本的概念,认为通过城市规划对土地产权进行管制,进而影响城市空间交易成本,规范城市空间资源配置行为。

虽然我国法律上对土地的物权体系只包括占有、使用、收益、处分四项权能,但从城市空间资源的利用和发展受到城市规划管制的角度来看,城市规划通过行政审批体系产生了一种事实上的土地发展权(包括建设许可权、用途变更权、强度提高权)[②],通过各地国土规划下的许可和条件限制实现了对土地发展权的控制和授权。

土地产权交易规则既包括土地用途管制、土地开发强度管制等土地发展权交易规则,也包括产业用地出让方式、出让年限等土地使用权的交易规则。自从 1988 年《宪法修正案》从最高层级法律上肯定了土地的可交易属性以来,总体来说,我国的产业用地交易规则经历了从规则模糊到明晰、产权界定由弹性到刚性再到有弹性的过程[③]。

第一阶段是 20 世纪 90 年代初,我国尚处在由计划经济转向市场经济的起步阶段,虽然 1990 年颁布的《城镇国有土地使用权出让和转让暂行条例》规定了国有土地的有偿出让原则,但由于具体方式并不明确,地方为招商引资、吸引企业发展,大量采用划拨或协议出让等非市场化方式出让土地,且这一时期违规利用土地的现象比较严重。

第二阶段是 2000 年前后,国务院在 2006 年颁布的《关于加强土地调控有关问题的通知》中明确了国有土地出让采用招拍挂的市场化出让方式,在 2007 年颁布的《城乡规划法》中要求土地出让合同须载明经审批的规划条件,禁止违规利用。

第三阶段是城市发展的存量更新阶段,这一阶段的产业用地更新要求对产

---

① 科斯定律,即在某些条件下,经济的外部性或者说非效率可以通过当事人的谈判而得到纠正,从而达到社会效益最大化。

② 林坚、许超诣:《土地发展权、空间管制与规划协同》,载《城市规划》2014 年第 1 期。

③ 李凯、王凯:《新区产业用地的更新困局与转型探索——以北京经济技术开发区为例》,载《国际城市规划》2021 年第 4 期。

权进行多主体、多频次的二次分配,原有的产权交易和调整规则过于刚性,不能符合新的要求。2016 年,原国土资源部、国家发展和改革委员会、财政部等 8 部委联合发布《关于扩大国有土地有偿使用范围的意见》,对租赁国有产业用地和先租后让等方式首先作了授权性规定,各地也开始探索新的产权交易和调整规则。

三、《产业用地政策实施工作指引(2019 年版)》重点解读

近年来,国家出台了一系列涉及产业用地政策的文件,在推动新旧动能转换和经济结构升级、保障民生服务设施建设等方面发挥了积极作用。2016 年,原国土资源部归集整理了支持产业发展的用地政策,编制形成《产业用地政策实施工作指引》,归纳了支持产业发展用地政策的适用情形、注意事项,为方便地方全面掌握和准确把握产业用地政策要点,规范引导产业用地政策执行起到了积极作用。2018 年 11 月,习近平总书记先后就支持民营企业发展,扩大对外开放等发表重要讲话,作出重要批示指示。因此,为了深入贯彻习近平总书记重要讲话和指示批示精神,为了更好地指导地方自然资源主管部门规范执行产业用地政策,为包括民营企业在内的各种所有制经济提供良好服务,《产业用地政策实施工作指引》进行了新一轮的修订。《产业用地政策实施工作指引(2019 年版)》重点对土地用途管制、土地供应、地价管理、集体建设用地管理等方面政策的要点作了说明,对具体执行进行了引导。

(一)《产业用地政策实施工作指引(2019 年版)》的新特点

坚持营造公平竞争环境。指导地方自然资源主管部门在产业用地政策执行中做到对各种所有制经济一视同仁,保障其平等取得土地要素。

坚持推动高质量发展。指导地方自然资源主管部门在产业用地政策执行中落实严控增量、盘活存量、优化结构、提升效率,切实提高城镇建设用地集约化程度的总体要求,积极引导推动产业发展节约集约用地。

坚持更好服务市场主体。对政策执行作必要说明,一方面使市场主体能够更加充分地理解,有利于营造公开公平透明的市场环境;另一方面指导地方自然资源主管部门把握政策实施要点,积极为各种所有制经济提供良好服务。

(二)《产业用地政策实施工作指引(2019 年版)》的主要内容

首先,《产业用地政策实施工作指引(2019 年版)》明确了产业用地政策的范

围和基本原则。

产业用地政策是指国务院、国务院办公厅及自然资源部等部门的规范性文件中规定的适用于特定行业(不包括房地产业)的用地政策。涉及的内容包括国土空间规划、土地用途管制、土地利用年度计划安排、土地供应、土地利用及不动产登记等各个方面的政策规定。地方各级自然资源主管部门应当遵守国家有关法律法规规章和产业用地政策规定,落实国土空间规划的管控要求,在保障产业发展用地中坚持规划确定用途、用途确定供应方式、市场确定供应价格的原则。

其次,明确了产业用地政策实施中土地供应的基本规定。

为便于市场主体更好地理解国家法律法规规章对产业用地管理的基本规定,本次修订专门在《产业用地政策实施工作指引》中增设"土地供应基本规定"章节,围绕产业用地中市场主体比较关注的国有建设用地供应方面的问题,梳理了土地划拨、出让、改变用途等土地管理的基本概念和主要管理要求,既方便理解政策,同时也增强与产业用地政策实施部分内容的衔接。

再次,《产业用地政策实施工作指引(2019 年版)》明确了产业用地政策的适用情形和具体政策依据。

该指引根据土地用途管制、土地利用计划、国有建设用地供应、地价评估与管理、集体建设用地利用等方面的政策规定,分类提炼了政策实施的要点和所依据的法律法规规章、规范性文件等。

最后,《产业用地政策实施工作指引(2019 年版)》明确了产业用地的服务与管理要求。该指引提出地方各级自然资源主管部门执行产业用地政策时,应当坚持公平、开放、透明的市场规则,对产业用地中各种所有制经济主体一视同仁、平等对待,防止排除、限制市场竞争等不规范行为。对政策允许将产业类型、生产技术、产业标准、产品品质要求作为土地供应前置条件的,市、县自然资源主管部门应当加强与提出供应前置条件的产业主管部门的协调配合,做好土地供应后的联合监管。

四、地方产业用地政策文件中的产业用地定义

产业用地与工矿用地、仓储用地等用地不同,其未见于《国土空间调查、规划、用途管制用地用海分类指南(试行)》,并非国土空间规划确定的用途分类。《产业用地政策实施工作指引(2019 年版)》,对除房地产业以外的,国务院、国务

院办公厅及自然资源部等部门的规范性文件中规定的特定行业涉及的用地政策予以归纳说明,在该部门规章中,“产业用地”亦并未作为一个独立的概念出现。

产业用地虽未在中央法律法规中被进行定义,但常见于各地方性政策文件。下述将对地方产业用地政策文件中出现的产业用地定义进行整理与归纳:

1.2021 年 8 月 11 日,北京经济技术开发区管理委员会《关于印发〈亦庄新城产业用地规划建设指标使用管理办法(试行)〉的通知》(京技管〔2021〕95 号)

第二条　本办法所称规划建设指标特指亦庄新城(下文简称“新城”)规划建筑规模中可区级统筹使用的建筑规模指标。若无特殊说明,均指地上建筑规模。

本办法所称产业用地特指工业用地和物流仓储用地。按实施状态分为增量产业用地与存量产业用地,分别对应新入驻项目与更新类项目。

2.2019 年 4 月 10 日,《关于印发〈上海产业用地指南(2019 版)〉的通知》(沪经信产〔2019〕215 号)

本指南所涵盖的产业用地适用领域包括工业用地产业项目类、工业用地标准厂房类、研发总部产业项目类、研发总部通用类以及物流仓储用地。涉及混合用地的,可根据本指南,按照相关用地比例进行折算。

3.2020 年 8 月 1 日,《关于印发〈关于上海市推进产业用地高质量利用的实施细则(2020 版)〉的通知》(沪规划资源用〔2020〕351 号)

第四条　本实施细则所称的产业用地指本市行政区域范围内的工业用地(含产业项目类和标准厂房类)、研发用地(含产业项目类和通用类)及仓储用地。

4.2021 年 9 月 20 日,《关于印发〈关于加强上海市产业用地出让管理的若干规定〉的通知》(沪规划资源规〔2021〕6 号)

第二条第二款　本规定所称产业用地,包括工业用地(产业项目类、标准厂房类)、研发用地(产业项目类、通用类)。新增供应的产业用地,存量产业用地提升能级、盘活转型、划拨转出让、节余分割转让,其他存量建设用地转型为产业用地均按照本规定执行。仓储等其他产业用地参照本规定执行。

5.2015 年 4 月 4 日,杭州市人民政府办公厅《关于印发〈进一步优化产业用地管理、促进土地要素市场化配置实施办法〉的通知》(杭政办函〔2015〕13 号)

一、总则　(一)本办法所称产业用地是指工业用地、工业(创新型产业)用地以及市政府确定的其他产业用地。

6.2018年8月20日，佛山市人民政府办公室《关于印发〈佛山市城市棕线管理办法〉的通知》（佛府办〔2018〕28号）

第二条 本办法所称产业发展保护区是指为保障佛山市产业用地总规模，在一定时期内需要实行控制和管理的区域。产业发展保护区按产业用地规模大小分为产业园区、产业组团、产业地块三类。

本办法所称产业用地是指工业用地和仓储物流用地。

7.2019年3月19日，深圳市人民政府《关于印发〈工业及其他产业用地供应管理办法〉的通知》（深府规〔2019〕4号）

第三条 本办法所称工业及其他产业用地，是指用于引进产业项目的普通工业用地（M1）、新型产业用地（M0）、物流用地（W0）和仓储用地（W1），以及引进社会投资、用于产业化经营项目的文体设施用地（GIC2）、医疗卫生用地（GIC4）、教育设施用地（GIC5）等。

8.2019年5月16日，深圳市人民政府办公厅《关于印发〈深圳市扶持实体经济发展促进产业用地节约集约利用管理规定〉的通知》（深府办规〔2019〕6号）

第二条 本规定所称产业用地包括工业用地、物流仓储用地以及包含前述功能的混合用地。

综上所述，在地方产业用地政策文件中，产业用地通常特指：工业用地与物流仓储用地。在深圳、杭州等地，由于自身政策差异，产业用地还可能包括新型产业用地、混合用地等用地。

9.2019年6月28日，深圳市盐田区人民政府《关于印发〈盐田区工业及其他产业用地供应管理实施细则（修订）〉的通知》（深盐府规〔2019〕4号）

第三条 本实施细则所称工业及其他产业用地，是指用于引进产业项目的普通工业用地（M1）、新型产业用地（M0）、物流用地（W0）和仓储用地（W1），以及引进社会投资，用于产业化经营项目的文体设施用地（GIC2）、医疗卫生用地（GIC4）和教育设施用地（GIC5）等。

五、上海产业用地政策

上海在产业用地政策上，可分为四个阶段：

第一阶段：放宽工业用地（M）指标

从1989年发布，1994年、2003年修订的《上海市城市规划管理技术规定》到

2004出台的《关于本市郊区工业用地规划指标核定的若干意见(试行)》再到2008年的《关于进一步加强土地集约利用,合理核定郊区工业用地规划指标的意见》,该阶段:工业用地容积率逐步上调,下限从0.6提高至0.8,上限提高至2.0,局部3.0,但高度仍然维持在24米以下。因此,出现了部分工业用地在自持土地上增减办公楼,满足自身的研发办公需求;也出现了部分利用容积率增加,以厂房形式增建的、用于出租的办公楼宇。第一阶段的用地政策,虽继续了上海的制造业发展,推进工业向园区集中,提高了土地利用效率,但也带来了园区内工业、办公、居住相互混杂,难以管理的乱象;同时,工业用地上建设的办公楼也对正常"招拍挂"建设的办公市场带来冲击。

第二阶段:增加地类(M4、C65)

2011年,土地政策开始细化,上海出台了《上海市控制性详细规划技术准则》,准则中提出,增加工业研发用地(M4)和科研设计用地(C65),对工业园区内的土地功能加以区分,以避免土地收益流失。但事实上,由于工业研发用地(M4)和科研设计用地(C65)的含义界线模糊,且两种用地出让方式不同:M4出让方式按工业用地出让,C65按C类用地出让,因此造成了大部分工业用地都倾向于选择操作更简便、不同"招拍挂"的工业研发用地(M4)进行出让开发。该阶段由于缺少操作细则,难以管控,并未实现对工业用地所承载的功能进行分类管理的目的,也仍然没有解决工业、办公、居住混杂,政府土地收益流失的问题。

第三阶段:加强管理,明确地类(C65)

2013年,上海推出《关于增设研发总部类用地相关工作的试点意见》,从使用范围、用地性质、开发指标、土地出让等方面提出了相应的操作流程。其统一了工业研发用地(M4)和研发总部用地(C65),明确了C65的使用范围:在104区块内,严格限制规模,适度发展研发总部类产业,195区域保留工业用地,鼓励转型发展研发总部类产业;同时,明确了C65可以定向出让,避免了重新"招拍挂"的风险。此外,明确了C65的土地出让价格与管理政策:其低价高于工业用地(按不低于地块所对应的工业基准低价的1.5倍执行);采用弹性年期的出让方式;自持比例高,除全资国有开发主体投资建设外,项目类的土地不得分宗转让,房屋不得分幢、分层、分套转让,受让方出资比例结构、项目公司股权结构不得变更。此后,上海又出台了《关于进一步提高本市土地节约集约利用水平若干意见的通知》《上海市城市更新实施办法》等文件,产业用地的更新进入政府的强管控时期。

第四阶段:研发用地政策深化

强管控时期虽然解决了部分产业用地乱象,但由于对开发主体要求高,风险大,而全资国有主体又由于资金有限,无法承担全部开发任务,因此市场反应平淡。2014 年至今,上海针对产业用地连续出台了多项政策文件:2014 年《关于本市盘活存量工业用地的实施办法(试行)》、2015 年《上海市加快推进具有全球影响力科技创新中心建设的规划土地政策实施办法(试行)》、2016 年 22 号文《关于本市盘活存量工业用地的实施办法》、2016 年 23 号文《关于加强本市工业用地出让管理的若干规定》、2017 年《上海市加快推进具有全球影响力科技创新中心建设的规划土地政策实施办法》、2018 年《关于本市促进资源高效率配置推动产业高质量发展的若干意见》、2020 年《关于加快特色产业园区建设促进产业投资的若干政策措施》、2021 年《关于加强上海市产业用地出让管理的若干规定》。

以上文件体现了上海研发用地政策的不断细化、深化:容积率上限不断提高,反映了上海土地开发强度不断提高的新要求;配套设施的比例不断提高,反映了土地开发复合化的要求;同时,为了增加政府土地收益,避免国有资产流失,提出低价底线管理;为了鼓励全资国有开发主体以外的单位参与,提高企业开发积极性,进一步放开可售比例。第四阶段的产业政策,管理方式更科学、更细化、推动了产业经济的高效运转。

六、产业用地更新的未来发展方向

结合当前存量更新的实际情况,产业用地的更新,未来应当存在一个有序可循的产权交易秩序,同时,也应当满足存量交易下对产权重组的可调整性强的要求。

在当前的产业用地更新实例中,产业用地的更新,如果由政府完全主导,则面临土地储备、开发的巨大资金压力;如果由企业主导,由于更新回报的长周期性和交易成本投入大,企业缺乏足够动力承揽产业用地更新项目。

因此,未来可以探索公共利益为主的产业用地更新下政府的优先购买权制度,以及将土地的未来收益分期向原土地使用者进行补充以缓解当下资金压力的未来收益金制度,以使得产权交易有序,满足产业重组可调整性强的要求。

七、小结

我国的产业用地交易规则经历了从规则模糊到明晰、产权界定由弹性到刚性再到有弹性的过程。近年来,国家出台了一系列涉及产业用地政策的文件,在推动新旧动能转换和经济结构升级、保障民生服务设施建设等方面发挥了积极作用。未来,可通过探索政府优先购买权制度,使产权交易更为有序,产业重组可调整性更强。

第四节 城市更新与旧城改造

一、引言

我国的城市更新与旧城改造,曾经在内涵上相互交织,难分彼此;如今,城市更新的内涵虽然已扩展到城市布局改善、功能体系完善及产业结构的更新、经济利益再分配等多方面内容,但旧城改造,始终是城市更新的一种重要方式。

二、旧城改造在我国的概念起源

在我国,旧城改造的这一用法首先从北京开始①。1953 年,"北京市委向中央上报的第一个城市总体规划——《改建与扩建北京市规划草案的要点》,规划草案提出对旧城既要保护、又要改造的规划原则,既要保留和发展它合乎人民需要的风格和优点,又要改造那些妨碍城市发展和不适于人民需要的部分。第一个五年计划期间,北京的城市建设就是按照这个规划草案的要求执行的"②。这是"旧城保护"与"旧城改造"两种规划原则首次出现在官方规划文件中。

从旧城整治到旧城改造③,再到城市更新,概念演进的背后是我国城镇化背

① 黄健文、徐莹:《从"旧城改建"到"三旧改造"——对我国旧城改造的历程与相关称谓回顾》,载《华中建筑》2010 年第 11 期。

② 张敬淦:《北京规划建设五十年》,中国书店 2001 年版。转引自黄健文、徐莹:《从"旧城改建"到"三旧改造"——对我国旧城改造的历程与相关称谓回顾》,载《华中建筑》2010 年第 11 期。

③ 黄健文、徐莹:《从"旧城改建"到"三旧改造"——对我国旧城改造的历程与相关称谓回顾》,载《华中建筑》2010 年第 11 期。

后诉求的演进。

中华人民共和国成立初期以旧城整治为主,鉴于可利用资源有限和战后复苏的经济社会需求,通过对已有建筑与环境进行局部调整或小改动加以利用。

改革开放以后以"旧城改造"为主,由于城市经济的蓬勃发展,为适应经济新形势的需要,需要对老旧城区进行全方位、多层次的改动,同期产生的还有旧区改建、城市改建、危房改造、危旧房改造、"三旧"改造等概念。

城市更新概念则是我国当前乃至今后的城镇化发展方向。城市更新概念来自于战后西方国家,其目标为振兴城市中心经济,稳定动荡的社会,吸引中、上层居民返回市区。在我国则是随着城镇化进程发展到后期而提出的包含旧城改造在内的城市再发展概念,其目标为疏解摊大饼式的"城市病",增强城市活力,促进社会稳定和环境改善。

三、我国旧城改造与城市更新:政策演进下的概念交织

我国当前政策语境下的旧城改造本身就是一个动态概念。旧城指在过去历史上的先发城市建成区,在现阶段其功能条件与建设质量等方面已不符合城市发展和居民生活需要的区域,可以看出,旧城是一个相对概念。而改造也因不同阶段、不同地域将采用大拆大建、部分拆建、修缮整治的不同手段。

从我国的旧城改造相关实践来看,如旧区改建、危旧房改造、"三旧"改造等,都主要是以大拆大建方式为主要手段。

中国著名建筑学家、城乡规划学家吴良镛先生曾针对旧城改建与城市的概念表述进行区分:"从 50 年代以来,在我国规划界流行一种术语,即'旧城改建',严格说这是很不确切的,实际上被社会误解成要适应现代生活就要对旧城大拆大改,在效果上也是不好的。因此,需要正名,改用'城市更新'一词为宜。"①

城市更新是一个内涵与外延不断迭代演进的概念。相比于强调物质形态改造为主的旧城改造,城市更新内涵已扩展到城市布局改善、功能体系完善及产业结构的更新、经济利益再分配等多方面的内容,旧城改造仅仅是城市更新的一个过程或者是一种方式。

---

① 吴良镛:《北京旧城与菊儿胡同》,中国建筑工业出版社 1994 年版,第 225 页。

四、全国性的旧城改造：从“棚户区改造”到“城镇老旧小区改造”

我国的旧城改造，最初聚焦于“棚户区改造”，2020年7月，随着《关于全面推进城镇老旧小区改造工作的指导意见》发布，“城镇老旧小区改造”代替“棚改”成为新的核心发力点。因此，我国的旧城改造主要分为2013—2020年的“棚户区改造”阶段和2020年至今的“城镇老旧小区改造”阶段。

(一)“棚户区改造”阶段

“棚户区改造”，是由政府主导、市场运作的政策性和公益性民生工程，仅涉及住宅和配套设施。棚改将整治和改造相结合，包括拆除新建与改建扩建。

“棚户区改造”，在2013—2020年，逐步从鼓励走向限制：

首先，体现在“棚户区改造”的安置补偿政策中。“棚户区改造”货币化安置方式包括：政府组织购买、政府集中采购和直接货币补偿，安置方式按照自愿的原则由棚户区居民自主选择。2015年，为化解商品房库存过剩问题、提高安置效率，国务院发布《关于进一步做好城镇棚户区和城乡危房改造及配套基础设施建设有关工作的意见》，提出积极推进“棚户区改造”货币化安置，2016年财政部、住建部发布的《关于进一步做好棚户区改造相关工作的通知》也指出要推进“棚户区改造”货币化安置，切实化解库存商品住房。但货币化安置虽然部分化解了商品房库存过剩问题，却也导致了三四线城市商品房价格的快速上涨。因此，2018年10月国务院常务会议明确提出要调整完善“棚户区改造”货币化安置，商品房库存不足、房价上涨压力大的市县，要尽快取消货币化安置优惠政策。

其次，在“棚户区改造”的资金投入政策上，也体现了政策的趋紧。2017年财政部发布《关于坚决制止地方以政府购买服务名义违法违规融资的通知》对政府购买服务作出了严格的规范，但未对政府购买服务和易地扶贫搬迁作规范，导致个别地方政府将各种项目包装进“棚户区改造”，造成了大量政府隐性债务。2019年住建部举行座谈会，明确提出政府购买“棚户区改造”服务模式将被取消，要求以发行地方政府债券方式，即以“棚改专项债”为主进行融资。2019年9月4日国务院常务会议提出禁止2020年新增专项债用于土地储备和房地产相关领域，直接否定了“土地储备”和“棚户区改造”两大标准化专项债，2020年5月虽放松了“棚改专项债”的发行，但仅可用于已开工项目，且不得用于货币化安置项目。

“棚户区改造”从宽松到严格限制，一方面是由于“棚户区改造”的直接、间接任务已基本完成，另一方面也是因为旧城改造思路逐步从“大拆大建”开始转向为“综合整治”。

表 1－3－6 为“棚户区改造”阶段出台的政策文件：

表 1－3－6 “棚户区改造”阶段出台的政策文件

文件名称	文号	生效时间	规定内容
《关于加快推进棚户区（危旧房）改造的通知》	建保〔2012〕190 号	2012 年 12 月 12 日	加快推进集中成片棚户区（危旧房）改造，积极推进非成片棚户区（危旧房）改造，逐步开展基础设施简陋、建筑密度大的城镇旧住宅区综合整治，稳步实施城中村改造，着力推进资源型城市及独立工矿区棚户区改造
《关于加快棚户区改造工作的意见》	国发〔2013〕25 号	2013 年 7 月 4 日	加快推进各类棚户区改造，重点推进资源枯竭型城市及独立工矿棚户区、三线企业集中地区的棚户区改造，稳步实施城中村改造
《关于进一步加强棚户区改造工作的通知》	国办发〔2014〕36 号	2014 年 7 月 21 日	棚户区改造中仍存在规划布局不合理、配套建设跟不上、项目前期工作慢等问题
《关于进一步做好城镇棚户区和城乡危房改造及配套基础设施建设有关工作的意见》	国发〔2015〕37 号	2015 年 6 月 25 日	制定城镇棚户区和城乡危房改造及配套基础设施建设三年计划（2015—2017 年，以下简称三年计划）。2015—2017 年，改造包括城市危房、城中村在内的各类棚户区住房 1800 万套（其中 2015 年 580 万套），农村危房 1060 万户（其中 2015 年 432 万户），加大棚改配套基础设施建设力度，使城市基础设施更加完备，布局合理、运行安全、服务便捷
《关于进一步做好棚户区改造相关工作的通知》	财综〔2016〕11 号	2016 年 3 月 25 日	加大对棚户区改造的支持力度；切实降低棚户区改造成本；切实化解库存商品住房；确保安置住房采购公开公平公正；推进政府购买棚户区改造服务，做好与棚户区改造贷款衔接工作等
《棚户区改造工作激励措施实施办法（试行）》	建办保〔2016〕69 号	2016 年 12 月 19 日	鼓励各地有效推进棚户区改造

续表

文件名称	文号	生效时间	规定内容
《全国城市市政基础设施建设“十三五”规划》	建城〔2017〕116号	2017年5月17日	结合城市棚户区、城中村、老旧小区改造等,以治理城市内涝与黑臭水体为突破口,有序推进海绵城市建设;推进老旧小区水电气热及二次供水设施的改造

(二)“城镇老旧小区改造”阶段

2019年,住建部等印发《关于做好2019年老旧小区改造工作的通知》,在全国范围内进行推广。“棚户区改造”开始大幅缩减,旧城改造逐步从“棚户区改造”的大拆大建,向“城镇老旧小区改造”的综合整治转型。

“城镇老旧小区改造”不进行原建筑物的拆除重建,不涉及土地使用权问题,其改造主要分为三类:基础类改造,是以满足居民安全需要和基本生活需求为内容,包括市政配套基础设施改造提升以及小区内建筑物屋面、外墙、楼梯等公共部位维修等;完善类改造,是以满足居民生活便利需要和改善生活需求为内容,包括环境及配套设施改造建设、小区内建筑节能改造、有条件的楼栋加装电梯等;提升类改造,是以丰富社区服务供给、提升居民生活品质、立足小区及周边实际条件积极推进为内容,包括公共服务设施配套建设及其智慧化改造。

表1-3-7为“城镇老旧小区改造”阶段出台的政策文件:

表1-3-7　“城镇老旧小区改造”阶段出台的政策文件

文件名称	文号	生效时间	规定内容
《关于做好2019年老旧小区改造工作的通知》	建办城函〔2019〕243号	2019年4月15日	一是摸排全国城镇老旧小区基本情况;二是指导地方因地制宜提出当地城镇老旧小区改造的内容和标准;三是部署各地自下而上,合理确定2019年改造计划;四是推动地方创新改造方式和资金筹措机制等。按照“业主主体、社区主导、政府引领、各方支持”的方式统筹推进,采取“居民出一点、社会支持一点、财政补助一点”等多渠道筹集改造资金

续表

文件名称	文号	生效时间	规定内容
国务院办公厅《关于全面推进城镇老旧小区改造工作的指导意见》	国办发〔2020〕23号	2020年7月10日	大力改造提升城镇老旧小区，改善居民居住条件，推动构建“纵向到底、横向到边、共建共治共享”的社区治理体系
《关于在城市更新改造中切实加强历史文化保护坚决制止破坏行为的通知》	建办科电〔2020〕34号	2020年8月3日	推进历史文化街区划定和历史建筑确定工作，加强对城市更新改造项目的评估论证，加强对已经开工的城市更新改造项目开展自查，确保具有保护价值的城市片区和建筑得到有效保护，对发现的问题及时整改
《关于在实施城市更新行动中防止大拆大建问题的通知》	建科〔2021〕63号	2021年8月30日	以内涵集约、绿色低碳发展为路径，转变城市开发建设方式，坚持“留改拆”并举、以保留利用提升为主，加强修缮改造，补齐城市短板，注重提升功能，增强城市活力
《关于加强城镇老旧小区改造配套设施建设的通知》	发改投资〔2021〕1275号	2021年9月2日	加强城镇老旧小区改造配套设施建设与排查处理安全隐患相结合工作
《关于进一步明确城镇老旧小区改造工作要求的通知》	建办城〔2021〕50号	2021年12月14日	不少地方工作中仍存在改造重“面子”轻“里子”、政府干群众看、改造资金主要靠中央补助、施工组织粗放、改造实施单元偏小、社会力量进入困难、可持续机制建立难等问题，城镇老旧小区改造既是民生工程、也是发展工程的作用还没有充分激发。为扎实推进城镇老旧小区改造，既满足人民群众美好生活需要、惠民生扩内需，又推动城市更新和开发建设方式转型

五、北京的旧城改造：老旧小区改造、危旧楼房改建、老旧厂房改造、老旧楼宇更新等

北京市就城市更新行动发布《北京市人民政府关于实施城市更新行动的指导意见》及四个配套细则，聚焦六类更新方式——老旧小区改造、危旧楼房改建、老旧厂房改造、老旧楼宇更新、首都功能核心区平房（院落）更新以及其他类型，

明确了规划政策、土地政策及资金政策等。

对于改造老旧小区，北京实施老旧小区综合整治改造，根据居民意愿可利用小区现状房屋和公共空间补充便民商业、养老服务等公共服务设施；可利用空地、拆违腾退用地等增加停车位，或设置机械式停车设施等便民设施。鼓励老旧住宅楼加装电梯。

对于改建危旧楼房，北京对房屋行政主管部门认定的危旧楼房，允许通过翻建、改建或适当扩建方式进行改造，具备条件的可适当增加建筑规模，实施成套化改造或增加便民服务设施等。鼓励社会资本参与改造，资金由政府、产权单位、居民、社会机构等多主体筹集。居民异地安置或货币安置后腾退的房屋，可作为租赁房等保障房使用。

对于改造老旧厂房，北京明确老旧厂房改造利用业态准入标准，在符合规划的前提下，优先发展智能制造、科技创新、文化等产业。鼓励利用老旧厂房发展新型基础设施、现代服务业等国家和本市支持的产业业态；鼓励利用老旧厂房补充公共服务设施。鼓励老工业厂区通过更新改造或用地置换的方式实施规划，增加道路、绿地、广场、应急避难场所等设施。五环路以内和城市副中心的老旧厂房可根据规划和实际需要，补齐城市短板，引入符合要求的产业项目；五环路以外其他区域老旧厂房原则上用于发展高端制造业。

对于更新老旧楼宇，北京鼓励老办公楼、老商业设施等老旧楼宇升级改造、调整功能、提升活力，发展新业态。允许老旧楼宇增加消防楼梯、电梯等设施，允许建筑功能混合、用途兼容；鼓励对具备条件的地下空间进行复合利用。

对于首都功能核心区平房（院落）更新，北京在符合《北京历史文化名城保护条例》有关规定及历史街区风貌保护要求和相关技术、标准的前提下，对首都功能核心区平房（院落）进行申请式退租、换租及保护性修缮和恢复性修建，打造共生院，消除安全隐患，保护传统风貌，改善居住条件。腾退空间优先用于保障中央政务功能、服务中央单位、完善地区公共服务设施。同时，鼓励腾退空间用于传统文化展示、体验及特色服务，建设众创空间或发展租赁住房。

对于其他类型，北京鼓励对城市公共空间进行改造提升，完善市政基础设施、公共服务设施、公共安全设施，优化提升城市功能。鼓励特色街区、生态街区、智慧街区建设，打造安全、智能、绿色低碳的人居环境。鼓励传统商圈调整产业结构、优化商业业态、创新营销模式、激发消费潜力，有效增加服务消费供给。

支持产业园区更新改造，推动产业转型升级、腾笼换鸟，构建高精尖产业结构。促进城市更新与疏解整治促提升专项行动有效衔接，合理利用疏解腾退空间。加快推进城镇棚户区改造收尾工作。

表 1－3－8 为北京市出台的政策文件：

表 1－3－8　北京市出台的政策文件

序号	文件名称	文号	生效时间
1	《关于开展危旧楼房改建试点工作的意见》	—	2020 年 6 月 17 日
2	《关于老旧小区更新改造工作的意见》	京规自发〔2021〕120 号	2021 年 4 月 9 日
3	《关于开展老旧厂房更新改造工作的意见》	京规自发〔2021〕139 号	2021 年 4 月 21 日
4	《关于开展老旧楼宇更新改造工作的意见》	京规自发〔2021〕140 号	2021 年 4 月 21 日
5	《关于印发〈关于引入社会资本参与老旧小区改造的意见〉的通知》	京建发〔2021〕121 号	2021 年 4 月 22 日
6	《关于印发〈北京市“十四五”时期老旧小区改造规划〉的通知》	京建发〔2021〕275 号	2021 年 8 月 19 日
7	《关于做好城镇老旧小区改造施工管理增强人民群众获得感幸福感安全感的意见》	京建发〔2021〕291 号	2021 年 9 月 1 日
8	《关于进一步加强老旧小区改造工程建设组织管理的意见》	京建发〔2022〕67 号	2022 年 3 月 15 日

六、广东的旧城改造：“三旧”改造

广东的“三旧”改造，源于 2008 年国土资源部下发《关于与广东省共同推进节约集约用地试点示范省建设工作的函》，与广东开展部省合作，开展土地管理制度的改革试点、推进节约集约用地试点示范省工作。“三旧”改造，即旧城镇、旧厂房、旧村庄改造，是其中的一项重要内容和政策创新。2008 年 12 月 20 日，广东省政府与国土资源部签署了国土资源部广东省人民政府《关于共同建设节约集约用地试点示范省的合作协议》，正式开始了广东的“三旧”改造。

在“三旧”改造开始前，广东面临着土地开发强度强、常住人口多、人均耕地少、土地储备难以支撑高速发展的问题。为解决这些问题，广东省政府于2009年出台了《关于推进“三旧”改造工作促进节约集约用地的若干意见》，该意见作为“三旧”改造的纲领性文件，规范了“三旧”改造的概念、确立了改造的基本原则、搭建了改造工作的基本架构。“三旧”改造政策主要有以下创新：第一，违法用地从原来“收回用地，没收、拆除建筑，补办手续，从新从高补缴款项”，更改为按照用地发生时的法律法规处理，按现状完善征收手续。第二，允许原土地权利人自行改造的“三旧”用地按协议出让方式补办供地手续。第三，农村集体所有的农村建设用地可以依申请征收，并且简化了征地手续；改变为国有建设用地后，土地也可交给原农村集体自行改造或与有关单位合作开发。第四，政府依法收回企业用地或征收农村集体建设用地招拍挂出让的收益扣除收回土地补偿等费用后，纯收益可按不高于60%的比例用于补偿土地使用权人。第五，拆迁工作可以和土地使用权捆绑确定土地使用权人，也即在确定开发建设条件的前提下，由政府将拆迁及拟改造土地的使用权一并通过招标等方式确定土地使用权人。

此后，“三旧”改造经过2016年《关于提升“三旧”改造水平促进节约集约用地的通知》与2018年《关于印发深入推进“三旧”改造工作实施意见的通知》的两轮提升。2019年9月广东省政府发布《关于深化改革加快推动“三旧”改造促进高质量发展的指导意见》，标志着广东省“三旧”改造完成迭代升级，进入高质量发展时代。“三旧”改造将加入城市保护、城市修复概念以及人居改善需求等新的课题，成为一项综合系统工程。

广东“三旧”改造，是一种由省政府制定基本制度，各地市依据自身情况指定具体的执行和操作规则的体系。其中最值得关注的是广州“三旧”改造。广州“三旧”改造，是以政府为主导，以微改造及旧村改造为主要改造方向的模式。其中，全面改造以拆除重建为主，微改造以局部拆建及功能置换为主。2019年4月，发布《广州市深入推进城市更新工作实施细则》，创造性地提出了收购（市场评估价）→奖励（按时签约）→回购（建安成本价）模式。

表1－3－9为广东省与广州市出台的政策文件：

表1－3－9　广东省与广州市出台的政策文件

地区	文件名称	文号	生效时间
省级	《关于推进“三旧”改造促进节约集约用地的若干意见》	粤府〔2009〕78号	2009年8月25日
	《关于提升“三旧”改造水平促进节约集约用地的通知》	粤府〔2016〕96号	2016年9月14日
	《关于印发深入推进“三旧”改造工作实施意见的通知》	粤国土资规字〔2018〕3号	2018年4月4日
	《关于深化改革加快推动“三旧”改造促进高质量发展的指导意见》	粤府〔2019〕71号	2019年9月30日
广州市	*《关于加快推进“三旧”改造工作的意见》(已失效)*	*穗府〔2009〕56号*	*2009年12月31日*
	《关于加快推进三旧改造工作的补充意见》(已失效)	*穗府〔2012〕20号*	*2012年6月3日*
	《广州市城市更新办法》	广州市人民政府令第134号	2016年1月1日
	《关于印发〈广州市城市更新办法〉配套文件的通知》(已失效)	*穗府办〔2015〕56号*	*2016年1月1日*
	《关于提升城市更新水平促进节约集约用地的实施意见》	穗府规〔2017〕6号	2017年6月5日
	广州市人民政府办公厅《关于印发广州市深入推进城市更新工作实施细则的通知》	穗府办规〔2019〕5号	2019年4月18日

七、上海的旧城改造:旧区改造

上海旧区改造主要历经四个阶段:第一阶段为20世纪90年代大规模的“365危棚简屋”改造,主要针对的是结构简陋、环境恶劣的危棚简屋,改造方式以“拆”为主;第二阶段是“十五”期间,以中心城区高密度新、旧式里弄集散区为主要对象的改造,改造方式从前一轮单一的“大拆大建为主”调整为“拆、改、留并举”的方式,开始重视对历史建筑及街区的风貌保护性改造;第三阶段是“十一五”期间,以“政府主导、土地储备”为原则,针对“成片二级旧里以下房屋”的改造;第四阶段是“十二五”期间,以二级旧里以下房屋为重点,通过成套改造、综合整治、平改坡以及拆除重建等方式综合改造，加之历史保护、建筑。2017 年，上海发布《关于坚持留改拆并举深化城市有机更新进一步改善市民群众居住条件的若干意见》，提出对有价值的老房子从“拆改留并举，以拆为主”转向“留改拆并举，以保留保护为主”。

在上海旧区改造的进程中，值得注意的是动拆迁模式的变迁：从结合房地产开发的“毛地出让”模式，到由政府主导的“土地储备”模式。

“毛地出让”模式，是上海第一阶段“365 危棚简屋”改造和第二阶段“十五新一轮”改造采用的主要模式。该模式是政府通过“毛地批租”的方式将旧区改造地块出让给开发商进行房地产开发，政府直接与开发商达成出让协议，开发商自筹资金或向银行贷款，通过政府划拨或出让等方式获得建设项目的土地使用权。楼盘一部分用于动迁安置，另一部分用于市场销售。拆迁工作由开发商委托本区政府确定的动迁单位具体实施，开发商为拆迁人，承担相应费用。“毛地出让”为旧区改造解决了资金问题，减轻了政府的财政负担，也加快了房地产业的发展和旧区改造的速度；但同时，由于缺乏系统和规范的动拆迁法律规范，动拆迁补偿标准不一，动迁程序不规范等造成了动迁矛盾增多的问题，随之引发开发商无力动迁，开发成本提高，旧改地块被囤积等大量问题。

“土地储备”模式，则是由储备机构通过银行融资等途径筹集拆迁资金，预先以征收、收购、回收等方式取得旧改土地，对旧区地块上的房屋权利人实施房屋征收动迁安置补偿后，对土地进行前期整理开发，后将相关配套成熟的净地通过市场出让，以土地出让收入来弥补居民的安置补偿。2006 年 12 月，上海发布了《关于贯彻国务院关于加强土地调控有关问题的通知》，明确了“六类经营性土地公开出让前，要完成土地收购储备和土地前期开发，以净地条件出让”。此后，新供地的经营性项目，都采取了土地储备机构承担拆迁任务的做法。该模式阻断了开发商与被征地人之间的直接冲突，避免了动拆迁补偿标准不一，动迁程序不规范等问题，规范了征地、动拆迁安置行为；同时，该模式也为城市公共服务提供了一次性的投资融资，通过净地出让收入，弥补了安置补偿和土地前期开发成本，使得旧区改造通过滚动循环实现了自我平衡。

表 1-3-10 为上海市出台的政策文件：

表1-3-10　上海市出台的政策文件

序号	文件名称	文号	生效时间
1	《关于鼓励动迁居民回搬推进新一轮旧区改造的试行办法的通知》	沪建城〔2001〕第0068号	2001年2月9日
2	《关于进一步推进本市旧区改造工作若干意见的通知》	沪府发〔2009〕4号	2009年2月4日
3	《关于加快推进本市“十二五”旧区改造若干问题的意见》	沪府办发〔2012〕26号	2012年4月27日
4	《关于印发〈上海市旧区改造“十二五”发展规划〉的通知》	沪建交〔2012〕232号	2012年3月13日
5	《关于在本市开展政府购买旧区改造服务试点的意见的通知》	沪府办〔2016〕48号	2016年6月20日
6	《关于坚持留改拆并举深化城市有机更新进一步改善市民群众居住条件的若干意见》	沪府发〔2017〕86号	2017年11月9日

广东的“三旧”改造与上海旧区改造相比，在性质上更为商业化。其以“拆除重建”“综合整治”“功能改变”为主要改造方式，以项目主体自筹为改造主要资金来源，改造范围较为广泛，包括住宅区、商业区、工业区，拆迁补偿的标准通常直接由开发商与业主协定；而上海的旧区改造则更趋公益性，主要采用修缮改造、抽户安置的改造方式，以政府财政资金、政府专项资金为改造主要资金来源，改造区域范围较小，仅包括居民住宅和历史保护建筑，拆迁补偿的标准由政府统一制定，减少了开发商与动迁人之间发生矛盾的可能性。

表1-3-11为广东“三旧”改造与上海旧区改造的对比：

表1-3-11　广东“三旧”改造与上海旧区改造的对比

分类	广东“三旧”改造	上海旧区改造
性质	商业	公益
主要改造方式	综合治理 功能改变 拆除重建+重新安置 配套商品房/商业设施建设	修缮改造 修缮改造+抽户安置 拆除重建+重新安置
主要资金来源	项目主体自筹	政府财政资金、政府专项资金

续表

分类	广东“三旧”改造	上海旧区改造
改造区域	住宅区、商业区、工业区	居民住宅、历史保护建筑
补偿标准	开发商与动迁人协定	政府统一制定

八、小结

从棚户区改造，到老旧小区改造，中央对于旧城改造的认识正在不断深入，旧城改造也逐渐从过去的“粗放式发展”进入了“精细化运营”时代。我国各地因地制宜，发展了一批各具特色的旧城改造模式，如北京的老旧小区改造、危旧楼房改建、老旧厂房改造、老旧楼宇更新，广东的“三旧”改造以及上海的旧区改造等。同时，各地的旧城改造也随着绿色发展理念等理念的更新，逐渐向体系化、综合化发展。

第五节　城市更新与拆除重建和征收

一、引言

有别于过去“摊大饼”式“增量更新”的城镇化道路，城市更新将以“存量更新”作为城市发展的新赛道。“存量更新”并不是一个新概念，2013 年中央城镇化工作会议[①]明确提出“严控增量，盘活存量，优化结构，提升效率”“由扩张性规划逐步转向限定城市边界、优化空间结构的规划”等政策方针，国土部门随后陆续发布有关“严格控制城市建设用地规模[②]”的多项通知。

“存量更新”在城市更新中主要指对已开发建设用地的改造再利用活动，在实践中包括所谓的“留改拆”，其中的“拆”指的就是拆除重建。拆除重建自然而

---

① 《中央城镇化工作会议举行　习近平、李克强作重要讲话》，载中国政府网，http://www.gov.cn/ldhd/2013-12/14/content_2547880.htm。

② 《关于强化管控落实最严格耕地保护制度的通知》(国土资发〔2014〕18 号)：……二、强化土地用途管制，全面落实耕地数量和质量保护战略任务；(三)加大土地利用规划计划管控力度……严格控制城市建设用地规模，确需扩大的，要采取串联式、组团式、卫星城式布局，避让优质耕地……

然容易引人联想到征收拆迁[①]的问题,因为征收拆迁一般包含房屋拆除的部分。但城市更新活动中的拆除重建与一般的行政征收有何联系?

本节将对上海、深圳两地城市更新相关政策文件以及行政征收法律关系进行分析,尝试梳理城市更新背景下拆除重建与行政征收概念上的联系。

二、上海、深圳两地城市更新政策文件中的拆除重建与征收

(一)上海城市更新政策文件中的拆除重建与征收

《上海市城市更新条例》第 7 条[②]对上海的城市更新活动进行了不完全列举,包括旧区改造、旧住房更新、产业转型以及其他城市更新相关工作。

《上海市城市更新条例》第 32 条[③]对公有旧住房更新规定了拆除重建和成套改造两种更新方式。拆除重建可以适用征收及补偿政策,成套改造不适用征收及补偿政策[④]。

《上海市旧住房拆除重建项目实施管理办法》第 2 条第 2 款对旧住房拆除重

---

① 国务院颁布的《国有土地上房屋征收与补偿条例》(国务院令第 590 号),废除了原《城市房屋拆迁管理条例》(国务院令第 305 号)下的拆迁体制,确立了政府征收体制。但拆迁的概念并未废止,只是确立了征收与拆迁两个概念中强调征收的主导地位,比如目前各地政府的房管部门仍旧在大量使用“征收拆迁”“征地拆迁”“土地征收、房屋拆迁”等表述。

② 《上海市城市更新条例》(上海市人民代表大会常务委员会公告〔15 届〕第 77 号)第 7 条:本市设立城市更新中心,按照规定职责,参与相关规划编制、政策制定、旧区改造、旧住房更新、产业转型以及承担市、区人民政府确定的其他城市更新相关工作。

③ 《上海市城市更新条例》(上海市人民代表大会常务委员会公告第 77 号)第 32 条:对于建筑结构差、年久失修、功能不全、存在安全隐患且无修缮价值的公有旧住房,经房屋管理部门组织评估,需要采用拆除重建方式进行更新的,拆除重建方案应当充分征求公房承租人意见,并报房屋管理部门同意。公房产权单位应当与公房承租人签订更新协议,并明确合理的回搬或者补偿安置方案;签约比例达到百分之九十五以上的,协议方可生效。对于建筑结构差、功能不全的公有旧住房,确需保留并采取成套改造方式进行更新,经房屋管理部门组织评估需要调整使用权和使用部位的,调整方案应当充分征求公房承租人意见,并报房屋管理部门同意。公房产权单位应当与公房承租人签订调整协议,并明确合理的补偿安置方案。签约比例达到百分之九十五以上的,协议方可生效。公房承租人拒不配合拆除重建、成套改造的,公房产权单位可以向区人民政府申请调解;调解不成的,为了维护和增进社会公共利益,推进城市规划的实施,区人民政府可以依法作出决定。公房承租人对决定不服的,可以依法申请行政复议或者提起行政诉讼。在法定期限内不申请行政复议或者不提起行政诉讼,在决定规定的期限内又不配合的,由作出决定的区人民政府依法申请人民法院强制执行。第一款、第二款规定的拆除重建、成套改造项目中涉及私有房屋的,更新协议、调整协议的签约及相关工作要求按照前款规定执行。

④ “成套改造项目不同于‘房屋征收’,不适用征收及补偿政策,在抽户安置中不考虑户籍因素,不解决居住困难”,参见《普陀区旧住房成套改造抽户安置办法》(普房管联规范〔2021〕6 号)。

建进行定义[①],限定拆除重建的对象主要是经认定符合拆除重建条件的公有旧住房,如果确需合并拆除非公有房屋[②],才对非公有房屋进行拆除重建。公有旧住房拆除重建涉及私有房屋及土地的,私有房屋按照公有旧住房更新规定执行,非公有土地按有关规定收回土地和供应给建设单位。

另外,上海的"征而不拆"主要与"风貌保护"相挂钩,以及上海市对于"征而不拆"有较为成熟的做法。上海市人民政府印发的《关于坚持留改拆并举深化城市有机更新进一步改善市民群众居住条件的若干意见》提道:"各区应树立成片保护的理念,按照规划控制要求,根据旧改地块实际情况编制改造方案,经历史风貌规划评估和认定后实施改造。对于需要保留原有建筑风貌和居住使用功能的,可按照'留房留人'等方式,实施修缮改造,保护历史风貌特色,改善市民居住条件和生活环境;对需要风貌保护且对居民重新安置的旧改地块,可通过'征而不拆'等方式,对房屋实施征收,原有建筑保留,征收完成后,按照规划要求实施保留保护改造和利用。"

从上海的规定可以看出,"征而不拆"的操作需要满足土地需要实施风貌保护且对居民重新安置两个条件,"征而不拆"主要是与风貌保护相挂钩,且需预先进行规划设计。

(二)深圳城市更新政策文件中的拆除重建与征收

《深圳经济特区城市更新条例》第2条规定,"本条例所称城市更新,是指对城市建成区内具有下列情形之一的区域,根据本条例规定进行拆除重建或者综合整治的活动",这一规定将深圳的城市更新分为两大类:拆除重建和综合整治。

《深圳经济特区城市更新条例》第24条规定,"拆除重建类城市更新是指通过综合整治方式难以改善或者消除本条例第二条第二款规定的情形,需要拆除

---

① 《上海市旧住房拆除重建项目实施管理办法》(沪房规范〔2018〕1号)第2条第2款:本办法所称的拆除重建是指经管理部门认定,对建筑结构差、年久失修、存在安全隐患、无修缮价值,主要建设于上世纪五十至七十年代左右的不成套公有工房,采取拆除重建并就地安置原住户的旧住房改造行为。

② 《上海市旧住房拆除重建项目实施管理办法》(沪房规范〔2018〕1号)第9条(规划土地审批):建设单位应当将拆除重建项目建设工程设计方案报区规土局审定。区规土局审核建设工程设计方案,其方案公示由建设单位在意见征询时一并进行。经认定公有住房与周围非公有房屋需合并拆除重建的,非公有房屋土地需按有关规定收回土地后供应给建设单位。建设单位应按本市保障性住房相关供地政策办理用地手续,供地价格经评估后集体决策确定并不低于基准地价。经认定实施合并拆除重建的,应当按照规划土地管理部门核定的规划条件统一规划设计布局后进行建设。

全部或者大部分原有建筑物,并按照规划进行重新建设的活动"。

对于拆除重建类城市更新活动,《深圳市城市更新办法实施细则》第 33 条[①]规定了四种实施方式,其中"(四)政府组织实施"方式涉及房屋征收。虽然该实施细则为原《深圳市城市更新办法》的配套规定,但该第 33 条在《深圳市城市更新实施条例》于 2021 年 3 月 1 日正式施行后依旧得到沿用[②]。

(三)小结

结合《上海市旧住房拆除重建项目实施管理办法》和《上海市城市更新条例》来看,上海市城市更新中的拆除重建适用的范围有限,仅适用于公有旧住房更新项目,且主要由政府依靠征收补偿手段推动拆除重建;而深圳的城市更新则把拆除重建当作一个大类,适用于各类城市更新活动,政府的征收补偿只是可能的手段之一,除此之外还有许多依靠市场主体推动拆除重建的手段。

三、征收拆迁法律关系与房屋拆除

对于征收拆迁,我国经历了从拆迁体制向征收体制的转变[③]。一般而言,行政征收大体可以分为三个阶段:征收决定阶段、征收补偿阶段、拆迁阶段。

第一个阶段是征收决定阶段,政府通过作出行政征收决定,否定私有财产的不受侵犯性,排除被征收人基于财产权的名义对抗征收的可能。

第二个阶段是征收补偿阶段,政府通过征收补偿协议或征收补偿决定,赋予政府给予补偿、被征收人让渡房屋的义务和被征收人取得补偿款、政府取得房屋的权利。

---

① 《深圳市城市更新办法实施细则》(深府〔2012〕1 号)第 33 条:拆除重建类城市更新项目的实施方式主要包括:(一)权利主体自行实施。包括项目拆除重建区域内的单一权利主体自行实施,或者多个权利主体将房地产权益转移到其中一个权利主体后由其实施。(二)市场主体单独实施。项目拆除重建区域内的权利主体将房地产权益转移到非原权利主体的单一市场主体后由其实施。(三)合作实施。城中村改造项目中,原农村集体经济组织继受单位可以与单一市场主体通过签订改造合作协议合作实施。(四)政府组织实施。政府通过公开方式确定项目实施主体,或者由政府城市更新实施机构直接实施。涉及房屋征收与补偿的,按照《国有土地上房屋征收与补偿条例》规定执行。

② 政府信息公开名称:拆除重建类城市更新项目的实施方式主要有哪些?发布日期:2021 年 10 月 14 日,成文日期:2021 年 10 月 14 日,发布机构:深圳市规划和自然资源局,索引号:11440300MB2C94128A/2021 - 02558。

③ 国务院颁布的《国有土地上房屋征收与补偿条例》(国务院令第 590 号),废除了原《城市房屋拆迁管理条例》(国务院令第 305 号)下的拆迁体制,确立了政府征收体制。

第三阶段是拆迁阶段,政府既已取得房屋,就有权通过作出拆迁决定或者颁发拆迁许可证来处分该房屋,指定其他主体作为拆迁人实施拆迁。

拆迁具体包括房屋拆除和被拆迁人的搬迁安置工作。但拆迁中的房屋拆除并非征收的必经过程,在政府征收实践比如上海在风貌保护类的旧改项目中就采取了"征而不拆[①]"的方式。

对于我国目前以行政征收为主导的征收体制,让被征收人让渡房屋、政府取得房屋才是政府实施行政征收的主要目的,拆迁中的房屋拆除并非行政征收必然发生的过程。

四、小结

就城市更新活动中的拆除重建而言,上海的拆除重建由于适用范围较窄(主要是公有旧住房更新改造类型),基于产权归属的特殊性目前主要依靠行政征收手段来推进;但深圳则大不相同,深圳的拆除重建并未明确限定具体的项目类型,政府的行政征收只是可能采取的实施方式之一,除此之外还有市场化实施方式,换言之,深圳的拆除重建并不必须依靠行政征收手段进行推进。

就征收拆迁法律关系而言,对于我国目前行政征收为主导的征收体制,房屋拆除是行政征收可能的阶段,但并非必经阶段。换言之,政府的行政征收行为并不必然发生房屋拆除的结果。

总的来看,行政征收只是拆除重建类城市更新活动中为达到房屋拆除目的可能采取的手段之一。

第六节　城市更新与房地产开发

一、引言

房地产开发导向下的城市更新一方面能改善旧城区城市景观、居民居住条

---

① "对需要风貌保护且对居民重新安置的旧改地块,可通过'征而不拆'等方式,对房屋实施征收,原有建筑保留,征收完成后,按照规划要求实施保留保护改造和利用。"参见上海市人民政府印发的《关于坚持留改拆并举　深化城市有机更新　进一步改善市民群众居住条件的若干意见》的通知(沪府发〔2017〕86号)。

件,但另一方面也会带来邻里破坏、就业与居住分异、边缘性群体过度集中等隐患。房地产开发导向下的城市更新,陷入僵局。在此背景下,2021 年 8 月,住房和城乡建设部印发《关于在实施城市更新行动中防止大拆大建问题的通知》(以下简称《防止大拆大建通知》),提出“不沿用过度房地产化的开发建设方式,不片面追求规模扩张带来的短期效益和经济利益。鼓励推动由‘开发方式’向‘经营模式’转变”,标志着从房地产开发导向下的城市建设阶段向避免过度房地产开发的城市运营阶段的转变。

二、城市更新第一阶段:房地产开发导向的城市建设阶段

随着我国城镇化进程中土地使用权和住房商品化的改革,房地产行业在我国得到了极大的发展,在城市经济中的比重急剧上升。随着城市建成区的规模越来越大,部分城区开始衰落、破败,成为旧城或者旧区,亟须进行更新改造,由此,城市更新也在我国拉开序幕。2001 年国务院出台《城市房屋拆迁管理条例》,以货币拆迁补偿确立了城市更新的市场化趋势,房地产开发进军城市更新领域,逐渐成为此后全国范围内城市更新的方向,并推动着我国城镇化进程。

导致城市更新采取房地产开发导向的原因主要包括行政管理制度改革、土地和住房改革。行政管理制度改革带来的行政权利下放或者行政“次中心化”鼓励政府从直接参与社会生产和再生产过程中退出,政府负责在城市更新中提供各种基础服务,私有化主体通过市场参与城市更新。土地使用权和住房的私有化催生了一个繁荣的土地和住房市场,对衰败旧城土地和房屋资产的占有和功能改造成为迫切需求。而房地产化的城市更新导向既能为政府带来城市景观和经济数据的极大增长,又能为私有化主体带来土地资产和高额利润,因此成为这一阶段城市更新的方向。

三、房地产开发导向下城市更新面临的僵局

房地产开发导向下的城市更新一方面无疑能在旧城区城市景观改善、居民居住条件改善上起到立竿见影的效果,另一方面也会带来邻里破坏、就业与居住分异、边缘性群体过度集中等隐患。

房地产开发导向下的城市更新将原本的旧城区置换为高档住宅、办公楼等高附加值建筑,实际上牺牲城市社区的部分使用价值。2001 年的《城市房屋拆迁

管理条例》以货币安置取代了就地安置,也就意味着大规模的居住置换时代的到来,高收入群体迁入地理和经济都处于核心的城市中心区域,低收入边缘群体则集中安置到经济和地理位置偏远的城市郊区。居民的心理落差、实际上的社区配套设施缺失、就业不便等问题都成为不可忽视的深层社会敏感问题。

出现这些僵局的根本原因是房地产开发与城市更新在目标、开发模式、建设方式、盈利模式上的不同。

首先,房地产开发重在解决城市增量发展需求,而城市更新重在解决可持续发展,二者目的不能相互替代,也不能被包含。房地产开发仅旨在增加房地产供给,满足房屋居住,实现商业利益等需求,其无法包含更为多元的城市更新的目的,如优化城市功能、改善环境质量、提升治理能力等,

其次,房地产开发通常以单一开发企业主导开发;而城市更新则必须以多元主体参与开发,这在城市更新中有其必要性。城市更新涉及面广、工作量大、内容复杂,不仅包括基础设施重建、城市功能重新规划,还需要综合考虑区域经济持续发展、周边环境保护和文化生活设施周全等诸多因素;同时,城市更新实施后会产生更为重大且深远的经济社会影响,因此必须使政府、企业、居民共同参与城市更新的开发,各出其力,并共同保护各方利益,实现共生。

再次,房地产开发通常是标准化、可复制的;而城市更新则是个性化、非模板化的,二者建设方式恰恰相反。房地产开发标准化,主要是满足促进房地产高周转、预防产品走样、减少试错成本的目的;而城市更新,则需要在符合维持城市辨识度和满足城市专属需要的目标上进行建设,因此城市更新必然不能是模板化的。

最后,房地产开发以高周转模式盈利;而城市更新则是以资产长期运营盈利,二者盈利模式背道而驰。在城市更新中若需盈利,需要转化房地产开发的单项目操盘思维,需要找到运营中的利益关键点,将项目引入市场,吸引社会资金进入;同时也需锁定价值关系,使参与者按长期主义平衡各方利益。

四、城市更新第二阶段:避免过度房地产开发的城市运营阶段

我国自实施住房改革以来,二十多年间房地产行业的繁荣发展是以城镇化的快速增量发展为基础的。但随着我国城镇化的比例逐渐攀升至高位,我国的城镇化增量发展路径即将到头,即将迈入以存量发展路径为主的城镇再发展阶

段。这一阶段是对以往拆除重建式的增量扩张城市更新路径的否定，转而以要求对存量空间的提质改造为主。

《国民经济和社会发展第十四个五年规划和2035年远景目标纲要》首次从国家层面提出"实施城市更新行动"，该目标纲要在城镇化发展方面提出，要加快转变城市发展方式，统筹城市规划建设管理，实施城市更新行动，推动城市空间结构优化和品质提升，这与此前的明确经济指标要求是有所区别的。"十四五"规划的这一转向意味着我国城镇化重资产投入建设策略的衰落，转而要求将前一阶段的存量资产以税收和经营收益方式转变为现金流。

2021年8月，住房和城乡建设部印发《防止大拆大建通知》，提出"不沿用过度房地产化的开发建设方式，不片面追求规模扩张带来的短期效益和经济利益。鼓励推动由'开发方式'向'经营模式'转变"，并明确城市更新要严格控制大规模拆除，原则上老城区更新单元（片区）或项目内拆除建筑面积不应大于现状总建筑面积的20%。

《防止大拆大建通知》标志着城市更新房地产开发导向下的城市建设阶段向避免过度房地产开发的城市运营阶段的转变。

在该背景下，传统房地产企业若要入局第二阶段的城市更新，需要重新考量参与方式和推进方法。同时，由于不同城市地理因素、历史原因、政策情况存在差异，因此需要针对不同城市情况，进行个案分析。

以入局上海城市更新为例，上海城市更新包含两种更新方式："零星更新"和"片区更新"。

对于"零星更新"，由于上海住房问题突出、产业升级紧迫，商改租赁、产业用地焕活的政策相对宽松，因此该种更新方式正处于快速发展上升期，对开发商要求相对较低，有助于中小量级的开发商熟悉城市更新流程、获取成本与收益信息，并为是否深耕城市更新赛道提供参考。参与"零星更新"，需要考虑：对于上海中心区内的大量老旧物业，改造优先级如何评定、改造后的运营增量和货值增长如何预估、优质案例如何精准对标等问题。

对于"片区更新"，该更新方式的相应政策虽然较为严格，但由于对于提升居住品质的需求强烈以及城市更新带来的土地综合价值提升，因此对于该种更新的需求仍然旺盛。参与"片区更新"，需要在明晰上海城市更新社会背景、政策背景的基础上，结合上位规划和自身企业优势，积极与主导主体对接，尽早介入；同时，需要熟悉、明确并尽快适应与地方功能性国企的合作模式，确定机会点；此外，需要针对城市更新毛利高、周期长的项目特点，建立新的财务测算机制，维持企业现金流平衡。

五、《防止大拆大建通知》下的房地产

2021 年，住房和城乡建设部发布了《防止大拆大建通知》，这是当前有关城市更新最新的也是最重要的实质性规定，其重点提出了明确的指标要求来防止城市更新的过度房地产化倾向。

2021 年 11 月 4 日住房和城市建设部发布《关于开展第一批城市更新试点工作的通知》，决定在北京等 21 个城市（区）开展为期 2 年的城市更新试点工作，重点在城市更新统筹谋划机制、可持续模式和配套制度和政策等方面进行探索，形成可复制、可推广的经验做法，引导各地互学互鉴，科学有序地实施城市更新行动。

《关于开展第一批城市更新试点工作的通知》作为《防止大拆大建通知》的后续，鼓励各地方充分发挥主观能动性，从本地实际出发大胆实践，只从原则和方向上予以把控：(1)严格落实城市更新底线要求，转变城市开发建设方式。(2)城市体检评估先行，合理确定城市更新重点，加快制定城市更新规划和年度实施计划，划定城市更新单元，建立项目库。(3)坚持"留改拆"并举，以保留利用提升为主。(4)创新土地、规划、建设、园林绿化、消防、不动产、产业、财税、金融等相关配套政策。

六、小结

城市更新从房地产开发导向转为避免过度房地产开发的城市运营阶段，是房地产开发与城市更新在目标、开发模式、建设方式、盈利模式上的不同，所造成的必然结果，也是城市更新发展的必要要求；转变的过程或许将伴随"阵痛"，但转变后，城市必将得到更好的发展。

第四章　城市更新存在的问题

第一节　城市更新的价值导向问题

2021年，住房和城乡建设部发布了《防止大拆大建通知》，这是当前有关城市更新最新的也是最重要的实质性规定。该通知明确了城市更新底线要求，防止重走粗放开发建设老路，推动由"开发方式"向"经营模式"转变，并不断完善相关政策，及时协调解决难点问题。

一、《防止大拆大建通知》重点解读

（一）我国城市更新行动下解读《防止大拆大建通知》

实施城市更新行动是党的十九届五中全会作出的重要决策部署，是国家"十四五"规划纲要明确的重大工程项目。《防止大拆大建通知》是国家"十四五"规划发布后，关于城市更新的重要文件，具有显著的风向指示意义。文件中明确提出：实施城市更新行动要顺应城市发展规律，尊重人民群众意愿，以内涵集约、绿色低碳发展为路径，转变城市开发建设方式，坚持"留改拆"并举、以保留利用提升为主，加强修缮改造，补齐城市短板，注重提升功能，增强城市活力。该规定的内容总结如下。

1. 过去的全面房地产化开发模式被严控

《防止大拆大建通知》提出三条严控（严格控制大规模拆除，严格控制大规模增建，严格控制大规模搬迁）与三条红线（拆除建筑面积不应大于现状总建筑面积的20%，拆建比不应大于2，居民就地、就近安置率不宜低于50%）。自此，简单地通过居民动迁、土地收储、拆除重建、预留"利润区"土地、商业开发等传统房

地产开发手段进行城市更新的路径被封堵。

2. 建筑保留与风貌保护的政策也得到延续

《防止大拆大建通知》要求,保留利用既有建筑,未开展调查评估、未完成历史文化街区划定和历史建筑确定工作的区域,不应实施城市更新;保持老城格局尺度,不随意拉直拓宽道路,不修大马路、建大广场;延续城市特色风貌,不破坏地形地貌,不伐移老树和有乡土特点的现有树木,不挖山填湖,不随意改变或侵占河湖水系,不随意改建具有历史价值的公园,不随意改老地名,杜绝“贪大、媚洋、求怪”乱象,严禁建筑抄袭、模仿、山寨行为。

3. 重视城镇化质量提升和可持续发展

《防止大拆大建通知》提出,要加强统筹谋划,严格执行棚户区改造政策,不得以棚户区改造名义开展城市更新;探索可持续更新模式,不沿用过度房地产化的开发建设方式,鼓励推动由“开发方式”向“经营模式”转变;加快补足功能短板,鼓励腾退出的空间资源优先用于建设公共服务设施、市政基础设施、防灾安全设施、防洪排涝设施、公共绿地、公共活动场地等;提高城市安全韧性,推动地面设施和地下市政基础设施更新改造统一谋划、协同建设,加强蓝绿灰一体化海绵城市建设。

(二)我国房改历史进程下解读《防止大拆大建通知》

1980 年 6 月,中共中央和国务院批转的《全国基本建设工作会议汇报提纲》提出“准许私人建房、私人买房,准许私人拥有自己的住房”,正式提出了住房商品化的政策,房改序幕拉开,住房在中国可以成为商品,房地产行业自此在中国开始发展。

1978 年中国的城镇住宅存量面积不到 14 亿平方米,到 2020 年这一数据增至 313.2 亿平方米,城镇住房套数约从 3100 万套增至 3.63 亿套,套户比从 0.8 增至 1.09[①];另外,1978 年中国的城镇人均住房建筑面积为 6.7 平方米,到 2019

---

① 任泽平:《中国住房存量报告:2021》,载第一财经网,https://www.yicai.com/news/101090058.html,最后访问日期:2022 年 4 月 28 日。

年这一数据增长了 5 倍左右,达到了 39.8 平方米[①]。

这些数据增长背后映射了中国过去 40 多年的两类城镇化增量扩张路径:一类是如上海的浦东新区、广州的珠江新城、整个深圳市以及各地的开发区从农村郊野被开发成繁华城市的新城开发路径,另一类是众多借城市更新名实施的旧改、棚改等项目下的旧城拆建路径。这一增量化的城市化进程下,各地城市建成区如摊大饼般扩张了数倍。

但扩张式的城镇化给城市发展带来的效益有其边际效用,过度扩张的结果是出现"城镇病"。从"十二五"规划开始,中央层面就一直提治理"城市病""严控增量"。

因此,"十四五"规划时期的 2021 年,住房和城乡建设部发布了《防止大拆大建通知》,其明确提出三条严控与三条红线,目的在于以实质性要求遏制过度扩张的城市建设倾向,实现向存量更新为主、增量建设为辅的城镇化建设道路迈进。

二、《防止大拆大建通知》后各地城市更新的变化与影响

(一)《防止大拆大建通知》后陆续出台的地方政策文件

自《防止大拆大建通知》出台以来,截至 2022 年 6 月 30 日,多地陆续出台细化政策文件,落实《防止大拆大建通知》的要求。

1. 2021 年 8 月 21 日,《北京市城市更新行动计划(2021—2025 年)》

实施城市更新行动,聚焦城市建成区存量空间资源提质增效,不搞大拆大建,除城镇棚户区改造外,原则上不包括房屋征收、土地征收、土地储备、房地产一级开发等项目。城市更新行动与疏解整治促提升专项行动进行有效衔接,规

① 陈月芹:《住建部:中国城镇居民人均住房面积达 39.8 平方米(2019)已建成世界最大保障房体系》,载经济观察网,http://m.eeo.com.cn/2021/0831/502992.shtml#:~:text=%E7%BB%8F%E6%B5%8E%E8%A7%82%E5%AF%9F%E7%BD%91-,%E4%BD%8F%E5%BB%BA%E9%83%A8%EF%BC%9A%E4%B8%AD%E5%9B%BD%E5%9F%8E%E9%95%87%E5%B1%85%E6%B0%91%E4%BA%BA%E5%9D%87%E4%BD%8F%E6%88%BF%E9%9D%A2%E7%A7%AF%E8%BE%BE39.8,%E4%B8%96%E7%95%8C%E6%9C%80%E5%A4%A7%E4%BF%9D%E9%9A%9C%E6%88%BF%E4%BD%93%E7%B3%BB&text=%E6%95%B0%E6%8D%AE%E6%98%BE%E7%A4%BA%EF%BC%8C2019%E5%B9%B4%EF%BC%8C%E5%9F%8E%E9%95%87,%E5%B9%B3%E6%96%B9%E7%B1%B3%E3%80%811.6%E5%B9%B3%E6%96%B9%E7%B1%B3%E3%80%82。

划利用好疏解腾退的空间资源。

2.2021 年 10 月 8 日,安徽省人民政府办公厅印发《关于实施城市更新行动推动城市高质量发展实施方案》的通知

坚持系统推进。积极稳妥实施城市更新行动,以内涵集约、绿色低碳发展为路径,坚持"留改拆"并举,以保留利用提升为主,防止大拆大建问题。统筹开展城市体检和城市更新工作,突出功能性改造重点,坚持城市更新单元化推进,促进整体功能提升,防止碎片化改造。

3.2021 年 10 月 9 日,《甘肃省新型城镇化规划(2021—2035 年)》

传承优秀传统文化。充分发挥甘肃省城市历史文化厚重、人文遗产丰富的优势,传承历史文脉,加强世界文化遗产、文物保护单位、考古遗址公园、历史文化名城保护,杜绝城市大拆大建。积极推动城市非物质文化遗产融入城市规划建设。

4.2021 年 10 月 13 日,《南京市"十四五"新型城镇化规划》

突出系统规划设计,注重连片改造提升,强化存量资源整合,加强负面清单管理,防止盲目大拆大建,形成和谐整体风貌。积极推进危旧房、棚户区等居住类地段更新,实施"宜居住区"工程,加快既有住宅增设电梯、适老化改造、物业管理水平提升等工作,完善老旧社区市政配套、环境卫生、公共服务等设施体系,提高住宅小区综合治理水平,推动一批老城公共空间"微更新",鼓励有条件地区打造多场景复合的"未来社区"。完善城市更新工作机制,设立城市更新推进机构,鼓励政府、居民、社会多方力量参与改造。

5.2021 年 10 月 25 日,《沈阳市城市更新管理办法(征求意见稿)》

严格落实国家有关要求,坚持集约、适度,杜绝大拆大建、无序扩张等粗放城市发展方式,单独或综合采取保护传承、优化改造、拆除重建等方式推动城市更新实施。

6.2021 年 11 月 1 日,浙江省住房和城乡建设厅《关于在实施城市更新中加强历史文化保护传承防止大拆大建的通知》

严格控制大规模拆除,杜绝运动式、盲目实施城市更新。提倡分类审慎处置既有建筑,推行小规模、渐进式有机更新和微改造,坚持始终把保护放在第一位的原则,不改变社会结构,不破坏人、地和文化的关系,保护城市历史肌理,保护历史文化遗产。

7. 2021 年 11 月 18 日,《广州市关于在城市更新行动中防止大拆大建问题的实施意见(试行)》

老城区范围内严格控制大规模拆除,除违法建筑和经专业机构鉴定为危房且无修缮保留价值的建筑外,不大规模、成片集中拆除现状建筑。分类审慎处置既有建筑,推行小规模、渐进式有机改造和微改造。对拟拆除的建筑,加强评估论证,公开征求意见,严格履行报批程序。严格控制大规模增建,除增建必要的公共服务设施外,不大规模新增老城区建设规模,不突破原有密度强度,不增加资源环境承载压力。涉及历史城区、历史文化街区、历史风貌区的,严格按照相关保护规划要求执行。城中村等城市连片旧区不短时间、大规模进行拆迁,坚持专家论证、公众参与、科学决策,合理确定更新模式。

8. 2021 年 12 月 3 日,《唐山市城市更新实施办法(暂行)》

(五)区域统筹、持续更新。统筹风貌保护与民生改善、区域转型升级、建筑活化利用的关系,以片区为单元推动整体更新;严格控制大规模拆除,严格控制大规模增建,严格控制大规模搬迁,实现城市更新可持续化,增强城市永续发展动力。

9. 2021 年 12 月 28 日,《天津市老旧房屋小区改造提升和城市更新规划、土地、调查登记管理实施细则(试行)》

坚持注重保护,延续历史文脉。以内涵集约、绿色低碳发展为路径,转变城市开发建设方式,坚持"留改拆"并举,以保留利用提升为主,加强修缮改造,注重提升功能,避免大拆大建,探索可持续更新模式,妥善处理好保护和发展的关系,爱惜历史文化遗产,保留历史文化记忆,推动城市风貌特色不断改善。

10. 2021 年 12 月 31 日,《贵州省城市更新行动实施方案》

各地要进一步优化细化棚户区改造实施方案,货币化安置尽可能调整为实物安置,减少资金的一次性投入;实物安置的尽力"瘦身",严格棚改实施范围和标准,将不相关或者关联度不大的一些城市基础设施等配套剔除,有效降低棚改项目不合理投入,减少建安投资费用。对主体结构完好的,可结合当地实际拆改结合,防止大拆大建。各地要严格按照城镇危旧房改造的内容,配建厨房、卫生间等功能性用房,并对房屋主体结构进行加固、房屋外墙进行修缮、内部老旧管线进行更新改造等。

11. 2021 年 12 月 31 日,河南省人民政府《关于印发河南省新型城镇化规划(2021—2035 年)的通知》

实施城市更新行动要防止大拆大建,探索推动城市更新立法,支持郑州、开封、洛阳、安阳等城市率先开展城市更新试点示范,推动全省制定实施城市更新工作方案。

12. 2022 年 1 月 1 日,《西安市城市更新办法》

城市更新工作应当遵循政府主导、科学规划、多方参与、量力而行、成果共享、防范风险的原则,优先保护生态环境和城市特色文化,顺应城市发展规律,统筹兼顾各方利益,以内涵集约、绿色低碳发展为路径,严防大拆大建,加强修缮改造,补齐城市短板,注重提升功能,增强城市活力,延续历史文化传承,推进城市持续有机更新,促进高质量发展、高品质生活和高效能治理。

13. 2022 年 1 月 14 日,《山东省新型城镇化规划(2021—2035 年)》

强化城市特色风貌引导,将特色文化符号和元素融入城市整体形象设计,杜绝大拆大建。建立历史文化保护与传承体系,加大历史文化名城名镇名村保护力度,保护具有历史文化价值的街区、建筑传统格局和风貌,让城市留下记忆。

14. 2022 年 1 月 21 日,合肥市人民政府办公室《关于印发加快推进小城镇新型城镇化建设实施方案的通知》

实施乡镇更新行动。注重采用微改造、微更新方式,推进乡镇改造,全面提升人居环境品质。加强乡镇整体风貌设计,建设一批建筑精品,塑造具有传统风韵、人文风采、时代风尚的特色风貌。保护古遗址、整饬老街区、修缮老建筑、改造老厂房,避免大拆大建、重复建设、铺张浪费、形式主义。

15. 2022 年 2 月 1 日,《辽宁省城市更新条例》

市、县人民政府应当转变城市开发建设方式,对既有建筑以修缮加固为主,采取保留、改造和拆除等方式进行更新。除违法建筑和经专业机构鉴定为危房且无修缮保留价值的建筑外,城市更新项目不得实施大规模拆除、增建和搬迁。

16. 2022 年 5 月 10 日,《北京市城市更新专项规划(北京市“十四五”时期城市更新规划)》

城市更新主要是指对城市建成区(规划基本实现地区)城市空间形态和城市功能的持续完善和优化调整,严控大拆大建,严守安全底线,严格生态保护,是小规模、渐进式、可持续的更新。

(二)《防止大拆大建通知》对广州城市更新的影响

《防止大拆大建通知》中明确表示严控大拆大建,拆除不应大于现状总建筑面积的20%,拆建比不大于2,以及就地、就近安置率不宜低于50%。

2021年11月18日,广州市人民政府办公厅印发了《广州市关于在城市更新行动中防止大拆大建问题的实施意见(试行)》。该实施意见作为广州城市更新的新政,强调坚决防止大拆大建。2022年1月5日,广州市住房和城乡建设局公开《关于征求〈广州市旧村改造村集体经济组织决策事项表决指引〉(征求意见稿)意见的函》。该意见稿中收回了原属区级的旧村改造审定权、古树名木迁移、历史建筑单位审批、商品房屋建设备案等35项行政权,转由市政府统筹实施。

1.《广州市关于在城市更新行动中防止大拆大建问题的实施意见(试行)》重点解读

该实施意见是全国最早一批响应住房和城乡建设部《防止大拆大建通知》要求的细化条例,是广州市政府结合广州城市更新实际情况,围绕"坚决防止大拆大建,分区分类推进城市更新;探索超大城市有机更新之路,推动高质量发展;加强组织领导,稳妥实施城市更新行动"三大主题制定的文件。该实施意见核心内容包括以下五个方面。

(1)坚决防止大拆大建,分区分类推进城市更新

严格控制老城区范围内大规模拆除。分类审慎处置既有建筑,推行小规模、渐进式有机更新和微改造。对拟拆除的建筑,加强评估论证,公开征求意见,严格履行报批程序。严格控制大规模增建。涉及历史城区、历史文化街区、历史风貌区的,严格按照相关保护规划要求执行。

城中村等城市连片旧区不再在短时间内、大规模进行拆迁。尊重居民安置意愿,不再大规模、强制性搬迁居民,鼓励以就地、就近安置为主。确保住房租赁市场供需平稳。注重稳步实施城中村改造,统筹解决新市民、低收入困难群众等重点群体租赁住房问题。

(2)城市更新纳入国土空间规划一张图,审批更加透明

坚持发挥国民经济和社会发展规划、国土空间规划的战略引领和刚性管控作用,完善城市更新的规划传导机制,将城市更新纳入国土空间规划"一张图",在全市范围内系统研究,坚持先规划、后实施。

依法依规做好公示,广泛听取群众意见,充分发挥市城市规划委员会客观独

立的集体审议制度，科学规划、从容建设。

在城市更新范围内的详细规划中，合理确定容积率、建筑高度、建筑密度等规划指标，经批准的详细规划是城市更新项目规划许可、改造实施的法定依据。

（3）高度重视历史文化保护，并将其列为审批前置

严格审批控制树木迁移、砍伐数量，不随意改建具有历史价值的公园。城市更新涉及历史文化街区、历史文化名镇、历史文化名村、历史风貌区、传统村落的，保护规划未经批准，不得审批详细规划、片区策划方案、项目实施方案。城市更新项目改造范围，须先完成文物考古调查、勘探，开展历史文化遗产调查评估，严格如实编制历史文化遗产保护专章和树木保护专章，提出保护措施。对改造面积大于1公顷或涉及5栋以上具有保护价值建筑的项目，评估论证结果要向省级住房和城乡建设部门报告备案。

（4）加大老旧小区改造工作力度，鼓励社会力量参与改造

持续加大老旧小区改造工作力度，对标完整居住社区建设标准，进一步完善和修订老旧小区微改造内容及标准，推动老旧小区绿色节能改造，将老旧小区改造置于"十五分钟生活圈"内全面统筹，充分听取和尊重民意，补齐民生短板，注重岭南传统城市风貌的保护，注重历史文化保护传承，用"绣花"功夫推动居住品质和生活品质同步提升，重点完善水电气路、适老设施、公共空间、无障碍设施等民生事项，加强社区党建、医疗、政务、养老、托幼等公共服务"软"设施。不断创新老旧小区改造实施路径，在做好财政投入保障的同时，通过统筹小区存量资源、开发利用低效用地，盘活利用存量公房，支持鼓励社会力量参与改造，进一步激发居民、关联单位和社会力量"共同缔造"的积极性，强化决策共谋、发展共建、建设共管、效果共评、成果共享的机制，实现共建共治共享的社会治理新格局。

（5）强化审批责任，放慢城市更新节奏

市城市更新领导机构负责统筹全市实施城市更新行动，领导机构各成员单位按职责分工推进落实工作任务，对各区城市更新工作加强监管，在职责范围内承担相应责任。各区党委和政府对本行政区域的城市更新工作负总责，主要负责人是第一责任人。各区各部门要认真履职，依法依规，把控项目实施时序，有序推进城市更新工作，确保城市更新推进节奏可控。

2.《防止大拆大建通知》发布后广州城市更新的新变化

(1)民企逃逸,国企入场

在《防止大拆大建通知》发布后,广州城市更新进程受阻,导致房地产企业融资渠道受限,项目销售回款显著下滑,严重影响现金流稳定性,许多企业为了自保,选择退出或出售城市更新项目。以广州市时代控股集团为例,其参与黄埔的5个城市更新项目中,累计投入17.1亿元的高额拆迁补偿费用,但由于政策变化,5个项目无法正常推进,沉淀了大量资金,严重影响了现金流稳定性,为了渡过阶段性经营困难,不得不请求退出多个城市更新项目。[①]

同时,《防止大拆大建通知》发布后的城市更新项目,企业既得利润显著降低,也促使了民企在城市更新项目上的逃逸。对于民企而言,利益是驱动其参加城市更新项目的源动力,民企出于趋利性,换仓调整,几乎是一种必然的市场策略。

在此情形下,为了继续推进城市更新,广州发出了一系列国企入场城市更新的利好发展信号。此后,国企通过全面接盘、间接控股等方式频繁介入多项城市更新项目,国企开始接替民企入场。

(2)村改拆迁暴富现象减少,刚需用房者压力缓解

在广州的大拆大建时期,很多人得到了一夜暴富的机会。据媒体报道,广州的一个城中村拆迁,平均每家可以分600平方米到1200平方米房产,按照当地的房价计算,分配最低的家庭都能获得超千万元的补偿;除去自住房,剩余房产还能用于出租,平均每户能获得每月超两万元的租金。

但在《防止大拆大建通知》发布后,旧房改造从原来的拆迁改造模式,转变为修缮和改造升级模式:通过改造水电路网、电梯、停车库、养老抚幼、节能改造等设施,增加、提升物业管理和公共服务等内容,以改善居住条件。

由此,依靠拆迁暴富的机会开始减少;同时,楼市在失去大量手持现金的拆迁户后,市场也趋于稳定。对于刚需用房者,购房、租赁价格稳定,用房压力得以缓解。

---

① 吴抒颖:《时代中国回应退出多个广州旧改项目:正沟通新的推进解决方案》,载21经济网,http://www.21jingji.com/article/20220417/herald/1e22b3036c526f7ec588868585713be7.html。

(3)项目重新核查,城市更新步伐放缓

2018 年广东省国土资源厅《关于印发深入推进"三旧"改造工作实施意见的通知》发布后,大批"三旧"改造项目纷纷上马,其中广州市黄埔区成为"三旧"改造的急先锋。2020 年,广州市出台城市更新 3 年实施计划、5 年行动方案和 10 年改造规划项目,计划 3 年推进 83 条城中村改造,5 年内完成 183 条城中村改造。2020 年 6 月,黄埔区提出力争到 2022 年年底完成 66 个重点旧村改造项目的签约拆迁,喊出"先拆后建、以拆促建、拆建并举"等口号。①

而在《防止大拆大建通知》发布后,多个城市更新项目暂缓实施,广州市规划和自然资源局对全市 119 个城市更新项目进行核查,对 38 个项目提出分类处理建议,其中 9 个项目被要求完善历史文化保护资源审批手续,2 个项目拟提请广州市规委会审议,2 个项目因批复已失效,拟按照现有政策要求重新报批。② 同时,民营房企撤离,过去的方式无法延续,而新的模式尚未成熟,广州城市更新节奏明显放缓。

3.《防止大拆大建通知》发布后广州城市更新的新方向

(1)增加国企在城市更新中的参与度,发挥国企优势

2021 年下半年以来,由于楼市融资困难、销售困难等因素,部分民营房企退出部分城市更新项目,或减持项目部分权益,由国企进行接手参与城市更新。广州城市更新,逐渐开始形成国企主导的趋势。

2021 年 8 月,广州市住房和城乡建设局发布《关于审议鼓励功能性国企参与城市更新改造项目有关工作的请示》,文件中提出,鼓励市、区功能性国企参与城市更新改造项目,强调由国企参与旧村改造有利于全市统筹、市区协同、科学有序、做大做强功能性国企。

由国企主导城市更新项目,一方面有利于全市统筹,形成全市更新工作"一盘棋",有效调控改造节奏,控制风险,提高旧村改造项目审批效率;另一方面,也有利于降低融资成本,确保项目稳定,充分发挥融资优势,能够有效避免过度房地产化,并防止大拆大建。

---

① 陈月芹:《广州旧改大撤退时代　中国不是唯一一个》,载经济观察网,http://www.eeo.com.cn/2022/0418/530811.shtml。

② 余佩掀:《新规频出、国企主导！广州城市更新迈入发展"深水区"》,载凤凰网,https://gz.house.ifeng.com/news/2021_12_30-55040429_0.shtml。

(2)引导微改造为主,“拆改留”并举

在“防止大拆大建”的大背景下,广州城市更新项目明显放缓,但同时,广州也出台了一系列鼓励、引导微改造的政策,内容包括老旧小区改造、旧厂房微改造等:2021年9月1日,广州市发展改革委发布《关于编报2022年全市重点建设项目和“攻城拔寨”项目计划的通知》,提出重点谋划一批投资额较大、项目成熟度较好的旧村旧厂改造、老旧小区微改造等市委、市政府部署的重点工作项目;2021年9月19日,广州市住房和城乡建设局发布《广州市旧厂房“工改工”类微改造项目实施指引》,提出通过旧厂房微改造,推动土地节约集约利用,淘汰落后产能,完善公共服务设施,鼓励发展现代产业及总部经济,促进高质量发展;2022年2月14日,广州市人民政府发布《2022年市政府工作报告部署工作责任分工》,其中提到采用微改造“绣花”功夫,推进100个以上老旧小区改造。广州重点城区政府,如天河区、越秀区、黄埔区等,也在各自的2022年工作报告中,对2022年的城市更新项目进行了细分,提出以微改造为主,“拆改留”并举,重点推动老旧小区微改造的政策。

在坚持“房住不炒”的大背景下,微改造有利于稳定住房租赁、买卖价格。有利于实现“去房地产化”。

(3)提倡绿色发展理念,合理利用城市资源

只有大力发展绿色经济,才能有效突破资源环境“瓶颈”制约,在经济社会长远发展中占据主动和有利位置。城市作为推动社会经济发展的重要载体,实施绿色发展理念的城市更新必然成为未来广州城市更新的趋势。

现阶段在制度层面上,已初见绿色发展理念的痕迹:2021年12月6日,广东省发布《关于科学绿化的实施意见》,指出:在城乡建设和城市更新中,最大限度避让古树名木、大树,禁止大拆大建,积极采用有效管护措施,促进原有绿化树种与城市基础设施和谐共存,为居民留住乡愁。涉及树木迁移、砍伐的情况,必须充分征求专家、公众的意见,要依法从严审批、从严监管,对未经审批的迁移、砍伐行为要从严处罚。2022年1月10日,广州市林业和园林局发布《广州市城市树木保护管理规定(试行)》,提出要贯彻习近平生态文明思想,践行绿水青山就是金山银山的发展理念,让历史文化保护融入城市建设,把树木作为城市有生命的基础设施保护好、传承好,切实做好城市绿化和生态环境保护工作。

未来广州城市更新应在绿色发展理念下，以绿色低碳为发展路径，坚持生态环境友好理念，对城市资源进行有效合理的利用。

（三）《防止大拆大建通知》对北京城市更新的影响

自中共中央、国务院批复《北京城市总体规划（2016—2035年）》以来，北京坚持减量发展的发展模式，以“小规模、渐进式、可持续”进行着城市更新提质，取得了一定的成果。在《防止大拆大建通知》发布后，2022年5月10日，北京市人民政府正式印发《北京市城市更新专项规划（北京市“十四五”时期城市更新规划）》（以下简称《更新专项规划》）。《更新专项规划》呼应了《防止大拆大建通知》的要求，进一步结合北京减量背景和存量特点，确立了以街区为单元、以存量建筑为主体、以功能环境提升为导向的更新工作思路，推进小规模、渐进式、可持续的更新；以功能完善、提质增效、民生改善、严控大拆大建为原则，形成了全国首个减量发展背景下的城市更新专项规划。

《更新专项规划》核心内容包括以下四个方面。

1. 贯彻新发展理念的城市更新要求

《更新专项规划》提出，城市更新应坚持“留改拆”并举、以保留利用提升为主，原则上城市更新单元（片区）或项目内拆除建筑面积不应大于现状总建筑面积的20%。提倡分类审慎处置既有建筑，推行小规模、渐进式有机更新和微改造。

2. 多渠道推动老城平房区改善

《更新专项规划》提出，老城保护要加强统筹，加大力度，积极推进老城整体有机更新。探索多元社会主体共同参与的历史文化街区有机更新模式，推进直管公房经营权授权，探索房屋产权划转重组路径，细化申请式退租和恢复性修建类项目经营授权与金融财税支持政策，构建微利可持续模式。

以平房区住房与社会更新为基础，坚持保障对保障，持续推进平房区申请式退租、换租和保护性修缮、恢复性修建，完善“共生院”模式，逐步拆除院内违法建筑，恢复传统四合院基本格局。改善留驻居民住房和基础设施条件，逐步推进平房住宅成套化改造。保持老城格局尺度，延续城市特色风貌，恢复具有老北京味的生活场景。

3. 盘活提升存量资源，促进产业转型升级

《更新专项规划》明确提出，鼓励老旧楼宇、传统商圈、老旧厂房、低效产业园

区等存量资源升级改造,加快“腾笼换鸟”,推动产业高质量发展。发挥“两区”政策叠加优势,抓住国际消费中心城市建设机遇,聚焦高精尖产业构建和文化产业转型发展,推动低效用地转型升级。支持非居住建筑改建宿舍型租赁住房,促进职住平衡。

4. 构建城市更新政策体系

《更新专项规划》提出形成“1+N+X”政策体系。其中,“1”是指推动《北京市城市更新条例》立法,出台适应北京实际的地方性法规,为城市更新实施提供法律保障;“N”是指针对各类更新对象的管控政策,根据核心区平房(院落)、老旧小区、老旧厂房、老旧楼宇等更新对象的差异性、更新阶段的多元性,深化城市更新配套政策研究,细化操作路径,加强政策实施的可操作性和适应性;“X”是指各类政策文件和标准规范,制定城市更新激励政策,统筹推进规划、土地、金融、财税、建设、经营、管理等方面的配套政策及标准规范,研究制定城市更新相关标准、规程、指引、导则等内容,打通政策机制、标准规范、审批流程的瓶颈堵点。

三、《防止大拆大建通知》发布后城市更新的新思路与新探索

(一)《防止大拆大建通知》发布后城市更新的新思路

《防止大拆大建通知》发布后,从各地的积极调整中看到城市更新的新思路。

1. 由整改整建转换到零星更新

上海“零星地块旧改”是零星更新的典型代表。上海的“零星地块旧改”,主要针对非成片或成街坊改造,占地面积小于5000平方米的以二级旧里以下房屋为主的地块。对于零星旧改地块的改造,相比于成片旧改地块,在房屋征收、资金平衡等方面难度更大,上海主要采取以下三种方式①:

第一种方式,区单独实施。通过区单独土地收储用于公建和市政配套等建设,或以土地出让方式进行开发建设;也可以参照政企合作模式,由区属国企协调落实资金实施一二级联动开发建设;或是经征询居民意愿后,实施旧住房综合

---

① 吴维佳:《旧区改造现阶段的任务有哪些?“零星地块”旧改如何推进?今天的发布会回应热点》,载微信公众号“上海发布”2022年5月23日,https://mp.weixin.qq.com/s/nyzaLk0e2_-nGwTn1ZzVIg。

改造。

第二种方式，结合成片旧改带拆。由上海市住建委、发改委、财政局、规划资源局、房管局核定征收范围，在符合政策的条件下，纳入成片旧改地块一并带拆。

第三种方式，采取定向扶持，通过市区联合收储或市城市更新中心参与政企合作方式实施改造。

2. 由老城区和住宅类项目转换到工业、商办类项目

《防止大拆大建通知》的限制主要针对老城区和住宅类项目，对于工厂、商办项目和非核心地段城市更新项目所涉不多。其中，尤其值得关注的是新型产业用地项目。

国家先后出台相关政策支持新型产业用地发展，发布了《关于支持新产业新业态发展促进大众创业万众创新用地的意见》以及《产业用地政策实施工作指引》等文件，提出了“新产业、新业态用地”以及“允许工业用地兼容一定比例的生产性服务设施、科教用地兼容一定比例的科技和生活服务设施”。

同时，新型产业用地与传统产业用地相比，具有“低成本、高容量、混合功能”的政策红利，能有效推动城市低效工业用地更新，为培育创新产业、提高产业效率创造条件。

3. 由重视开发模式转换到重视经营模式

在城市更新中，资本性投入阶段的财务平衡往往决定了改造项目能否立项，但建成后运营阶段的财务平衡却从根本上决定这片地区能否实现可持续的发展。在“防止大拆大建”的限制下，重视改造项目经营不失为一种新思路。

“劲松模式”是北京在经营模式下的鲜活实践。“劲松模式”为老旧小区改造提供了成功范式，以“党建引领、多元共治、民意导向、有机更新”为内涵，引入社会资本，共同推进老旧小区的改造更新工作，授权企业对社区低效空间进行改造提升和长效运营，通过经营低效空间、收取停车管理费、收取物业服务费以及未来可能落地的养老、托幼、健康等产业，实现一定期限内的投资回报平衡，形成老旧小区改造“微利可持续”的市场化机制。

（二）《防止大拆大建通知》发布后城市更新的新探索

2021 年 11 月 4 日，住房和城乡建设部发布《住房和城乡建设部办公厅关于开展第一批城市更新试点工作的通知》，决定在北京等 21 个城市（区）开展第一批城市更新试点工作。表 1 – 4 – 1 为各试点城市的政策文件，展示了各城市在

城市更新统筹谋划机制、城市更新可持续模式，以及建立城市更新配套制度政策上的新探索。

表 1－4－1 各试点城市的政策文件

序号	城市	文件名称
1	北京市	《北京市城市更新专项规划(北京市“十四五”时期城市更新规划)》 北京市人民政府《关于实施城市更新行动的指导意见》 相关其他政策文件： 《关于老旧小区更新改造工作的意见》 《关于开展老旧厂房更新改造工作的意见》 《关于开展老旧楼宇更新改造工作的意见》 《关于首都功能核心区平房(院落)保护性修缮和恢复性修建工作的意见》 《北京市老旧小区综合整治工作方案》 《关于引入社会资本参与老旧小区改造的意见》
2	河北省唐山市	《唐山市城市更新实施办法(暂行)》
3	内蒙古自治区呼和浩特市	目前仅于2021年9月9日公布内蒙古自治区人民政府办公厅《关于实施城市更新行动的指导意见》，暂未查询到呼和浩特城市更新相关文件
4	辽宁省沈阳市	《沈阳市城市更新管理办法》
5	江苏省南京市	《开展居住类地段城市更新的指导意见》 相关其他政策文件： 《南京市政府购买棚改服务管理办法(暂行)》 《南京市危旧房片区改造项目住宅房屋拆迁补偿安置规定》 《市政府关于加快危旧房改造工作的实施意见》
6	江苏省苏州市	暂未查询到公开的城市更新管理办法，在《苏州市国民经济和社会发展第十四个五年规划和二〇三五年远景目标纲要》中提到城市更新
7	浙江省宁波市	宁波市人民政府《关于推进城市有机更新工作的实施意见》
8	安徽省滁州市	暂未查询到公开的城市更新管理办法，在《市住房和城乡建设局2021年工作计划》里提到城市更新
9	安徽省铜陵市	《铜陵市城市更新专项规划(2021—2035年)》
10	福建省厦门市	由市资源规划局组织，规划院公司配合编制的《厦门市城市更新专项规划及成片改造和开发策略》于2021年10月21日顺利通过专家评审，目前暂未查询到公开发布的文件

续表

序号	城市	文件名称
11	江西省南昌市	南昌市的城市更新处于统筹规划阶段,2021 年 3 月 15 日南昌市自然资源局组织召开《南昌市中心城区城市更新(“三旧”改造)专项规划(2021—2025 年)》编制启动会,在规划编制的过程中对南昌市七个区进行调查摸底,形成城市更新方案,目前暂未查询到“城市更新管理办法”的公开文件
12	江西省景德镇市	《景德镇市中心城区城市更新改造实施办法(试行)》
13	山东省烟台市	烟台市人民政府办公室《关于烟台市区城市更新行动的实施意见》
14	山东省潍坊市	关于公开征求《潍坊市城市更新实施办法(草案)》修改意见的通知
15	湖北省黄石市	于 2021 年 4 月 28 日召开《黄石市城市更新三年行动方案》讨论会,但目前暂未查询到“城市更新管理办法”的公开文件。已查询到“尝试更新”旧改类文件如下:市城建指挥部办公室组织召开《黄石市城市更新三年行动方案》讨论会、黄石市关于印发《进一步做好城镇老旧小区改造工作实施方案》的通知
16	湖南省长沙市	长沙市人民政府办公厅《关于全面推进城市更新工作的实施意见》 相关其他政策文件: 长沙市人民政府《关于加快推进城中村改造工作的意见》 《长沙市城中村改造房屋权属问题处理办法》 长沙市国土资源局《关于城中村改造中土地处置管理的若干意见》 长沙市人民政府《关于推进城中村改造试点工作的意见》
17	重庆市	《重庆市城市更新工作方案》 相关其他政策文件:《重庆市城镇老旧小区改造和社区服务提升项目管理办法(试行)》 重庆市住房和城乡建设委员会、重庆市农业农村委员会、重庆市财政局《关于开展农村旧房整治提升工作的通知》 重庆市人民政府办公厅《关于加强历史文化保护传承规划和实施工作的意见》 重庆市人民政府办公厅《关于进一步推进城市棚户区改造工作的通知》
18	四川省成都市	《成都市城市有机更新实施办法》 相关其他政策文件: 成都市人民政府办公厅《关于进一步推进“中优”区域城市有机更新用地支持措施的通知》 《成都市中心城区城市有机更新保留建筑不动产登记实施意见(试行)》

续表

序号	城市	文件名称
19	陕西省西安市	《西安市城市更新办法》 相关其他政策文件： 西安市人民政府《关于印发西安市棚户区改造管理办法的通知》 西安市人民政府办公厅《关于城中村改造建设管理有关问题的通知》
20	宁夏回族自治区银川市	《银川市城市更新三年行动实施方案(2021—2023 年)》

《防止大拆大建通知》是国家"十四五"规划发布后,第一个关于城市更新的部门规章,具有显著的风向指示意义。《防止大拆大建通知》的发布,标志着城市更新开始转变为"留改拆"并举、以保留利用提升为主,注重提升功能的城市开发建设方式。虽然从短期看,由于各地尚未完善落实"防止大拆大建"新风向下城市更新规划,使城市更新速度显著放缓;但从长远看,"防止大拆大建"有利于实现城市更新更好、更健康的可持续发展。

第二节　城市更新的管理机制问题

在"以产权制度为基础、以市场规律为导向、以利益平衡为前提"的城市更新进程中,由于公众参与协商、各方利益协调平衡、城市更新激励等管理机制的缺位,城市更新运作常常陷入利益分配不均、社会矛盾加剧、土地财政成本高、城市更新资金匮乏等问题。为完善管理机制,解决以上问题,首当其冲需要完善的,是城市更新的法律法规体系。

一、城市更新法律法规体系的不足

(一)我国城市更新缺少成体系的法律法规

我国未针对城市更新设立成体系的法律法规,仅有关于"旧城区改造"等城市更新下属事项的相关原则性规定,零碎分布于各现行法律法规中。例如:

《城乡规划法》第 31 条规定,"旧城区的改建,应当保护历史文化遗产和传统风貌,合理确定拆迁和建设规模,有计划地对危房集中、基础设施落后等地段进行改建"。

《国有土地上房屋征收与补偿条例》第8条规定，"由政府依照城乡规划法有关规定组织实施的对危房集中、基础设施落后等地段进行旧城区改建的需要"，"由市、县级人民政府作出房屋征收决定"。

表1－4－2、表1－4－3、表1－4－4、表1－4－5为我国涉及城市更新的法律法规汇总。

表1－4－2　法律汇总

法　　律	生效时间
《民法典》	2021年1月1日
《土地管理法》	2020年1月1日
《政府采购法》	2014年8月31日
《招标投标法》	2017年12月28日
《城乡规划法》	2019年4月23日
《城市房地产管理法》	2020年1月1日

表1－4－3　行政法规汇总

行政法规	文号	生效时间
《国有土地上房屋征收与补偿条例》	国务院令第590号	2011年1月21日
《政府投资条例》	国务院令第712号	2019年7月1日
《城镇国有土地使用权出让和转让暂行条例》	国务院令第55号	2020年11月29日
《城市房地产开发经营管理条例》	国务院令第248号	2020年11月29日
《土地管理法实施条例》	国务院令第743号	2021年9月1日

表1－4－4　部门规章汇总

部门规章	文号	生效时间
《土地储备管理办法》	国土资规〔2017〕17号	2018年1月3日
住房和城乡建设部、国家发展改革委《关于进一步加强城市与建筑风貌管理的通知》	建科〔2020〕38号	2020年4月27日
住房和城乡建设部办公厅《关于在城市更新改造中切实加强历史文化保护坚决制止破坏行为的通知》	建办科电〔2020〕34号	2020年8月3日
《关于在实施城市更新行动中防止大拆大建问题通知》	建科〔2021〕63号	2021年8月30日

表 1-4-5 其他文件汇总

其他文件	文号	生效时间
国务院《关于加快棚户区改造工作的意见》	国发〔2013〕25 号	2013 年 7 月 4 日
国务院办公厅《关于推进城区老工业区搬迁改造的指导意见》	国办发〔2014〕9 号	2014 年 3 月 3 日
国务院办公厅《关于进一步加强棚户区改造工作的通知》	国办发〔2014〕36 号	2014 年 7 月 21 日
国务院《关于进一步做好城镇棚户区和城乡危房改造及配套基础设施建设有关工作的意见》	国发〔2015〕37 号	2015 年 6 月 25 日
国务院办公厅《关于全面推进城镇老旧小区改造工作的指导意见》	国办发〔2020〕23 号	2020 年 7 月 10 日

(二)由于城市更新法律法规体系的不完备产生的问题

总体而言,对于城市更新,我国尚未出台针对性、成体系的法律法规,城市更新实操过程中的合法合规性判断主要参照地方政府规章及规范性文件。然而地方政府规章和规范性文件的效力层次过低,且时常相互“打架”甚至与上位法“打架”,由此对城市更新的后续发展造成了一系列难题:

第一,由于城市更新同时涉及控规、国土、住建、税务等多方规制,城市更新政策层级过低将极大限制城市更新政策进行因地制宜的发挥。

第二,当前的增量规划体制将极大限制城市更新中存量更新规划的应用。

第三,城市更新相关法律关系涉及包括民事与行政在内的多方法律主体,所需手续繁杂且有赖于多方行政部门配合,目前缺乏私法与公法的衔接处理极大限制了城市更新业务的开展。

第四,城市更新项目涉及对多个不同权属、不同使用年限地块的连片改造,而目前的土地制度下难以实现对复杂地块的统筹规划。

第五,城市更新项目高投入、周期长、资金平衡压力大的特点导致城市更新的顺利开展有赖于多方主体的资本投入,而当前缺乏引导社会资金进入城市更新的政策支持,导致城市更新项目投融资压力过大。

第六,由于地方操作缺乏统一谋划且不透明,往往需要多方协调甚至存在合法合规风险,极大阻碍城市更新项目的开展。

第七,不同地区的城市更新政策口径不一,如深圳、广州、上海、北京等均采用不同的城市更新文件系统,且各地对土地、控规等进行创新性突破时需要进行长周期的风险审核,因此导致更新改造审批的流程过长。

第八,城市更新是对城市社会空间和经济利益进行再分配的动态重组过程,涉及多个利益群体,具体来说,在实际操作过程中,大多城市更新项目以国有实施主体为主,多元社会主体难以介入进行市场化运作,同时公房、历史风貌保护过程中也存在难以确认权利主体的问题。

二、城市更新法律法规体系的建立与完善

解决城市更新法律法规体系不够完善问题的前提,在于明确法律法规完善的方向,而这有赖于对以下关系进行梳理。

(一)空间增长和风貌保护的关系

城市更新方式总体来说包括拆除重建、综合整治、功能改善三种方式,由于第一种方式相对后两种方式的项目投资回报率高、周期短,因此各方主体过分青睐于拆除重建方式的城市更新,并由此导致了房价、租金上涨等社会问题和城市历史风貌得不到延续保留的问题,而这实际是与城市更新高质量发展、重运营轻新建的方向背道而驰的。因此,必须明确城市更新过程中空间增长与风貌保护的关系,健全有机更新的法律法规体系。

在该方向下,以深圳为例,具体需要解决以下问题。

1. 城市更新缺乏历史风貌保障措施落地政策

虽然在现行法律法规体系中,已存在众多"倡导市场主体参与涉历史风貌保护城市更新"的保障措施,但仍旧缺乏保障措施的实施细则。例如,针对"组合供应土地""异地补偿"等激励措施,异地补偿是同区还是跨区?异地补偿可否有土地捆绑出让制度?再如,对历史风貌保护更新项目如何进行全生命周期监管?对于参与历史风貌保护更新项目的市场主体,是否可建立专项评估制度?历史风貌保障措施需要细化的政策才可落地,才能延续历史文化传承,维护城市脉络肌理,塑造特色城市风貌。

2. 绿色低碳理念的落地抓手不足

2016年《关于深入推进城镇低效用地再开发的指导意见(试行)》提出要牢固树立创新、协调、绿色、开放、共享的发展理念。2020年国务院办公厅《关于全面推进城镇老旧小区改造工作的指导意见》提出结合城镇老旧小区改造,同步开

展绿色社区创建。但是,绿色低碳理念在城市更新的具体操作中仍显得落地抓手不足,老旧城区的绿色化改造还较为有限。绿色低碳的理念在城市更新中如何实施、由何部门监管、由何指标体现等问题需要进一步在法律法规中进行落实。

(二)政策创新和基础规则的关系

城市更新必须在一定边界范围内进行创新,也就是在明确的基础规则框架下进行创新。当前由于缺乏上位法指导,而城市更新试点又必须解决实际问题,地方城市更新实践缺乏统一的"游戏规则",因此导致了一系列法律法规混乱和冲突问题。如城市更新下的土地规划变更所补缴的地价往往远低于一般的土地出让时规划变更所补缴的地价,城市更新的业主单位往往能够无偿地实现产权续期和产权面积增加,这些都为将来的城市更新业务发展埋下了潜在风险。

在该方向下,以深圳为例,立法具体需要解决以下问题。

1. 城市更新法律法规缺乏类型化设计

城市更新法律法规一直处于不断变化及更新的状态,且大都以"打补丁"的形式出现,为政府、开发商、原权利人等在城市更新实施过程中带来很大不便。在不同法律法规中如合法用地比例、贡献率等更新指标的不断改变,加剧了政府、开发商和原权利人理解的难度,无法厘清城市更新的详细流程和细节,严重滞后了城市更新实施、效率及周期。

2. 城市更新法律法规缺乏与其他相关法律法规的协同更新

城市更新法律法规需要跟随其他相关法律法规的出台和更新进行配套。如对于合法用地,城市更新必然涉及土地资产的相关处置,考虑到用地处置必然涉及地价的测算,可以考虑将用地处置政策与地价政策联动,计算城市更新过程中的总账,用来简化地价政策;对于合法外用地,自然资源部已出台相关规定,对违法用地判定和处理进行规定,此时,由于各个城市存在不同的历史遗留问题和背景,各城市更新相关部门应因地制宜,在城市更新法律法规中对相关要求进行更新补充,协同更新。

(三)政府和市场作用边界的关系

有的地方如深圳以市场为主导,有的地方如上海以政府为主导,而有的地方如广州则强调公私合作。可见,不同地域、不同市场结构、不同政府风格下政府和市场权责边界不一,这背后折射的是城市更新缺乏统一的利益分配标准,而由此也带来了城市更新中交易成本过高甚至是产业发展和社会稳定层面的风险。因此,必须梳理清楚政府与市场各自的作用边界,谋求通过城市更新实现增量利益的公平高效分配。

在该方向下,以深圳为例,立法具体需要解决以下问题。

1. 城市更新规划计划缺乏联动

规划计划是政府控制城市更新质量、进度的基础,是其统筹片区发展的关键。在部分以市场为主导的城市更新中,规划由市场行使,计划由市场申报,会导致规划、计划缺乏必要的联动,会导致:(1)规划失去其片区统筹管控的作用,成为市场追逐利益的工具;计划定位不清,仅仅为项目的数量统计,缺乏对更新需求的把控。(2)使更新失去片区的统筹定位导致公共基础设施严重不足,公共利益不断受到侵犯。

2. 政府在城市更新管理中缺乏统筹手段与依据

当前城市更新管理机制尚不完善,许多城市更新的单元规划由开发商制订,而由于开发商常以自己利益为先,对规划缺乏整体的认识和把握;同时,城市更新专项规划粗放,更新专项规划缺位,规划审批缺乏合理的依据,土地功能、容积率的规定缺乏刚性规定,弹性太大,也导致政府在城市更新实施过程中,缺乏对空间格局和项目整体数量的把握。

完善城市更新的法律法规体系,迫在眉睫。完善城市更新法律法规体系需要明确城市更新过程中空间增长与风貌保护的关系、政策创新和基础规则的关系,以及政府和市场作用边界的关系。只有明确以上关系,明确完善方向,才能为城市更新高质量发展、高效率运作设置有效、可靠的法律法规和政策保障。

中　编

城市更新的上海方案

第一章　城市更新的上海模式

在住房和城乡建设部提出城市更新要由“拆改留”转变为“留改拆”以及实施城市更新行动中防止大拆大建新政要求下，过度房地产化的开发建设方式以及传统的旧改模式将不再可行。《上海市城市更新条例》也明确提出了坚持“留改拆”并举、以保留保护为主，遵循规划引领、统筹推进，政府推动、市场运作，数字赋能、绿色低碳，民生优先、共建共享的原则。

上海经历了20世纪80年代以解决居住条件为主的“危棚简屋改造”，到20世纪90年代以发展经济、生产为主的“大拆迁大动迁”，到21世纪初的注重存量保存和维护的“拆改留并举，以拆除为主”，目前开启了“留改拆并举，以保留保护为主”的政企合作、市场导向推动的城市有机更新新模式。由国资平台公司牵头先行完成区域一级土地开发，再通过招商合作引入擅长城市更新开发运营的企业、机构来做二级联动。这种模式最大的优势在于能够以相对长远的视角审视城市更新，避免因短期收益而影响大局。同时由国资公司负责一级开发，也可以有效缓解一级开发需要投入大量资金的压力。而引入的招商合作方企业作为市场化、专业化的团队，可以通过后续的开发、运营提升城市更新的溢价空间，通过这种政企合作的联动方式，可以实现多赢局面以及商业价值最大化。

得益于一系列政策支持以及资金扶持，上海在城市更新领域也将迎来更大的突破，在扮演城市更新试点先锋角色的同时，也为国内其他城市的更新提供新的思路。

第一节　法规和机制的建立

一、地方法规体系层面

2015年发布的《上海市城市更新实施办法》与2017年11月17日发布的《上

海市城市更新规划土地实施细则》,成为指导上海市城市更新的两个关键文件。其后,上海陆续出台相关配套文件,共同组成了上海城市更新较为完善的法规体系,为城市更新的规划编制、建设实施提供了充分的法律保障。

上述法规规定了用地边界调整、土地出让方式调整、以提供公共开放空间和公共设施为前提的高度增加和容积率奖励措施、权利主体自主改造等创新内容,区别新建和更新的不同要求,扫清了原有法规对城市更新的阻碍,调动了社会资本的积极性,也引导了城市更新向公益性和可持续性发展。

2021 年 8 月 25 日,上海市第十五届人大常委会第三十四次会议表决通过《上海市城市更新条例》,并于 9 月 1 日起实施。《上海市城市更新条例》是我国第二部有关城市更新的地方立法,也是上海市首个关于城市更新的地方性法规,是指导上海实施城市更新行动的"宪法性"文件。《上海市城市更新条例》的出台,将原本分散在各个条线的更新政策体系化、法定化,开始建立起全门类、全口径、全社会、全流程的一体化城市更新制度与技术体系,标志着上海城市更新进入新时代。主要体现在以下四方面:

第一,建立了完整的规划引导体系。市规划资源部门制定全市更新指引,确定更新原则;区政府制定各区行动计划,遴选更新实施主体以后,开展区域更新的实施方案;实施主体负责制定方案并推动实施。

第二,建立了更新实施机制。关注区域更新的统筹机制,通过区政府和市政府相关部门遴选更新统筹的主体,统筹开展区域的城市更新工作。区域更新由统筹主体进行统筹,原有的物业也可以参与编制区域方案,最后纳入规划进行执行。此外对于零星更新,也可以通过有更新意向的原物业权利人,直接进行项目方案编制,通过规划程序,进行实施更新。

第三,建立了保障机制及监督管理机制,明确了法律责任。

第四,建立了全过程的物业权利人和公众的参与机制,建立了专家委员会制度。

二、城市更新机制的建立

(一)成立上海市城市更新中心

2020 年 7 月,上海市城市更新中心成立,由功能性国有企业上海地产(集团)有限公司(以下简称"上海地产集团")承担相关职能,作为全市统一的旧区改造功能性平台,该中心负责具体推进旧区改造、旧住房改造、城中村改造工作,以及其他城市更新项目的实施。

上海市城市更新中心组建了规划、资金、招商和项目实施等专业团队,确保该中心更好地履行职能。为充分发挥该中心的作用,上海市住房和建设管理委、市发展改革委、市财政局、市规划资源局和房屋管理局等部门也为该中心赋权赋能,并完善了相关配套政策和工作流程,保障城市更新工作有力有序推进。

上海市城市更新中心可以在全市做统筹,通过捆绑地块、优化规划、容积率转移等方式实现项目的盈亏平衡,并形成长期机制。改变原有的传统的旧区改造模式受制于土地出让方式和利益平衡、各自为政、系统割裂、功能缺失、风貌各异的矛盾问题,有利于整体规划,打破碎片化建设,推进区域开发,提高城市更新项目的建设质量和配套水平。

上海市城市更新中心作为全市旧区改造和城市更新的市级平台,旨在长远参与和推进旧区改造、旧住房改造、城中村改造以及其他城市更新项目的实施,在有效连接政府与市场方面发挥托底作用。

(二)成立上海市城市更新基金

为了加快推进旧区改造,探索超大城市有机更新的新路径、新模式、新经验,广泛吸引社会力量参与上海旧改,加快旧改资金平衡,共同推进城市可持续更新和发展,上海也在不断创新探索。

2021 年 6 月,“上海地产集团”联合多家行业标杆企业和大型金融机构,按照“政府指导、国企发起、市场运作”的原则,共同发起国内规模最大的城市更新基金。该基金总规模约 800 亿元,采用“引导基金 + 项目载体”模式,是拓展旧改项目融资新模式开展的一项重要部署。该基金为目前全国落地规模最大的城市更新基金,参与者除上海市属国企的“上海地产集团”外,还包括招商蛇口、中交集团、万科集团、国寿投资、保利发展、中国太保、中保投资等国资背景的房企和保险资金。上海城市更新基金将定向用于投资旧区改造和城市更新项目,促进上海城市功能优化、民生保障、品质提升和风貌保护。“上海地产集团”将积极探索“市区联手、政企合作、以区为主”的旧改工作新模式,努力发挥功能类国企在完成旧改重大任务中的主力军、攻坚队作用,把旧改“洼地”变成“功能提升、经济发展、城市治理”的高地,推动城市高质量发展。

2022 年 2 月,该基金的引导基金——上海城市更新引导私募基金合伙企业

(有限合伙)注册成立并完成备案[①],注册资本为100.02亿元。这是2021年6月发布的800亿元城市更新基金中的引导基金,其备案完成标志着上海在城市更新资金支持方面取得重大进展。该引导基金由国泰君安证券旗下国泰君安创新投资有限公司担任基金管理人,与“上海地产集团”旗下城市更新投资管理有限公司共同担任执行事务合伙人,负责基金和项目的投资管理运营等相关工作,同时引入地方国企参与。引导基金的投资领域聚焦于上海市城区的旧城改造、历史风貌保护、租赁住房等城市更新项目。

(三)成立上海市城市更新促进会

2022年2月23日,上海市城市更新促进会第一届第一次会员大会召开[②]。上海市城市更新促进会是由“上海地产集团”、上海城市更新建设发展有限公司、上海地产城市更新投资管理有限公司共同发起,相关单位和个人共同参与成立的地方性、非营利性、专业性社会团体。

上海市城市更新促进会旨在汇聚力量与智慧,借鉴国内外经验做法,结合理论和实证研究,协助有关部门共同深入推进上海城市更新行动,特别是在当前加快探索创新城市更新路径的背景下,让专家、学者、各类实践主体群策群力,拓展思路,交流提高;深入探索更新模式,在《上海市城市更新条例》引领下,通过各类前瞻性研究、信息交流共享、项目落地实证等活动,推动新一轮城市更新项目实施;充分发挥多平台组合优势。

上海市城市更新促进会将与上海市城市更新中心、上海市城市更新基金同步建设推进,相关事业单位、企业主体、社会力量、研究机构等共同发力,打造城市更新完整的框架体系。

第二节 城市更新项目的组织实施

一、适用范围

上海市更新中心组织实施的更新改造项目(以下简称更新项目),具体是指

---

① 《百亿上海城市更新引导基金正式启航》,载《上海国资》第5期。

② 《布设城市更新“大棋局”,上海将成立城市更新促进会》,载文汇报2022年2月23日。

根据市城市更新和旧区改造工作领导小组办公室(以下简称市旧改办)安排,按照“市区联手、政企合作、以区为主”的方式,通过建立健全旧区改造资金综合平衡封闭管理机制由市更新中心承担的更新改造项目。

二、管理及实施单位

1. 管理部门

市旧改办是上海市旧改项目实施的管理部门。

2. 实施单位

市更新中心按照市旧改办安排的旧改项目计划,会同相关区旧改管理部门组织项目实施工作。上海城市更新建设发展有限公司(以下简称市更新公司)承担市更新中心具体工作,与相关区属企业合资成立区城市更新公司(以下简称区更新公司)负责所在区旧改项目具体实施工作。市更新公司和区属企业出资比例为60%:40%,按照出资比例共担盈亏。区更新公司股权架构如图2-1-1所示。

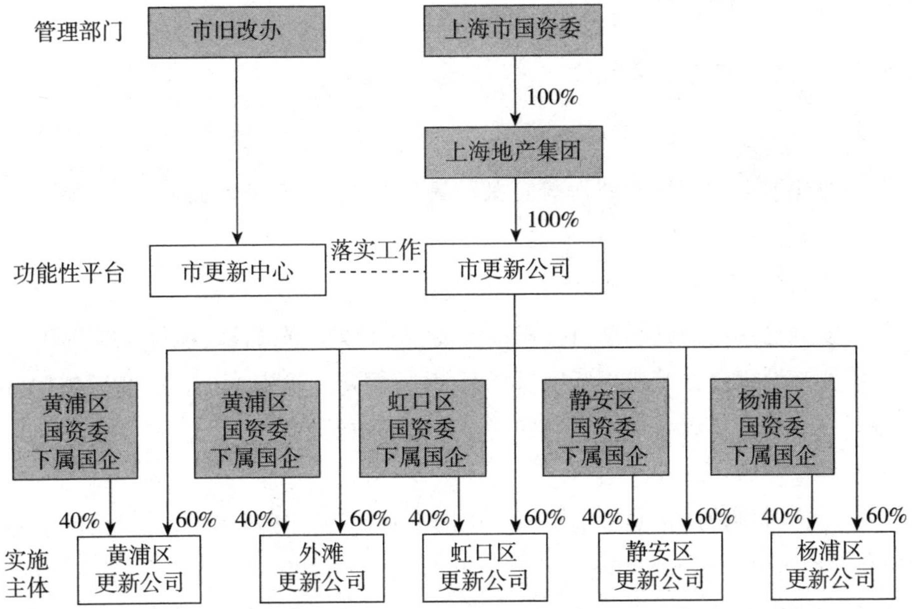

图2-1-1　区更新公司股权架构

三、实施方案的制定

1. 制定年度计划

市更新中心会同相关区旧改管理部门编制更新项目年度实施计划,包括资金平衡计划,报市旧改办同意后,列入市更新年度计划。

2. 制定项目平衡方案

市更新中心建立土地资源平衡库,专项管理经市政府批准用于更新项目资金平衡的土地资源。土地资源平衡库由市更新中心按照“资源专用、独立运作、封闭管理”的要求实施专账管理。

根据市更新年度计划,市更新中心会同相关区编制更新项目资金平衡方案,包括土地资源组合平衡方案,报市旧改办、市发展改革委、市财政局、市规划资源局等审核同意。

3. 制定项目实施方案

区更新公司会同区旧改管理部门编制更新项目实施方案,明确方案实施主体,报区政府批准后组织实施。

四、土地供应与房屋征收

1. 预供地

更新项目所在区规划资源管理部门按相关规定,向经市政府认定的实施主体,提前出具项目地块供应意见书。

2. 投资核定及资金筹措

区更新公司组织编制项目投资报告,区发展改革部门核定项目投资估算。

区更新公司负责筹措更新项目资金,并按规定用途安全、合规、高效使用,市更新公司和相关区属企业配合做好资金筹措和担保工作。

3. 房屋征收

区旧改管理部门按规定组织实施房屋征收工作。按照本市房屋管理部门相关规定,市更新中心组织开展房屋征收“二次核价”工作,区更新公司委托审价审计单位实施财务监理工作。

五、规划设计及调整

市规划资源管理部门会同市更新中心、区规划资源管理部门提出项目初步规划设计要求，市更新中心会同市、区更新公司组织开展项目建筑甄别、风貌评估、功能策划、建筑强排方案等工作，优化初步规划设计条件，开展必要的专家意见征询，经市规划资源管理部门同意后，开展规划实施方案编制工作。

根据规划设计条件，市更新中心会同市、区更新公司组织拟合作单位，编制项目规划实施方案。规划实施方案经专家评审后，由市更新中心配合市、区规划资源管理部门组织开展相关调整工作，其中涉及风貌保护的项目应经上海市历史风貌区和优秀历史建筑保护委员会专家论证。

六、出让前准备

1. 拆房方案

根据建筑甄别成果和明确的规划实施方案，市更新中心会同市、区更新公司组织编制房屋“留改拆”实施方案，市旧改办组织规划资源、房管、文保等部门及专家评审后执行。

2. 土地平整

区旧改管理部门会同区更新公司，委托专业单位编制土地平整报告并组织实施，包括房屋拆除和保护、管线设施搬迁、绿化迁移、临时设施建设等工作，做好土地日常管理工作。

3. 前期成本认定

项目前期成本认定按照项目前期土地成本认定办法执行，经认定的土地前期成本在土地出让合同中予以注明。

4. 土地交付标准

风貌保护地块在完成房屋征收及产权灭失后，可按现状带建筑物出让，并将风貌保护要求纳入土地出让合同。

5. 土地出让准备

规划资源管理部门会同市更新中心开展土地出让前准备工作。

七、土地出让

1. 土地出让

旧改地块可与资源地块组合,以定向挂牌方式出让给区更新公司。根据开发建设需要,旧改项目与资源地块需分别开发建设的,可分别成立全资项目公司,签订补充出让合同,并按规定办理土地出让金票据调整工作。

2. 土地出让金

政企合作旧改地块以及与其组合的资源地块土地出让收入按照国家及本市有关要求及标准缴交。根据土地出让合同中注明的土地前期成本,由市或区相关部门及时做好土地成本清算工作。

八、招商合作

市更新中心会同区有关部门、市区更新公司等组建旧改项目招商工作组,通过合作单位遴选、公开产权交易等工作,引进合作单位,共同实施项目开发建设工作。

旧改项目和资源地块可以依据公开招商结果,调整受让人出资比例和股权结构。

第三节　土地资源平衡库的建立

一、土地资源的配置原则

上海作为特大城市,土地资源极其有限。站在21世纪,上海担负着以浦东开发开放为龙头,尽快建成国际经济、金融、贸易中心,并带动长江三角洲及沿江地区经济带共同繁荣的历史重任。为了合理利用有限的土地资源,加强对土地利用的宏观调控和计划管理,平衡土地供求总量,优化土地配置,促进上海国民经济持续、快速、健康发展和人民生活水平的不断提高,依据《土地管理法》关于“各级人民政府编制土地利用总体规划”的规定,结合上海的实际,编制《上海市土地利用总体规划》,指导用地规划。

正是基于相当稀缺的土地资源既要满足经济发展需求,又要承载民生保障功能,因此政府必须通过明确功能定位作为其合理配置的首要前提,并在此基础上按照“经营性项目市场化供地,公共性项目行政化供地”的原则来进行合理的配置,需要在受让对象的择优和配置功效的管制方面同时进行系统性考量和制度设计,以确保能落实土地资源的合理配置的设定目标。

由于我国土地资源公有制的特性,土地资源的配置无疑就是公权力的行使,因此政府必须通过公开公平的竞争择优来体现其优化配置。这其中,无论采取何种具体配置方式,都必须也只有充分贯彻“让市场起决定性作用”的原则,才能真正确保既实现资源的优化配置,又规范公权力的行使。

作为公有制土地的公共资产代表人和守护人,政府有责任通过严谨、科学的后续监管措施,尤其需要对行政化或差别化供地项目的开发建设进行严格管控,确保按照设定的土地开发功能定位来实现土地资源的有效配置。同时按其功能定位对土地开发的实际效能进行对照评估,并为低效或失效的土地开发项目提供退出机制,实施土地资源的重新配置。

因此,要想实现土地资源的合理、优化和有效配置,“让市场起决定性作用”是毋庸置疑的正确选择和唯一路径。而在中国特色社会主义市场经济条件下,为保证土地的合理利用,实现非农建设用地的总量控制,土地一级市场(出让市场)的主动权主要掌握在国家手中,由国家授权土地管理部门对土地使用权的出让实现垄断性经营。进入土地出让市场的土地数量、用途、出让方式等均由政府控制。国家在对土地出让市场实行垄断性经营的同时,并不排除竞争,这些竞争主要表现为土地使用者为取得土地使用权而展开的竞争,从而体现出我国土地市场明显的垄断与竞争相耦合的特征①。因此对于土地要素资源的市场化配置而言,需要更好地发挥政府的作用,才能真正让市场起决定性作用。

二、土地资源的配置方式

土地出让入市交易及管理制度作为我国土地资源配置的关键性环节,其法制性、规范性、系统性和实用性尤为重要。自 2008 年 3 月 1 日上海土地交易市场

① 尹厚俊:《我国城市建设用地市场化配置方式及其全过程管理研究》,中国社会科学院研究生院 2014 年硕士学位论文。

建立以后,上海市各区县的新增经营性和工业招拍挂出让用地已经全面纳入上海市土地交易市场集中交易,强化了土地要素市场的信息集聚功能,也进一步规范了土地交易行为。同时颁布的《上海市土地交易市场管理办法》也从制度上确保了全市土地资源规范、透明交易的全覆盖。构建一个统一、专业的交易市场是实现土地资源市场化配置的基础,形成平衡、严密的交易机制是实现土地资源市场化配置的关键。

随着全市统一的土地交易市场的建立,上海将出让决策权、交易执行权和管理监督权进行了有机分离,市和区县土地管理机构作为出让人仍保有出让决策权,市土地交易市场行使交易执行权,市招拍挂办公室负责土地出让过程中的监督管理权,实现了土地出让管理权的"三足鼎立",使三者之间相对独立并互相制衡。

上海土地市场经过十几年的运行,市场择优的初步效应已有所体现。一是开放的市场竞争机制吸引了更多的竞买人参与竞争,并正在打破原有的地缘限制;二是出让地块虽然不再设立竞买资格条件,但开发建设要求则更趋细致和精确,充分运用了要素市场平台的综合择优功能,选择出合适的优质企业承建开发,保证了建设项目的品质和土地开发的效益;三是促使供地部门不断加强土地规划和交易计划的精细化管理,通过对土地建设使用条件的明确和市场化交易方式的把握,实现土地资源综合效益的最大化。

三、土地资源平衡库的建立

简单的价格调节机制无法实现各类土地的差别化高效配置。原国土资源部以"价高者得"为基本原则的招拍挂出让制度,虽然有利于市场竞争机制作用的有效发挥,实现部分土地的资源优化配置。但实践中的由于土地资源间存在固有的区位属性差异和土地类型差别,土地资源的开发利用对地区经济发展发挥着不同的功效,在资源配置过程中强调以单一的价格机制调节资源配置方式是片面的,尤其是对承载地方经济增长功能的土地来说,简单的土地资源配置方式难以确保土地开发达到综合效益最大化的总目标的实现。

在土地出让中,对出让人(政府)而言,其出让诉求不仅是获取土地收益、补充地方财政收入,还需要同时兼顾招商、项目落地、区域功能实现的出让诉求;对竞买人而言,则需要以合理的成本获得土地,实现合理的商业预期。

针对城市更新项目中不同土地资源之间的差异，如何进行平衡和管理，使旧改项目地块可以以市场化的方式进行出让，保证那些对地区经济发展有重要影响的土地也能吸引到优质的竞买人参与竞价，确保项目品质和项目收益的最大化，上海建立了土地资源平衡库。

（一）土地资源及平衡库的定义

土地资源，是指经上海市政府同意，用于平衡市更新中心承担的旧改项目市属资金的相关土地。

市更新中心建立土地资源平衡库，专账管理土地资源。市更新公司具体承担市更新中心的土地资源平衡库登记造册和使用管理工作。

（二）土地资源的申请与批准程序

市更新中心根据承担的旧改项目成本收益情况，向市旧改办申请土地资源。

市旧改办会同市有关部门对政府储备的土地进行梳理，对拟用于市更新中心资金平衡的土地，报上海市政府同意后，纳入土地资源平衡库。

根据土地资源实际情况，市更新中心配合市、区规划资源管理部门开展土地资源规划研究，如需要调整的，开展规划调整工作。

（三）土地资源的使用

市更新中心根据市旧改办下达的年度旧区改造计划，编制土地资源年度使用计划，报市旧改办同意后执行。

旧改项目土地可以组合土地资源一同出让给区更新公司，土地出让金按照标准缴交，并及时做好土地成本结算工作。旧改项目和土地资源地块可单独开发建设。

按照“资源专用、独立运作、封闭管理”的要求，市更新中心负责土地资金日常管理，做好土地资源的入库、使用、成本和收益的现状管理工作。

每年对土地资源进行核算，反映土地资源的投入、产出、存货及现金流等情况。编制年度土地资源专账报告，报市旧改办、市发改委、市财政局、市规划资源局、市国资委等备案。

（四）监督检查

市旧改办组织市住房城乡建设管理委、市发展改革委、市财政局、市规划资源局、市国资委等部门建立联合监督机制，定期考核监督。

通过上述资源地块的配置平衡各方利益,并通过市场化的出让方式确保重要利益的实现,最终达到总体的优化平衡。

第四节　预供地机制的建立

城市更新事关城市长远发展和百姓福祉,为全力以赴加快推进城市更新,不断满足人民群众对美好生活的向往,根据《关于加快推进我市旧区改造工作的若干意见》要求,按照《关于本市旧区改造地块土地管理和“历史毛地出让地块”处置的工作口径》,就旧改项目地块建立预供地机制。

一、工作目的和机制

针对城市更新工作中资金统筹平衡难点堵点,为有序有效发挥好土地资源效能,积极构建旧改项目地块预供地机制,提前明确旧改项目地块意向用地单位。

预供地机制主要通过由旧改地块所在区规划资源管理部门,按规定在相关房屋征收阶段,向经市政府认定的实施主体,提前出具地块供应意向书的方式进行,支持实施主体发挥好土地资源价值效能,加快推进旧区改造工作。

二、适用范围

1. 经市旧改办确认旧区改造房屋征收范围、纳入年度旧区改造计划的旧改项目;

2. 该旧改项目由经市政府认定的实施主体参与前期房屋征收;

3. 该旧改项目旧区改造房屋征收意愿征询(“一轮征询”)同意比例达到95%以上。

三、工作路径

1. 相关区旧改办向市旧改办提出出具项目地块供应意向书申请。申请包括以下内容:

(1)该地块的实施主体为经市政府认定的实施主体、经市政府认定的实施主

体与各区区属企业组建的项目公司,并经区政府批准;

(2)该地块旧区改造房屋征收意愿征询("一轮征询")同意比例达到95%以上;

(3)后续由区规划资源管理部门出具旧区改造项目地块意向用地单位意见。

2. 市旧改办收到区旧改办申请后,经上海市旧区改造工作小组办公室主任办公会议研究,集体决策后批复区旧改办,同时抄送项目所在区规划资源管理部门。

3. 区规划资源管理部门依据市旧改办批复意见,出具项目地块预供应意见书,并明确:待项目完成全部房屋征收,形成"净地"后,由区规划资源管理部门根据相关规定,对该项目地块以定向挂牌等方式实施出让,签订国有建设用地使用权出让合同。建设单位则严格按照批准的规划方案实施改造。

第五节　房屋征收补偿机制的建立与完善

为加快推进旧区改造,深化城市有机更新,合理控制征收成本,保障城市更新的可持续推进,上海进一步完善了房屋征收补偿机制。

一、进一步规范征收科目和标准

进一步规范全市旧区改造地块征收科目和标准,按照"全市均衡、总量可控、结构优化"的原则,归并和取消不合理、重叠的科目,市房屋征收主管部门在年初将制定当年征收补偿方案口径及科目清单,各区房屋征收部门应按照口径清单制定并完成年度征收补偿安置方案备案,保障旧改项目按时间节点启动。

二、建立健全"二次核价"和"成本认定"制度

对经认定的旧区改造地块采取市区共核、政企共核等办法,建立房屋征收"二次核价"和"成本认定"制度。在启动旧区改造二轮征询前,由旧区改造项目实施主体编制投资估算,进行"一次核价"。区房屋征收部门同步准备房屋征收补偿方案报备。

在房屋征收补偿方案报备前,由旧区改造项目实施主体在测算居民补偿证

均样本价的基础上，形成征收补偿成本的初步预算，并按照不同的旧区改造模式，经市土地储备中心或市城市更新中心、相关开发单位等认定后，报区房屋征收部门。区房屋征收部门向市房屋征收主管部门进行房屋征收补偿方案报备。完成备案后，旧区改造项目实施主体启动预算编制工作，并由市级土地储备成本认定工作小组或市城市更新中心、毛地地块实施主体进行“二次核价”。图2－1－2、图2－1－3、图2－1－4分别为地产集团参与旧改项目、市区联手土地储备项目和毛地地块三类的“二次核价”和“成本认定”流程图。

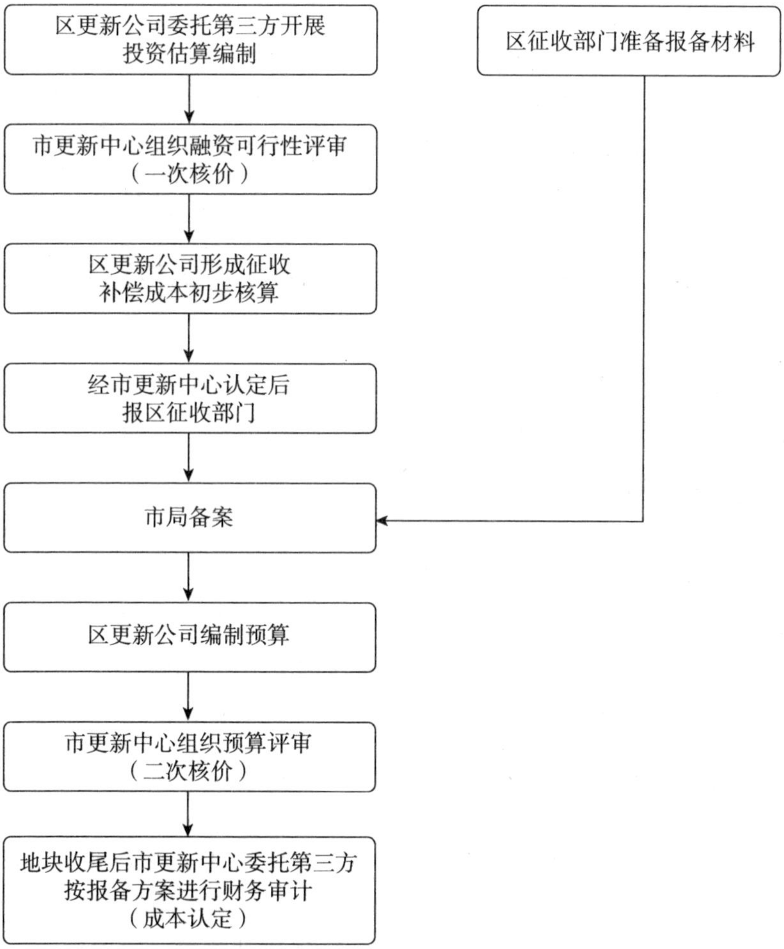

图2－1－2　地产集团参与旧改项目的“二次核价”和“成本认定”流程

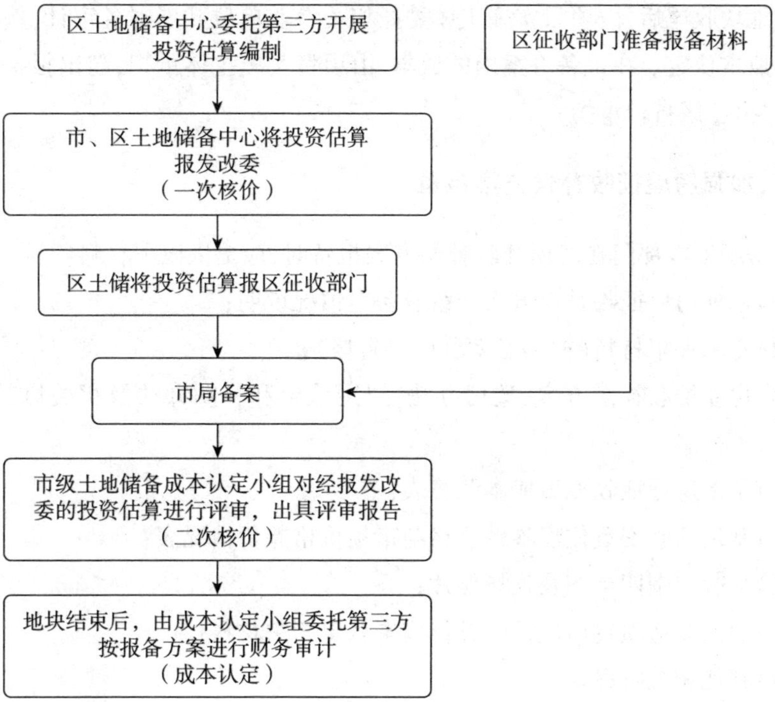

图 2-1-3　市区联手土地储备项目“二次核价”和“成本认定”流程

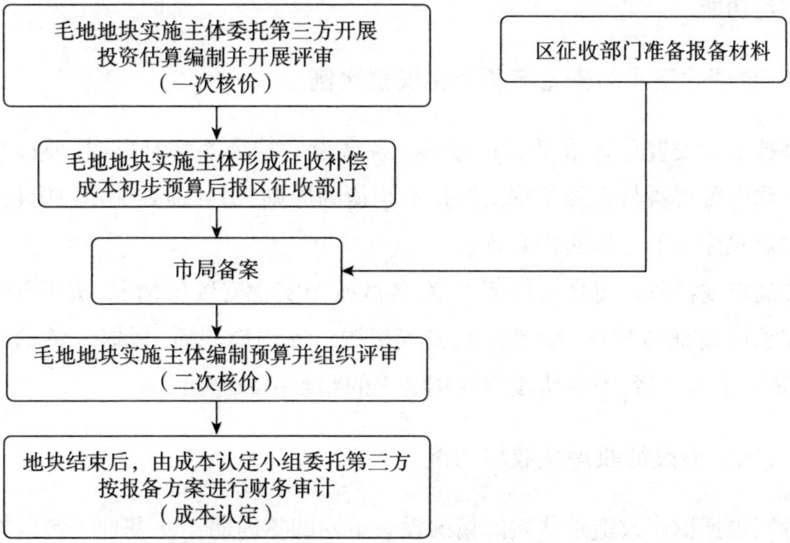

图 2-1-4　毛地地块“二次核价”和“成本认定”流程

在地块收尾后，由项目实施主体委托相关专业单位开展财务审计，按报备方案进行成本认定。在报备方案内的成本，由项目实施主体承担；超出报备方案外的成本，由各区自行承担。

三、加强房屋征收补偿方案报备

区房屋征收部门在房屋征收补偿方案报备时，应提供以下材料：

(1)基地房屋征收补偿方案介绍及备案情况说明；

(2)专家评审材料(简易备案程序可省略)；

(3)房屋征收补偿方案、选房办法、居困认定和补贴办法及相关口径(备案稿)；

(4)基地房屋征收方案成本测算表；

(5)基地征收安置住房签约价格与市场价格差价情况表；

(6)征收范围四至图及现场照片；

(7)旧区改造项目房屋征收补偿成本认定相关材料；

(8)其他相关材料。

经市房屋征收主管部门方案报备，并将征收补偿方案录入房屋征收信息系统的项目，方可征询居民意见、进行市属征收安置住房搭桥、开放房屋征收信息系统签约功能。

四、合理确定实物安置与货币化安置比例

坚持实物安置与货币化安置并举。各区设立均衡实物补贴时，要以居民选择货币化安置得益与选择实物安置得益均衡为原则，引导他处无房、居住困难的被征收对象原则上选择实物安置。

提高市属征收安置住房使用效率，各区按照实物安置等情况，按不低于被征收房屋总证数50%比例，配置征收安置房源。签约期满后，根据未签约居民数量，预留一定房源后，及时将没有使用需求的剩余房源撤回。

五、加大旧改征收地块收尾力度

各区根据旧区改造地块实际情况设置不同的签约期，“一基地一签约期”，尽量缩短签约期限，最短可以设置为“启动签约到达到生效比例之日”。

签约期满后，区房屋征收部门应采取行政措施和协商签约同步实施，并在签约期满3个月内实现征收补偿决定全覆盖。对符合条件的案件，各区应及时报请法院裁定，对预判可能需要实施强制搬迁的，在法院审理同时同步做好相关准备，法院准予执行后，尽快稳妥实施。

第六节　城市更新项目前期土地成本的认定

一、土地成本的构成

从狭义上来说，土地成本就是指在项目获取过程中所需支付的土地出让金额，通常是指公开招拍挂项目缴纳的土地出让金（含补缴）。而对于涉及调规、变更土地性质的项目，则需要根据一定的规则补缴土地出让金。此时核算的狭义上的土地成本不仅为原始的土地出让金，也应包含补缴的土地出让金。

从广义上来说，则包括土地出让金、契税印花税、市政配套费、拆迁补偿款。（以上项目在仅为税费核算时归入土地成本核算），具体可以包括如表2－1－1所示内容。

表2－1－1　土地成本

序号	科目	内容
1	土地出让金	指获取开发项目用地使用权发生的成本，根据获取方式不同土地的成本也有所不同
2	土地契税	是以所有权发生转移的不动产为征税对象，向产权承受人征收。征税范围包括国有土地使用权出让、土地使用权转让等。契税税率幅度为3%—5%
3	土地印花税	在各类交易中均会出现，在产权转移过程中，按照合同金额的0.05%计税
4	城市基础设施配套费及相应契税	是指城市总体规划要求，为筹集城市市政公用基础设施建设资金所收取的费用，即常说的市政配套费。原则上市政配套费也需要收取相应的契税，但各地执行情况存在不同
5	城镇土地使用税	以开征范围内的土地为征税对象，以实际占用的土地面积为计税依据。按年征收，各地收费标准和征收时间各不相同

续表

序号	科目	内容
6	拆迁补偿款	一级公司在土地整理过程中发生的成本，分为农村土地征收拆迁费和城镇土地拆迁费。主要包括：土地补偿费、青苗补偿费、地上附着物补偿费、安置补助费、临时搬迁安置费、拆迁服务费等。以出让方式取得城市土地使用权时，土地出让地价款由土地出让金、拆迁补偿费、城市基础设施建设费构成

二、前期土地成本认定办法的解读

为加快推进上海市旧区改造，做好市更新中心旧区改造项目前期土地成本认定工作，制定了《上海市城市更新中心旧区改造项目前期土地成本认定办法》（沪旧改发〔2020〕2号）（以下简称《认定办法》）。

（一）适用范围

《认定办法》适用市更新中心旧改项目，旧改项目前期土地成本，是指根据市旧改办安排，由市更新中心组织实施的旧区改造项目，自房屋征收至土地出让前所发生的前期土地开发费用。

（二）管理部门与监督部门

1. 管理部门

市旧改办是上海市旧改项目前期土地成本认定工作的管理部门。

2. 监督部门

由市旧改办、市住房城乡建设管理委、市规划资源局、市财政局、市发展改革委、市房屋管理局、市更新中心等根据各自职责，加强项目前期工作全过程管理，建立前期资金使用监督检查制度。

（三）房屋征收估算与预算

1. 房屋征收估算

由区旧改管理部门会同市更新中心根据旧改项目现状，编制房屋征收估算。

2. 项目投资估算

根据房屋征收估算，区更新公司编制项目投资估算报告，经市更新中心组织评审后，报区发展改革委备案。经备案的投资估算，原则上不得调整。确需调整的，以书面报告形式将调整理由、内容、金额等报市更新中心组织审核后，报区发展改革委备案。

3. 房屋征收预算

区更新公司会同区旧改管理部门根据房屋征收补偿方案和“两清”数据，组织编制房屋征收预算，经市更新中心评审后确认。经确认的房屋征收预算，原则上不得调整。确需调整的，以书面报告形式将需调整的理由、内容、金额等报市更新中心组织审核后执行。

（四）前期土地成本构成

1. 房屋征收补偿费用

主要是按照房屋征收补偿方案、补偿科目和标准，对居住房屋和非居住房屋进行补偿的费用。其中，居住房屋和个体工商户房屋征收补偿费用由相关区按预算执行，超出预算部分由区自行承担。

2. 房屋征收间接费用

主要是指在房屋征收过程中，服务于房屋征收工作所发生的费用。包括：

（1）房屋征收劳务费用，按照相关区政府制定的要求和标准按实结算。

（2）房屋征收管理费用，按不超过征收补偿费一定比例控制使用，包括市、区更新公司为组织推进旧改项目支付的管理费开支［参照《基本建设项目建设成本规定》（财建〔2016〕504 号）标准］。

（3）第三方服务费用，委托开展招标代理、财务监理、项目管理、信息管理、法务服务、征收补偿估算和预算编制、土地评估、测绘、审计、档案、咨询等费用。

3. 土地整理费用

主要是土地出让前开展土地平整的费用，包括：

（1）房屋拆除和清理费用，包括房屋拆除、房屋保护、垃圾清运等费用。

（2）设施和管线搬迁费用，包括设施迁移、管线搬迁、绿化搬迁、场地平整等费用。

（3）临时设施建设费用，包括临时道路、供水、供电、供气、排水、通讯、绿化、照明、围墙等建设费用。

（4）勘察检测费用，包括土壤检测、土壤修复、勘测定界、环评检测等费用。

4. 规划编制费用

主要指旧改项目及平衡地块项目，就建筑甄别、风貌评估、功能策划、建筑强排、专题论证、规划实施方案、控详规划调查等发生的费用。

5. 贷款利息及费用

根据项目投资估算和房屋征收预算,项目前期工作发生的贷款利息、贷款评估费、手续费等债务利息支出或融资费用。

6. 其他费用

包括文物保护单位、优秀历史建筑等特殊保护和日常维护等费用。

(五)前期成本审查和认定

1. 前期成本审查

由市旧改办会同市更新中心通过招标方式建立审价审计专业单位管理库。结合旧改项目实际情况,市更新中心通过比选方式,在管理库内选择审价审计单位,负责审查项目前期成本。

在项目土地出让前,区更新公司会同审价单位,编制项目前期成本审价报告,向市更新中心申请项目前期成本认定。审查内容包括:

(1)资金使用是否符合投资估算和房屋征收预算;

(2)投资估算和房屋征收预算调整手续是否齐全;

(3)财务凭证和有关资料是否真实、有效、完备。

2. 前期成本认定

由市更新中心组织市、区有关部门、专业机构和单位等组成认定小组,负责对审价单位出具的旧改项目前期土地成本报告进行认定,认定结果报市旧改办。市旧改办组织市住房城乡建设管理委、市规划资源局、市财政局、市发改革委、市房屋管理局联合会审,出具认定意见。

经审核认定的前期土地成本,在土地出让合同中以条款形式进行明确,可以在计算增值税时进行扣除。

第七节　城市更新项目中保障性住房与租赁住房的配建

为推进中心城区的城市更新工作,保持房地产市场平稳健康发展,对本市旧区改造、商品住房项目配建支持政策进行完善。

一、保障性住房配建支持政策

根据中心城区旧改地块特殊性，按照“尊重历史、区域平衡、兼顾特殊”的有关原则，可定向优化中心城区旧改地块配建保障房的政策。

（一）主体变更或容量调整“毛地”旧改地块

2010 年 7 月保障房配建政策《上海市经济适用住房配建暂行意见》（沪府〔2010〕46 号）执行之前，已经签订土地出让合同的“毛地出让”旧改地块，仅主体发生变更，但未增加住宅建筑面积的，可视为原出让合同的延续，可不予配建 5% 的保障房；增加住宅建筑面积的，无论主体是否发生变更，视其为原土地出让合同的部分变更，可仅就其住宅建筑面积增量部分实施配建，原签订的土地出让合同面积部分可不予配建 5% 的保障房。

（二）定向微调中心城区旧改地块配建保障房实施方式

中心城区旧改项目因资金平衡、房型和物业费等房源适配性问题，按地块逐一落实配建保障房任务确有困难的，在满足按照不少于 5% 配建的保障房住房总面积不减少、套数不减少原则和规划先落地的前提下，可以以区为单位，将同一行政区域内不同旧改项目应配建的保障房集中布置安排在部分旧改地块内、集中平移安排在其他新出让商品住房地块内，或者单独集中选址建设。区政府应承诺在第一个应当配建的旧改商品住房地块土地出让后一年内办理集中、平移或单独选址建设配建地块的出让等事宜。区政府承诺列入市政府对该区政府年度考核范围，接受审计部门监督。

在具体操作程序上，由区政府组织市、区相关部门研究，形成集中配置保障房方案，经区政府常务会议讨论后，由市旧改办牵头，报市住房城乡建设管理委、市房管局复核。市住房城乡建设管理委、市房管局牵头市发改委、市规划资源局、市财政局等部门研究，提出意见后报请市政府审核批准。市政府批复同意后，规划资源部门方可进行土地出让工作。

二、租赁住房配建支持政策

结合各区租赁住房目标任务完成情况，按照“确保总量、区域统筹、规划落地”有关原则，阶段性定向优化中心城区旧改地块配建租赁住房政策实施方式。

（一）主体变更或容量调整“毛地”旧改地块

2016 年 2 月租赁房配建政策《关于进一步优化本市土地和住房供应结构实施意见的通知》（沪府办〔2016〕10 号）执行之前，已经签订土地出让合同的，仅主体发生变更，但未增加住宅建筑面积的“毛地出让”旧改地块，可视为原出让合同的延续，可不予配建 15% 租赁住房；对增加住宅建筑面积的“毛地出让”旧改地块，无论主体是否发生变更，视其为原土地出让合同的部分变更，可仅就其住宅建筑面积增量部分实施配建，原签订的土地出让合同面积部分可不配建 15% 租赁住房。

（二）结合“十三五”租赁住房目标任务完成情况定向微调

已完成“十三五”租赁住房目标任务的区，经市住房租赁工作推进小组办公室审核确认，2020 年内出让的旧改项目可不配建 15% 租赁住房；未完成“十三五”租赁住房目标任务的区，可通过集中新建租赁住房、提高其他新增商品住房配建比例，或通过非居存量房屋改建和转化租赁住房等渠道，等量替代 2020 年内出让的旧改地块中商品住房项目应配建的 15% 租赁住房总量。

根据市政府有关工作要求，在具体操作程序上，由区政府组织区相关部门研究，形成统筹方案，经市住建委、市房管局会同市规划资源局审定后，由市、区规划资源部门根据审定意见进行土地出让工作。

第二章　城市更新历史风貌保护

第一节　上海历史风貌保护制度的建立与完善

历史风貌是城市的灵魂，它展现了城市的魅力，是城市历史记忆和文化的积淀，更是城市不同发展阶段的缩影和标志。

近年来，历史风貌保护已经成为城市工作的新重点，国家和上海市主要领导都多次提出要加强对城市历史风貌的保护力度。早在2014年，习近平总书记在北京考察时提出，“历史文化是城市的灵魂，要像爱惜自己的生命一样保护好城市历史文化遗产”。2018年10月，习近平总书记在广东调研旧城改造、历史建筑修缮保护情况时提出，“城市规划和建设要高度重视历史文化保护，不急功近利，不大拆大建。要突出地方特色，注重人居环境改善，更多采用微改造这种‘绣花’功夫，注重文明传承、文化延续，让城市留下记忆，让人们记住乡愁”。2020年5月，习近平总书记在山西考察时再次强调，“历史文化遗产是不可再生、不可替代的宝贵资源，要始终把保护放在第一位”。2017年11月，上海市主要领导在徐汇区调研时提出，“历史风貌是一座城市活着的历史，是非常宝贵的财富，要保护好历史文化遗产，讲好城市故事，留住城市记忆”。

1986年，上海被列为第二批国家历史文化名城。上海以古今中外文化交融的兼容性为特征，是近代远东国际大都市、传统江南水乡地区以及新中国形成与发展的代表性阵地，有着丰富的历史文化资源。历史文化资源作为城市发展重要的、不可再生的战略资源，对提升城市文化软实力有着重要的作用和意义。

上海也在国内率先进行地方保护立法，不断拓展及增加保护要素，逐步建立了“城—镇—村”“点—线—面”相结合的保护对象体系和保护管理体系。同时，上海还有约五批共十大类非物质文化遗产，其中，国家级非物质文化遗产代表性项目有55个,上海市非物质文化遗产代表性项目有220个,形成了类型要素覆盖完善、严格的保护体系。上海市历史风貌“点—线—面”管理体系见图2-2-1。

国家历史文化名城 1986年	国家历史文化名镇 11个	国家历史文化名村 2个
点	线	面
优秀历史建筑 1058处 保留历史建筑 一般历史建筑	风貌保护道路(街巷)397条 风貌保护河道 84条	国家历史文化街区 1片 历史文化风貌区 44片 41平方千米 风貌保护街坊 250处 17平方千米

图2-2-1 上海历史风貌“点—线—面”保护管理体系

一、上海历史风貌保护的法律制度架构

在国家立法层面,相继出台和修订了《历史文化名城名镇名村保护条例》《文物保护法》《城乡规划法》等,对我国历史文化保护管理提供了重要的法律依据,明确了保护规划的编制要求、内容和法律责任,提出了整体性保护的要求和原则,强调了科学规划和严格保护。

经过三十余年的发展完善,上海历史风貌保护的地方立法形成了三个层级的规范:

第一层级——地方性行政法规:(1)《上海市城乡规划条例》;(2)《上海市历史风貌区和优秀历史建筑保护条例》;(3)《上海市文物保护条例》;(4)《上海市地下空间规划建设条例》

第二层级——技术标准:(1)《房屋质量检测规程》;(2)《上海市建筑查勘设计及效果评价技术规程》;(3)《优秀历史建筑修缮技术规程》

第三层级——政府规范性文件:(1)《关于本市风貌保护道路(街巷)规划管理的若干意见》;(2)《关于本市历史文化风貌区内街区和建筑保护整治的试行意见》;(3)上海市人民政府《关于进一步加强本市历史文化风貌区和优秀历史建筑保护的通知》;(4)《关于对优秀历史建筑实施市区分级管理的通知》;(5)《关于深化城市有机更新促进历史风貌保护工作的若干意见》;(6)《关于落实〈关于深

化城市有机更新促进历史风貌保护工作的若干意见〉的规划土地管理实施细则》;(7)《关于坚持留改拆并举深化城市有机更新进一步改善市民群众居住条件的若干意见》

二、《上海市历史风貌区和优秀历史建筑保护条例》解读

(一)立法及修订的背景

1991 年,上海市政府颁布我国第一部有关近代建筑保护的政府规章《上海市优秀近代建筑保护管理办法》,确定了"优秀近代建筑"的定义(本市 1840—1949 年建造的,具有历史、艺术和科学价值的建筑或建筑群),规范和指导上海近代建筑的保护工作。

外滩历史文化风貌区范围内的全国重点文物保护单位多为当时的优秀近代建筑,同时也是本市第一批优秀历史建筑。

2003 年,上海市人大颁布《上海市历史文化风貌区和优秀历史建筑保护条例》[①](以下简称《保护条例》),《保护条例》在历史文化保护的地方立法中具有开创性和引导性。率先提出了体现地方特色的"历史文化风貌区"和"优秀历史建筑"的概念,将保护范围由单个历史建筑或历史建筑群扩展至成片的历史文化风貌区。此外,对"优秀近代建筑"的定义扩充为"优秀历史建筑",保护建筑的年限规定由原定的 1949 年以前,扩展至建成使用 30 年以上。同时,对保护管理的内容和方法作出了更明确和细致的规定,为优秀历史建筑相关的建设活动管理提供了法律依据。

《保护条例》分别于 2010 年 9 月、2011 年 12 月针对管理部门名称、行政强制执行内容作了两次修正。《保护条例》颁布实施后,市政府、行业主管部门根据保护实践需要,陆续发布了加强历史文化风貌区建筑修建规划管理、进一步加强历史文化风貌区和优秀历史建筑保护、实施优秀历史建筑分级管理以及历史风貌成片保护分级分类管理等一系列配套文件,并编制完成了历史文化风貌区保护规划、优秀历史建筑保护技术规定及修缮技术规程等。《保护条例》及文件、规范的颁布实施,为上海市历史文化风貌区和优秀历史建筑保护机制的建立健全提

① 2019 年 9 月 26 日上海市第十五届人民代表大会常务委员会第十四次会议已将该条例更名为《上海市历史风貌区和优秀历史建筑保护条例》。

供了有力的法制保障，为有关职能部门依法行政提供了管理依据，营造了良好的保护环境，加强了城市建设过程中历史文化遗产的保护，整个历史风貌保护工作取得了较大成效。

为贯彻习近平总书记关于保护城市历史文化遗产的指示，落实中央城市工作会议的精神，着眼建设卓越全球城市的目标，针对现阶段上海城市发展新特征，原有的《保护条例》已难以满足保护新形势和发展的需要，2017 年市委、市政府决定将旧改工作思路从"拆改留，以拆除为主"转变为"留改拆并举，以保留保护为主"。历史风貌保护、城市文脉传承的重要性更加凸显，也需要在保护中更加注重城市功能完善与品质提升。

2019 年 9 月 26 日上海市第十五届人民代表大会常务委员会第十四次会议通过《关于修改〈上海市历史文化风貌区和优秀历史建筑保护条例〉的决定》，对《保护条例》进行了第三次修正，并调整法规名称为《上海市历史风貌区和优秀历史建筑保护条例》，于 2020 年 1 月 1 日正式实施。

（二）重点条款解读

《保护条例》共 6 章 51 条，分为总则、保护对象的确定、历史风貌区的保护、优秀历史建筑的保护、法律责任和附则。

1. 调整法规名称、优化法规结构①

此次将法规名称修改为《上海市历史风貌区和优秀历史建筑保护条例》，体现了立法者三个方面考虑：一是随着整体保护工作的推进，保护对象需作进一步扩展，原条例名称已难以全面覆盖；二是优秀历史建筑是上海历史风貌保护的价值精华和核心要素，也是上海特色，保护好单体建筑，上海文脉才能延续，历史风貌才能保持，所以名称中有必要保留突出优秀历史建筑；三是名称修改后可直观地展现上海历史风貌保护工作从保护单体历史建筑开始，不断深入拓展到历史风貌整体保护的历史过程。

此外，在法规结构上，增加保障与监督章节，专章规范政府提供保障和强化监督管理的相关内容，并将原"历史文化风貌区的保护"章节的名称修改为"历史风貌区的保护"。

---

① 上海市人大公报第 301 号（上海市人民代表大会常务委员会公报 2019 年第六号）《关于〈上海市优秀历史建筑和历史风貌保护条例（草案）〉的说明》。

2. 树立整体保护和活化利用的理念

对标国际文化遗产保护先进理念，按照“留改拆”总体工作要求，《保护条例》在保护理念上，作了两大方面的提升：

一方面，树立整体保护理念，结合上海市探索实践，通过扩展保护对象，在法规层面确立“点—线—面”结合的保护对象体系进行整体保护。“面”上，在历史文化风貌区基础上增加了风貌保护街坊；“线”上，增加了风貌保护道路和风貌保护河道；“点”上，对具有上海特色的优秀历史建筑的保护制度进行了完善，增加了需要保留的历史建筑。

另一方面，突出“活化利用”，在总则中对其作专门表述，明确市、区两级政府通过政策引导，鼓励在符合保护要求的基础上，以功能调整、设施优化、环境提升等方式，发挥优秀历史建筑等在社区服务、文化展示、商业服务等方面的功能作用，同时通过区政府结合改善群众居住条件，提升公共服务功能等要求，制定具体活化利用计划、组织实施，予以推进落实。具体措施上，通过房屋使用性质和内部使用功能改变调整和恢复、历史文化风貌区核心保护范围内允许建造基础设施和公共服务设施等新建扩建活动，来完善建筑和区域功能，从而符合现代城市居住、生活及商业服务的需求。

3. 完善保护管理机制

历史风貌保护是一项综合性工作，除了规划国土资源、房屋管理部门外，还涉及绿化、水务、消防、民防、交通等多个管理部门。为加强统筹协调，市政府于2004年建立市历史文化风貌区和优秀历史建筑保护委员会（以下简称保护委员会），将其作为市政府领导下统一领导和统筹协调本市历史文化风貌区和优秀历史建筑保护工作的议事协调机构。《保护条例》为进一步强化统筹协调机制，保障有效、及时推进保护工作，新增条款将保护委员会统筹协调机制在法规层面予以固化和完善，明确市、区政府设立保护委员会，负责协调解决保护工作中的重大问题。同时，结合房屋管理部门优秀历史建筑审批事权下放试点情况，将优秀历史建筑管理事权下沉至区级房屋管理部门。

此外，《保护条例》还规定了保护对象定期普查，征收房屋前保护对象核对，责令停工的先予保护，信息化和网格化管理，依法适用征收、监督考核等制度和措施。

4. 加强保护规划对历史风貌的管控

保护规划是以保护历史风貌，协调历史风貌保护与建设发展，明确保护原则、内容和重点，提出保护要求和措施为主要内容的专项规划。对照2008年《城乡规划法》确定的规划体系，《保护条例》进一步明确了历史风貌保护规划的地位和主要内容，规定历史风貌保护区和风貌保护街坊的保护规划，可以作为该地区的控制性详细规划，并要求单独编制的风貌保护道路和风貌保护河道保护规划的控制要求，纳入所在地区控制性详细规划。同时，为使保护规划能够作为规划许可的依据，《保护条例》还规定保护规划内容除包括保护要求外，还应当包括控制性详细规划编制规范要求的其他内容，达到控制性详细规划的深度，以起到管控的作用。

此外，为加强对历史风貌的整体保护，《保护条例》在规划管控方面还提出可以在保护规划或者控制性详细规划中确定需要保留的历史建筑，这些建筑可能单体价值并不突出，但对地区历史文脉传承和空间肌理、风貌保持都有着重要的作用和意义，故明确不得擅自迁移、拆除。

5. 强化突出所有人和使用人的保护责任

针对优秀历史建筑所有人和使用人不依法履行保护义务，甚至有破坏行为发生的情况，《保护条例》首先在总则中突出所有人和使用人的主体保护责任，明确其应当按照规定使用、维护和修缮，承担保护责任。其次通过以下具体措施予以强化，主要包括：其一，引入书面承诺和注记要求，明确受让人、承租人应当书面承诺，作为合同附件，并在不动产权属证书和公房租赁凭证上注记保护要求。其二，补充所有人未履行建筑修缮义务经认定后可记载于不动产登记簿的规定，并明确公房承租人不配合修缮且情节严重的，可以解除租赁关系。其三，增加政府代为抢救修缮规定，明确所有人逾期修缮发生毁损建筑的危险，由政府代为抢救修缮，费用由所有人承担。其四，强化信用管理，明确将有关违法行为的失信信息，纳入信用信息服务平台，以发挥失信惩戒作用，倒逼其履行保护义务。

6. 完善技术规范、增加支持政策

现有规划管理技术规范和绿化、节能、抗震、消防等行业标准，难以适用于老建筑的保护更新项目，问题较为突出。鉴于此，《保护条例》作了特别规定，提出无法满足规划技术标准以及绿化、节能等行业标准时的解决路径：当建筑间距等确实无法达到现行规定标准的，可以经专家论证后，由市规划国土资源部门确定具体规划指标；无法达到绿化、节能、抗震、消防等其他相关行业标准的，应当在不低于现状的前提下，经专家论证后，由相关部门和市规划国土资源部门协商制定保护方案。

此外，在土地、不动产登记、规划方面，提出具体支持措施：一是可根据规定以带方案招拍挂、存量补缴土地出让金等方式供应土地；二是土地供应中带有因保护需要不作拆除的历史建筑的，该建筑可以办理首次登记；三是因保护需要，容积率受限的，可以按照城乡规划实行异地补偿。

7. 加大惩处力度、优化罚款设置

为进一步加大惩罚力度、震慑违法行为，《保护条例》从处罚事项、处罚对象、处罚幅度等方面进行完善：一是新增处罚事项，针对破坏优秀历史建筑、擅自修缮优秀历史建筑、擅自迁移拆除需要保留的历史建筑等行为，增设了处罚条款；二是新增处罚对象，对施工单位未按照批准的设计、施工方案实施修缮的，设定了罚则。同时，还进一步强化对擅自拆除优秀历史建筑行为的规制，明确规划国土资源部门对后续建设活动的规划许可要严格控制和审查。

此外，结合处罚的可实施性，进一步优化了罚款设置方式，对于擅自拆除、迁移、破坏优秀历史建筑和需要保留的历史建筑本体的行为，以该建筑重置价为计算基数进行倍数罚款；对于其他影响、危害优秀历史建筑及其他保护对象的行为，则采取固定数额罚款方式。

2020 年正式实施的《上海市历史风貌区和优秀历史建筑保护条例》作为上海历史风貌保护工作重要的旗帜和纲领性文件，它重点传导了新的保护理念、拓展了保护对象体系、促进活化利用、明确了各方职责和要求，不仅是对过去保护工作中的成绩的总结梳理，更是明确了未来保护工作的方向和目标。

第二节　城市更新项目中历史风貌保护的上海经验

《上海市城市总体规划（2016—2040）》①（以下简称“上海 2040”）明确提出

① 中国共产党上海市第十届委员会第十三次全体会议《上海市城市总体规划（2016—2040）（送审稿）》，2016 年 10 月 20 日。

“加强历史风貌保护，更加重视对城市遗产的整体性保护，完整展现不同历史时期发展形成的城市空间脉络，塑造国际大都市与江南水乡交相辉映的风貌特色”。这标志着以卓越全球城市为发展目标的上海，亟须探索城市遗产整体性保护的顶层设计，通过深入挖掘城市文化和遗产内涵，完善城市遗产保护对象的体系，探索多样保护利用措施和技术手段，从而提升上海全球城市的文化竞争软实力，更是标志着为落实党的十八大报告中“以人为本”的发展要求和全面综合可持续的发展理念，上海已经进入存量内发展的城市更新阶段。

一、上海城市更新的新要求

上海作为国家第二批历史文化名城，其由规划、房管和文物“三架马车”管理部门引领、“点—线—面”全要素覆盖的“最严格的历史保护体系”，一直以来实现了对城市历史风貌的严格保护。但是随着保护实践经验的逐步推进，新形势对上海历史保护工作提出了新的要求。

1. 国际文化大都市的新目标

上海已经明确提出，通过全力打响“上海文化”品牌，加快建成国际文化大都市的目标。文化是上海提升城市竞争力，增加竞争力、影响力和软实力，实现“上海 2040”提出的“卓越的全球城市”和“创新之城、人文之城、生态之城”目标的核心要素。和其他全球城市相比，上海在历史文化遗产的规模、能级和影响力上都可以进一步提升，加强历史遗产保护已经成为上海未来建设国际文化大都市的主战场之一。

2. “拆、改、留”到“留、改、拆”带来的新挑战

为进一步加强保护，上海于 2016 年启动了外环线内 50 年以上历史建筑全面普查工作，摸清历史文化家底，开展抢救性保护。根据调研成果，上海市政府明确提出调整城市更新建设导向，从过去的“拆、改、留”转变为“留、改、拆”，从过去的“大拆大建”转为“以保护保留为主，以保护为原则，拆除为例外”的积极探索历史文化资源的活化利用，“要在深度挖掘城市独特生态魅力上下功夫，讲好历史建筑和风貌街区的故事，让老建筑真正活起来”。更新理念的变化对上海历史风貌保护从法规规章、管理要求和配套政策等方面都提出了新的挑战。

3. 历史风貌保护和民生发展诉求关系协调的新难点

历史风貌保护和地区发展一直被视为一对矛盾体的存在。在城市开发建设

中往往会忽视或忽略对历史文化资源的保护和活化利用。2017年上海公布了的第二批风貌保护街坊，当时目的在于对石库门里弄建筑的抢救性保护，但在保护的同时如何兼顾民生的诉求成为上海城市更新的重要问题。如何正确看待保护和发展的关系，协调完善历史风貌保护要求和地区旧改发展、满足居民对于生活品质提升的诉求的关系，是现在上海新形势下历史风貌保护需要直面的难点问题。

4. 挖掘历史文化遗产的新亮点

上海历史风貌保护需要研究如何挖掘历史文化遗产价值，在城市更新中真正实现对历史风貌的场所温度和记忆的保护。在城市建设中如何传承空间肌理特色，在满足地区发展、民生诉求和现代功能植入等要求下，对原有肌理格局、空间尺度进行演绎创新是实现“格局保护”的重要突破口。

二、历史风貌保护的上海经验

为了应对新形势带来的新要求，抓住新挑战带来的新机遇，上海近年来开展了一系列基于“保护风貌、价值彰显、文化传承、全面管理”的保护更新实践，形成了“历史风貌统领、上构顶层设计、下接实施方案、措施灵活多样”①的四大经验。

1. 历史风貌统领

上海在历史风貌保护工作中创新地提出以“历史风貌”为核心理念，强调“知行合一”。“知”是通过国际案例研究、历史价值分析等措施，实现对上海历史风貌更好的认知。“行”强调更有效的管理和行动，关注“怎么保、怎么用、怎么建、怎么管”。

在研究中明确了历史风貌在空间上全面落实成片与整体保护的理念。历史风貌是指上海在城市发展过程中形成的具有一定历史特征与地域特色的空间区域。强调了保护对象拓展，这不仅是保护对象在名称和数量上的变化，更包括理念上的创新和拓展：从精英到普适，在保护对象的价值区段上，从过去关注外滩建筑群等精英性建筑拓展到对具有普适价值和体现城市基底特色建筑类型的保护，包括工业遗产、石库门里弄、近现代建筑和当代建筑等类型。从单体到格局，从过去注重对建筑、建筑群的保护拓展到地区空间格局、城市肌理的整体保护，

---

① 陈鹏：《城市更新视角下超大城市的历史文化保护策略分析——以上海近期的探索实践为例》，2019年中国建筑学会建筑史学分会年会暨学术研讨会论文集（下）。

注重场所特色、集体记忆和城市温度的维护。

2. 上构顶层设计

顶层设计是一个城市对历史风貌保护的核心控制管理要求,明确了保护的导向、方向、目标和行动纲领以及配套支撑政策。现在上海已经形成了以立法和名城规划为核心,各类技术规程、保护规划、政府规章文件协同的顶层设计模式,明确了保护导向、对象体系、保护规划的管理要求,落实了"严格保护、积极保护、成片保护"的理念。

上海自上而下,依托多元参与的顶层平台,加强沟通协作,创新政策供给。风貌保护更新牵涉管理部门众多,不仅包括文物、房屋、规划各部门,落实整体保护和积极保护还需要与财政、发改、绿化、消防、建管、商务等多方面进行沟通与协作。上海结合不断修订完善的《保护条例》,进一步明确了历史风貌区和优秀历史建筑保护委员会以及专家委员会的工作机制,有利于协同更多部门共同参与,建立顶层的议事和专业咨询机构。同时,也有利于通过加强部门间的合作,自上而下地出台更具有针对性的政策,为未来各类配套政策和管理机制预留了空间和接口,形成政策法规合力,可以指导和支撑本市历史风貌保护工作的有序开展。

以名城保护规划确定保护对象框架和整体保护管理的要求,不仅提出了传统保护规划中的体系和管理要求,更从上海中心城历史性城镇景观整体管理的理念提出历史城区的范围,并明确需要重点管理的空间景观构建、重要视点和景观界面。积极探索从区域整体的角度实现跨区域的历史文化遗产保护和利用管理,充分利用江南水乡申报世界文化遗产的机遇,探索基于文化线路的协同管理。最后将保护要求与中近期规划相结合,制定行动计划,通过具体项目予以落实。

3. 下接实施方案

在国土空间规划视角下,规划需要更关注体系构建和多层级的协同合作,关注从顶层设计到实施落实的闭环管理,这对于历史保护提出了更高的要求。一方面,国土空间规划建构"顶层设计、多方协同"的规划体系,在总体规划的基础上,通过专项规划进行指导和约束,并通过详细规划进行分解,进一步通过行动计划进行落实。这就要求历史风貌保护进行全方面的对接,保护理念要契合宏观发展规划和远景目标,保护方法要能精准地落到实处。另一方面,基于顶层设计和全局思考的国土空间规划，通过分类分级，绘制出一幅远景蓝图，这张蓝图要求我们对规划要素，既要包得全，又要用得准，还要想得远。要从空间和时间维度考虑，因地制宜地明确保护要素，制定保护方法。

依据现在保护更新实践中暴露出实施性的问题，上海提出在原有保护规划体系中增加保护实施方案的层级，落实“留、改、拆”的要求，方案内容包括功能定位、业态要求、留改拆方案、新旧肌理的传承演绎、公共服务设施、空间环境品质、视线景观分析、交通组织、地下空间、市政交通设施以及项目实施落实主体、时间进度和实施机制等内容。通过合理的控制手段和措施，深化细化保护更新的要求。

为推进实施方案落实，上海还在立法中提出了“需要保留的历史建筑”的理念，明确尚未公布为优秀历史建筑，具有一定建成历史，能够反映历史风貌和地方特色，对整体历史风貌特征形成具有价值和意义的建筑，可以通过经批准的保护规划或者控制性详细规划确定为需要保留的历史建筑。前期强调这些建筑的严格保护，后期可以依据保护实施方案，结合保护价值的评估和城市设计整体研究，针对地区功能复兴、民生改善提出历史建筑具体的“留、改、拆”更新措施。“需要保留的历史建筑”是探索历史建筑活化利用的重要方式和路径，应避免“一刀切”的处理，该类型建筑包括大量对城市空间肌理传承有突出意义和作用，但是单体价值相对一般的建筑群体，涵盖了现在旧改矛盾突出的里弄石库门等类型。在具体管理上强调对保护做底线的管控，即经法定程序可以对该类型建筑进行拆除、复建或迁移，强调以多样的利用形式促进成片保护和积极保护，有效地服务于地区的功能完善和环境品质提升。

实施更新的问题不仅是源于保护规划，更是涉及后期实施、运营、监管等项目的全生命周期和各环节，在“整体保护、积极保护”的理念引导下，拓展保护规划的视野，在水平方向上，加强与各专项规划的衔接；在垂直方向上，采用更为弹性、精准的控制要求，加强规划与实施的衔接，有效地促进更新项目的推进和实施。

4. 措施灵活多样

在历史风貌保护中强调从重点关注各类要素的历史、文化、艺术、科学价值，拓展到对城市遗产经济、社会、教育价值全面的展示利用，充分展示上海城市遗产的各类价值，推动城市整体空间环境和生活场所品质的综合提升。上海在各级规划中提出,应以"特殊政策区"的视角来看待历史地区,强调历史风貌保护应积极适应现代生活和地区功能发展,开展整个地区的功能策划研究,统筹地区业态类型、功能配比和空间布局,实施计划,促进城市遗产的更新利用。对石库门里弄、工人新村等居住类历史建筑应通过多样化改善居住环境,依据现代生活需求,采用积极的改造利用方式,加强地下空间的综合利用。在历史地区可以制定差异化、特色化、具有针对性的社区服务设施、基础教育设施和开放空间的指标和管控要求,加强公益性设施和开放空间的实施性。对相关城市更新项目应给予土地出让方式、规划指标等要素的奖励,包括带方案出让、捆绑出让等鼓励和特色形式。

探索对街坊、地块内肌理的"小格局"的保护,通过对各类特征要素的提取,探索手法创新,加强肌理传承演绎,促进新旧风貌的协调。在满足保护要求的基础上,结合地区功能复兴、民生改善等需求,对保留历史建筑采用更为灵活多样的"留、改、拆"措施,促进肌理保护和活化利用。

三、促进历史风貌保护的具体措施

(一)确定适用范围

将《历史文化名城名镇名村保护条例》《上海市历史风貌区和优秀历史建筑保护条例》《上海市文物保护条例》等确定的历史文化风貌区、风貌保护街坊、风貌保护道路(街巷)、保护建筑(包括不可移动文物和优秀历史建筑)以及经法定程序认定的其他保护保留对象纳入保护适用范围。

(二)落实工作机制

1. 完善上海市历史风貌保护工作机制

工作机制由市领导及市相关部门负责人组成,统一领导和统筹协调本市历史文化名城名镇名村及历史文化风貌区、风貌保护街坊、风貌保护道路(街巷)、保护建筑以及经法定程序认定的其他保护保留对象的保护工作。日常工作由市规划国土资源部门承担。

2. 明确市、区各级部门分工

市规划国土资源部门负责协调全市历史风貌保护规划和土地管理工作,会同相关部门指导历史风貌保护项目的实施。

市住房城乡建设管理委负责全市各类保护保留历史建筑的保护修缮及征

收、置换等相关工作,协调各区按照历史风貌保护要求,推进各类保护保留历史建筑的分类实施工作。

市文物部门负责全市不可移动文物的管理工作。

市财政局会同相关部门制定本市历史风貌保护及城市更新专项资金管理办法,统筹安排相应资金,指导区财政贯彻落实相关政策。

市相关部门依法履行相应的指导、管理和监督职责,制定专业标准和配套政策。

区政府是推进本行政区域内历史风貌保护工作的实施主体,应当对历史风貌保护相关实施项目开展风貌评估并制定年度实施计划,提出并落实历史风貌保护范围内居住困难的居民生活条件的改善措施。区政府应当指定相应部门作为专门的推进机构,具体负责组织、落实、督促和管理历史风貌保护工作。

(三)建立管理制度

对本市历史风貌保护实施项目,实行风貌评估、实施计划和实施监管相结合的管理制度。

1. 风貌评估

风貌评估应当对历史风貌保护实施项目明确保护保留对象、保护更新模式、适用政策的范围和要求。区政府应当将风貌评估报送至市规划国土资源部门认定。

2. 实施计划

实施计划应当对历史风貌保护相关实施项目的建设内容和时间节点做出具体安排。区政府应当将年度实施计划报送至市规划国土资源部门认定。

3. 实施监管

实施监管包括土地全生命周期管理及评估考核。市规划国土资源部门应当组织市相关部门,对各区政府申报的风貌评估和年度实施计划进行项目认定,经综合平衡,形成本市风貌保护项目年度实施计划,并通过土地全生命周期管理和评估考核,对经认定的历史风貌保护实施项目的推进情况和配套政策的落实情况实施监管。

(四)完善支持政策

1. 设立历史风貌保护及城市更新专项资金

市、区两级政府统筹土地出让收入、公有住房出售净归集资金及其增值收益、直管公房征收(拆迁)补偿款和财政预算安排资金,分别设立市、区历史风貌保护及城市更新专项资金。市级专项资金主要用于支持经认定的历史风貌保护相关支出及重点旧改地块改造、配套基础设施建设完善以及旧住房和保护建筑修缮改造补助等。

2. 加快出台规划和土地支持政策

研究建立历史风貌保护开发权转移机制。允许历史风貌保护相关用地因功能优化再次利用,进行用地性质和功能调整。为鼓励更多的保护保留历史建筑,除原法定保护保留对象外,经认定为确需保护保留的新增历史建筑,可以给予开发建筑面积的奖励。

经认定的历史风貌保护实施项目,所用土地可以按照保护更新模式,采取带方案招拍挂、定向挂牌、存量补地价等差别化土地供应方式,带保护保留建筑出让。

3. 进一步完善保护修缮和安置支持政策

进一步加大保护保留历史建筑修缮力度,提高修缮标准,积极推进厨卫设施成套使用,不断改善居住环境,以保护修缮改造为主的项目纳入旧改任务和计划。在居民安置等方面给予支持政策,研究并采取“协议置换”“居民抽稀”“征而不拆”等多种方式实施。

4. 逐步健全其他支持政策

市发展改革、绿化市容、消防、抗震、水务等相关部门根据各自职责分工,从积极推进历史风貌保护工作的角度出发,分别研究制定配套支持政策和技术标准。

(五)明确更新模式

各区政府在风貌评估阶段,可以按照本市相关管理规定,根据“历史毛地出让”“旧区改造”等不同情形,合理确定保护更新模式,鼓励多方共同参与历史风貌保护项目的实施。

(六)强化评估考核

1. 实行土地全生命周期管理

市规划国土资源部门会同市住房城乡建设管理委、市发展改革委、市财政局、市文物局等相关部门,将保护保留对象、保护更新方式、日常保护修缮维护、物业持有、持有年限、项目的开发时序和进度安排等要求,一并纳入土地出让合同、划拨决定书等,实行历史风貌保护实施项目的土地全生命周期管理。

2. 强化评估考核

市规划资源局根据年度实施计划,对经认定的历史风貌保护实施项目进行监管,对相关规划调整、土地房屋征收、置换、土地供应、保护修缮等工作要求的落实情况,相关配套政策实施和资金使用情况等,进行评估考核。评估考核结果作为后续项目申请认定的有关依据。

四、保护项目的积极实践

《保护条例》的颁布及配套法规、措施的落实,建立了严格的保护管理制度,也推进了一批保护修缮和更新利用项目的开展,上海通过落地实践,积累了宝贵的经验。

1. 思南公馆——新兴的时尚文化场所

思南公馆位于衡复历史文化风貌区,原名义品村,1920 年由法比合资义品放款银行投资建造。项目总用地面积约为 5. 05 公顷,项目共保留历史建筑 49 栋。其中,47 街坊保留并部分新建,48 街坊规划完整保留。

修缮改造工程历时 10 年,在修缮过程中根据建筑物的价值、结构、质量和现状制定分级保护政策,最大限度恢复历史建筑原貌。功能由过去的住宅置换为宾馆、餐饮和文化休闲等。

图 2 - 2 - 2　思南公馆历史建筑

2. 上生 · 新所——功能复合的"城市客厅"

上生 · 新所项目由孙科别墅、哥伦比亚乡村俱乐部、海军俱乐部 3 处历史建筑、11 栋工业改造建筑和 3 栋当代建筑共同组成。

2016 年 6 月 15 日,万科与上海生物制品研究所签约,长期租赁,将其打造成集文化创意、餐饮娱乐、办公为一体的生活空间。整体开发模式采用政企合作模式,政府优先保障公共利益,央企、民企利益共享。从上海生物制品研究所封闭的科研工业园区转型为开放的商业、文化、办公功能复合的“城市客厅”,为城市带来了活力。

图 2-2-3 上生·新所建筑

3. 外滩源——外滩公共活动新地标

外滩源位于外滩历史文化风貌区,规划总用地面积约 16.1 公顷,功能包括商业金融、文化娱乐、酒店式公寓、办公及公共广场等。其中一期工程占地总面积 9.7 公顷,包括外滩源 33 号、益丰·外滩源、洛克·外滩源、半岛酒店和市政及环境景观配套五大项目。

外滩源现存有 15 幢优秀历史建筑和一批建于 20 世纪二三十年代风格多样的历史建筑。以“重现风貌,重塑功能”为开发指导原则,在保护中开发,在开发中保护,坚持公开性、公益性、开放性,充分发掘历史建筑潜在人文价值,保留和恢复街区古典风貌,通过功能重整及设施更新,适应现代城市功能的需求。

图 2 -2 -4　外滩源建筑

4. 武康路——第一条风貌保护道路保护规划试点

武康路位于衡复历史文化风貌区西端,为一类风貌保护道路,是近代上海法租界西区内历史最久远的城市道路之一,全长 1171 米,沿线两侧建筑以花园住宅为主,保护规划范围占地面积 15. 7 公顷。

该项目对规划范围内所有可见的物质要素归纳为 12 类“控制要素”包括:街道空间、建筑、围墙和院落入口、绿化、铺地、材质和色彩、交通(停车和步行通道)、外露的市政管线和设备、商业业态和店面(含单位临街面)、广告牌、告示牌和各类铭牌、照明、街具和公共艺术设施,分别提出了具体的规划控制要求和设计引导,这对于今后同类项目的规划内容提供了参考范本。

图 2-2-5　武康路规划图及历史建筑

5. 荣宅——历史名邸重焕新生

荣宅是清末民初中国企业家、"面粉大王"荣宗敬于1918年购入的家宅。建筑于2005年列入第四批上海市优秀历史建筑,2014年列入上海市文物保护单位。

2011年,时尚品牌Prada携手修缮专家建筑师罗伯托·巴乔奇(Roberto Baciocchi)启动对荣宅的修缮。荣宅的修缮工程目标在于修补破损之处,以恢复宅邸内饰外景的历史原貌;同时对宅邸进行必要的结构性加强及功能性革新,取得了较好的社会反响。

图 2-2-6　荣宅外观和内饰

6. 八号桥创意园——工业厂房改建

八号桥创意园原是法租界的旧厂房，2003 年进行了以办公功能为主的综合改造，将大体量的工业建筑改造为办公园区，主要招租对象为以创意产业为主的企业和公司。该项目将凝聚着特有的历史底蕴和文化内涵的老厂房变成了吸引创意人才、激发创意灵感、集聚创意产业的新型创意园区。

图 2－2－7　八号桥创意园区

面对新形势、新要求，上海结合历史文化资源的保护和利用，在树立城市文化品牌形象，培育创意产业发展，带动休闲、娱乐、旅游等功能发展，塑造文化竞争力上多头并举，延续了城市的物质空间特色，传承了文化内涵和生活情态，充分展现了上海的城市魅力、文化个性和吸引力，提升了上海作为“卓越全球城市”的文化软实力，形成了可持续的发展力。

第三章　城市更新项目的招商合作

第一节　场所联动：引入市场主体参与的新模式

城市更新是在综合考虑了经济、社会、环境等多重发展目标后，对限制城市发展的某些不符合现代发展需求的老旧区域作出改善和提高的一项更新城市结构、升级城市功能体系和产业结构的综合性工程。城市更新的核心是对城市空间结构的重新布局、土地资源的重新开发、经济利益的重新分配和区域功能的重新塑造。城市更新主要内容包括了五个“完善”，即完善生活功能、完善产业功能、完善生态功能、完善人文功能和完善安全功能。

围绕“聚焦民生、创新机制、整合资源、制度保障”的要求，作为上海加快旧区改造和城市有机更新的重大创新举措，市更新中心于2020年正式成立，探索建立以功能性国有企业参与旧区改造，以市场机制推动政企合作，落实超大城市旧区改造和有机更新的新模式。随着《上海市城市更新中心旧区改造项目招商管理暂行办法》（沪建旧改联〔2020〕458号，以下简称《招商管理办法》）的出台，确定了旧区改造项目“场所联动”的招商工作方式，即由上海市土地市场（以下简称土地市场）与上海联合产权交易所（以下简称联交所）场所联动，以公开方式，通过资格甄别、方案评审评分、产权交易等程序，选择招商合作单位，为在上述创新模式下探索以市场机制引入优质市场主体，解决城市更新难点问题奠定了制度基础。

一、招商管理办法确立了旧改场所联动新模式

（一）操作主体

《招商管理办法》涉及的操作主体和各自职责定位为：

(1)管理部门:市旧改办、市规划资源局、市国资委等。

(2)实施单位:市更新公司,会同区有关部门、区更新公司等组成招商工作组,具体承担旧改项目招商组织工作。

(3)转让主体:区更新公司,为各区旧改项目公司的股东,产权交易合同签订完成后,配合项目公司办理工商变更登记,进行产权交割。

(4)招商工作组:统筹指导招商工作,编制招商方案。

(5)交易场所:土地市场负责招商遴选,联交所负责产权交易。

(二)招商原则

招商工作应按照公平、公正、公开和诚实信用的原则,坚持"好人家、好作品、好价格"标准,选择品牌佳、经验多、实力强的合作单位。

(三)场所联动机制

招商工作采用土地市场与联交所联动的方法。拟合作单位遴选在土地市场进行,由土地市场负责组织规划实施方案评审、评分,产权交易在联交所进行,由联交所负责组织网络竞价,以规划实施方案得分与产权交易竞价得分加总后的综合得分最高者,确定为合作企业。

通过对现有成熟交易市场及制度的合理创新,制定符合土地市场与产权市场联动协同的招商工作实施方案,通过"场所联动"的方式,实现以市场化方式规范引入"资质优、资信优、方案优"投资主体,达成为城市更新旧改项目找到"好人家、好作品、好价格"的要求。

二、场所联动招商工作的制度依据

(一)土地市场制度

1.现有土地市场规定

(1)《上海市土地交易市场管理办法》(沪府规〔2020〕7号);(2)《上海市土地市场监督管理办法》(沪规划资源规〔2020〕15号);(3)《关于印发〈上海市城市更新规划土地实施细则〉的通知》(沪规土资详〔2017〕693号);(4)《关于印发〈上海市国有建设用地使用权公开出让业务流程及操作规范〉的通知》(沪规划资源规〔2020〕17号);(5)《关于印发〈上海市国有建设用地使用权出让预申请管理办法〉及〈上海市国有建设用地使用权出让预申请实施细则〉的通知》(沪规土资地规〔2015〕831号)。

2. 制度依据

根据《上海市土地交易市场管理办法》的规定，土地市场主要承担以下四项职责：(1)提供土地交易活动专门场所，为土地交易代理、信息咨询等中介机构提供服务场所；(2)汇集、发布本市土地交易信息；(3)接受委托组织实施土地交易活动；(4)从事与土地交易相关的其他事务。

城市更新业务不能简单地归入以上任一个部分，但项目又切实跟土地价值的变现密切相关。城市更新项目事关民生改善和城市风貌的传承与提升，涉及面广，专业性强，周期长，资金密集，社会关注度高。因此，探索建立一套规范高效的项目运作机制十分必要。通过对现有土地交易制度的梳理，可发现目前土地市场的相关制度均是以土地为标的进行设计的，目的是实现土地资源的优化配置，交易结果表现为土地权属关系的转移。

尽管土地出让的相关制度不能完全适用，但在设计“场所联动”创新模式制度时从以下两个方面进行了借鉴：

一是公开规范的信息发布，体现市场主体参与竞争共赢的高效性。参照预申请和高质量产业用地标准化出让的信息发布制度，依托土地市场专业平台将项目信息及时以标准的规范化的形式推向市场，引导形成稳定持续的市场预期和市场磁力，逐步培育相关主体参与城市更新项目到土地市场的共识。同时，借鉴国有土地出让操作流程及业务规范中的“十二步流程”，为提交申请、答疑等模块的设计建立相关制度。

二是开放守秩的规划方案比选，体现政府推动下传承创新的专业性。项目提出了实现“好人家、好作品、好价格”的目标，关键前提是把市场中好的规划方案选出来，为城市更新项目规划调整找到可靠依据和方向，形成经得住历史考验的作品。针对方案评选，可借鉴标准的出让和规划方案设计招标中的项目评审制度，建立多领域的项目专家库，对规划实施方案的优劣进行评判。

通过土地市场进行合作企业的遴选，是以土地或项目的规划实施方案编制为标的进行设计的，筛选出优秀方案和合作者，使优秀方案及合作者入围，但本环节不涉及权利的最终归属。

(二)产权交易市场制度

1. 现有产权交易市场规定

(1)《企业国有资产交易监督管理办法》(国务院、财政部令第32号)

(2)上海联合产权交易所产权转让操作相关细则(包括《上海联合产权交易所有限公司国有产权转让披露信息操作细则》《上海联合产权交易所有限公司企业国有产权转让结算交易资金操作细则》《上海联合产权交易所有限公司企业国有产权出具交易凭证操作细则》《上海联合产权交易所有限公司企业国有产权受理转让申请操作细则》《上海联合产权交易所有限公司企业国有产权登记受让意向操作细则》等)

(3)《上海联合产权交易所有限公司产权交易保证金操作细则》

(4)《上海市城市更新中心旧区改造项目产权交易业务操作指引(试行)》

2. 制度依据

根据《企业国有资产交易监督管理办法》,转让方可以根据企业实际情况和工作进度安排,采取信息预披露和正式披露相结合的方式,通过产权交易机构网站分阶段对外披露产权转让信息,公开征集受让方。其中正式披露信息时间不得少于20个工作日,因产权转让导致转让标的企业的实际控制权发生转移的,转让方应当在转让行为获批后10个工作日内,通过产权交易机构进行信息预披露,时间不得少于20个工作日。产权转让过程中,除了需要遵循的其他政策条例,原则上不得对受让方设置资格条件,股权转让的挂牌应以经核准或备案的评估结果为基础确定。

场所联动同步发布招商合作公告和预披露公告,是两个专业市场工作内容的有机结合,实现以国有产权交易的方式完成土地使用权转让。场所联动采用了“招商信息预披露结合意向受让方初筛、招商信息正式披露结合价格发现”的模式,确定的最终以规划实施方案和竞价的综合得分第一名为招商合作单位,借鉴了产权市场权重报价的竞价方式,兼顾土地出让人对土地使用权人选择和审批需求与国有产权交易规范性需求,达成为城市更新项目找到“好人家、好作品、好价格”的要求。

第二节　招商合作方案的内容

招商合作方案是招商工作组根据具体项目的招商要求制作的纲领性文件,主要包含项目名称、项目概况、设计要点等内容,也是招商工作开展的主要操作性依据。招商合作方案的主要组成部分通常包括:《招商合作公告》《产权转让信息预披露申请书》《项目规划实施方案设计任务书》《项目规划实施方案合规性评价表》《项目规划实施方案专家评分表》《申请材料清单》等。

一、招商合作方案制定的前提条件

1. 招商工作组的组成

根据《招商管理办法》的规定,由招商工作组统筹指导招商工作,编制招商合作方案,具体包括遴选方式、时间安排、交易规则、规划实施方案设计等内容。因此,首先需要确立招商工作组,针对招商工作组的构成,可以从两个方面考虑。

(1)为市级政府相关部门指导招商工作提供机制保障。市发改委作为贯彻执行国民经济和社会发展的战略、方针和政策,研究本市经济、社会和城市发展战略,拟订并组织实施本市主体功能区规划的主要责任单位;市经信委作为贯彻执行国家产业政策和全市产业发展规划,引导推动产业发展和结构调整,促进产城融合的主要负责机构,两者对招商工作组的工作,可起到从战略高度搭建招商合作方案框架的重要作用。市国资委作为国家出资企业的国有资产基础管理的主要监管机构,也应该发挥作用,确保旧改项目股转方案帮助国有企业实现国有资产的保值增值。因此,无论是作为指导单位还是直接参与招商工作组组建,市级政府部门可以通过建立具体的机制和路径对招商工作组的具体工作进行把关。

(2)确定招商工作组的具体形式、工作机制。由区政府、所在区域的主管部门、项目公司主管上级集团、转让方决策机构等单独或共同构成,并结合各区不同产业布局、功能规划等实际情况进行调整,如地块特征、招商要求等。招商工作组负责安排招商活动的进度、招商合作的方式、交易环节等,并形成相应的决策文件。

2. 设立项目公司

项目公司的设立,系为了形成可供开展产权交易的标的。鉴于招商工作最终以完成持有旧改地块的项目公司股权转让的形式展开,且根据企业国有产权交易管理的要求,国有企业丧失控股权的,应当在明确转让价格及相关交易条件前,就转让股权事宜公开发布预披露信息。因此,招商合作方案制定前,需要由区更新公司对涉及的旧改地块项目设立项目公司,明确最终交易的具体标的,以实现土地市场招商合作公告和产权市场股权转让预披露信息同步发布的目的。

二、确定招商合作方案内容

招商合作方案的内容是基于每个旧改项目量身制定的，在项目公司完成设立后，根据区不同的产业布局、产业政策、功能规划等实际情况，并结合招商要求，如是否涉及风貌保护、是否需要联合招商等，细化招商合作方案。

制定招商合作方案的同时，为确保招商方案的内容和要求能够有市场响应度，保证后续招商工作能够顺利推进，可以设立预招商机制，在特定范围开展预推介或意见征询，有利于根据市场的反馈度、响应度来合理设置资格门槛、入围规则、方案价格权重比例等具体事项，有助于项目定价，加速项目交易的进度，同时建立完善的项目去化应对机制。

三、合作单位入围资格要求

（一）广东经验

近年来，各地陆续出台地方性的城市更新规范性文件，对于招商环节的意向合作企业遴选经验可以借鉴。如表2-3-1所示。

表2-3-1　各地出台的地方性城市更新规范性文件

地区	政策性文件	条件
广州市番禺区	《广州市番禺区旧村庄更新改造项目公开引入合作企业的指导意见》（番府〔2017〕144号）	1. 具有独立法人资格和具备房地产开发企业二级以上资质； 2. 实缴注册资本金不低于5亿元人民币，银行信用记录良好； 3. 总资产不低于200亿元人民币，且具有与项目相匹配的自有资金及融资能力。企业自有资金比例不得低于项目总投资的30%； 4. 具备房地产开发经验，近5年房屋建筑面积累计竣工验收300万平方米以上； 5. 企业信誉好，社会责任感强，且最近5年在广州市工商、税务、建设房地产等部门没有违法违规记录，也不存在工程"烂尾"或其他违法等情况； 6. 对每个旧村庄更新改造项目应缴纳不低于3亿元人民币的保证金，企业联合体视作一个企业，各村可根据改造村庄规模增加相应保证金额； 7. 合作企业如果是企业联合体，联合体中的成员不得超过2个，而且每个联合体成员均需同时具备上述所规定的资格条件

续表

地区	政策性文件	条件
广州市荔湾区	广州市荔湾区人民政府办公室《关于印发实施〈广州市旧村庄更新实施办法〉意见的通知》(荔府办〔2017〕39号)	1. 注册资金不低于5亿元人民币的法人企业; 2. 2年内没有不良诚信记录的企业; 3. 有完成三旧改造成功案例的企业,优先考虑在广州市行政区域内已完成旧村庄全面改造案例的企业; 4. 不得引入正在实施我区旧村庄更新改造且尚未完成整村补偿安置工作的企业或联合体企业
广东省东莞市	《东莞市东城街道柏洲边社区新田街东侧城市更新单元选取前期服务商》 《关于印发〈东莞市城市更新单一主体挂牌招商操作规范(试行)〉的通知》(东府办〔2019〕29号)	1. 本项目只接受法人资格的单位单独报名,不接受联合体报名; 2. 报名单位或其关联公司注册资本不得低于1亿元人民币,公司经营范围须有房地产开发,经营存续期不少于10年; 3. 报名单位或其关联公司具有三级或以上的房地产开发资质; 4. 报名单位或其关联公司须在广东省内具有城市更新开发经验,有至少1宗三旧改造项目成功完成土地一级开发并供地,或者须在东莞市内取得至少1宗前期服务商资格; 5. 报名单位未被列入"信用中国"网站"记录失信被执行人或重大税收违法案件当事人名单或政府采购严重违法失信行为"记录名单;未处于中国政府采购网"政府采购严重违法失信行为信息记录"中的禁止参加政府采购活动期间; 6. 报名企业所提交的报名资料中未能提供上述所需资格证明材料的,视为不符合报名要求

由上可见,广东省各城市在这一领域的指导意见都集中在对意向合作企业的开发能力、综合实力、项目经验等方面设定准入条件。

(二)上海方案建议

结合广东经验,上海在旧改项目意向合作企业入围资质上可以在以下几个方面进行设定。

1. 开发资质

建议上海市旧改项目意向合作企业设置三级以上开发资质作为底线,对于市场反馈度高、热度高的项目,可提高开发能力要求,如设定房地产开发一级、二级资质。

2. 信用等级

建议将人民银行认可的评级机构AA级以上评级且未列入失信名单作为底

线,可以根据项目情况适当提高要求,增设企业抗风险能力的要求,参考“三道红线”设定。

3. 综合实力

建议根据中国房地产业协会和中国房地产测评中心发布排名前列确定入围,重点项目可增设获奖数量等指标。

4. 其他标准

建议可以根据项目具体情况,增设实缴资本、资产规模、财务状况等指标要求,同时可以要求合作企业具备历史风貌建筑保护、产业用地开发、运营、招商等经验。

四、项目规划实施方案设计要点

项目所处区域应根据当地政府对主体功能区规划的定位进行后续规划实施。地方政府对当地产业的发展战略、导向、业态等价值取向,会对项目的功能规划起到正面的引导作用。

对于商办集中度较高、涉及风貌保护等的非标准化项目,在项目规划实施方案中需要更侧重考虑建筑形态是否体现当地历史人文的积淀、当地居民希望保留的形态,而不仅仅是从物理空间考虑规划设计要点。

五、招商遴选方式

招商遴选分为两个阶段,分别是土地市场的方案评审、评分阶段,以及联交所的产权交易阶段。

(一)土地市场评审、评分阶段

具体遴选流程如下:

(1)方案答疑:土地市场汇总有效申请企业提出的问题后,交由委托方书面答疑,并通过电子邮件方式统一发送给有效申请企业;

(2)保密底价提交:招商工作组委托第三方机构开展土地价值保密底价评估,提交土地市场封存;

(3)评审材料提交:有效申请企业至土地市场提交评审材料(规划实施方案成果和初步报价);

(4)审核评审材料:公证处确定评审材料是否存在招商合作公告中所列的违

约情形,同时对评审材料中的初步报价是否不低于委托方提交的保密底价进行认定,将符合报价要求的评审材料交予专家进行评审、评分;

(5)方案评审、评分:从方案合规性、总体构思、功能布局与业态策划等方面对评审材料进行评审、评分;

(6)确定入围企业:根据方案评分情况,确定入围企业,发布入围结果。

(二)联交所产权交易阶段

具体遴选流程如下:

(1)受理受让申请:入围企业将《入围通知书》及其他受让材料一并递交至产权市场,完成受让申请;

(2)确认受让方资格:产权市场将意向受让方的受让申请情况反馈至区更新公司,由其确认意向受让方的受让资格;

(3)组织网络竞价:意向受让方获得资格确认并交纳产权交易保证金后参与产权市场组织的网络竞价;

(4)折算竞价得分:产权市场根据各意向受让方的最终报价折算为竞价得分,并反馈至区更新公司;

(5)确定合作单位:规划实施方案和竞价的综合得分排序第一名为合作单位,其最高出价为最终成交价。

六、产权交易入围规则

借鉴土地市场以往的入围规则设置规律,为后续保障入围企业到产权市场完成网络竞价和产权交易等流程顺利过渡的同时充分发现城市更新旧改项目的价值,将根据项目及申请企业具体情况确定入围企业数量。确定方式如表2-3-2所示。

表2-3-2 入围企业数量的确定方式

数量	入围结果
低于x家(含)	全部入围,评出方案分数
x~y家	评出方案分数,按照评分从高到低入围前x人
z家以上	评出方案分数,按照评分从高到低入围前z人

七、保证金规则

（一）保证金缴纳及退还流程图

保证金分为两个阶段缴纳：土地市场缴纳的招商合作保证金和联交所缴纳的产权交易保证金。详见图2－3－1。

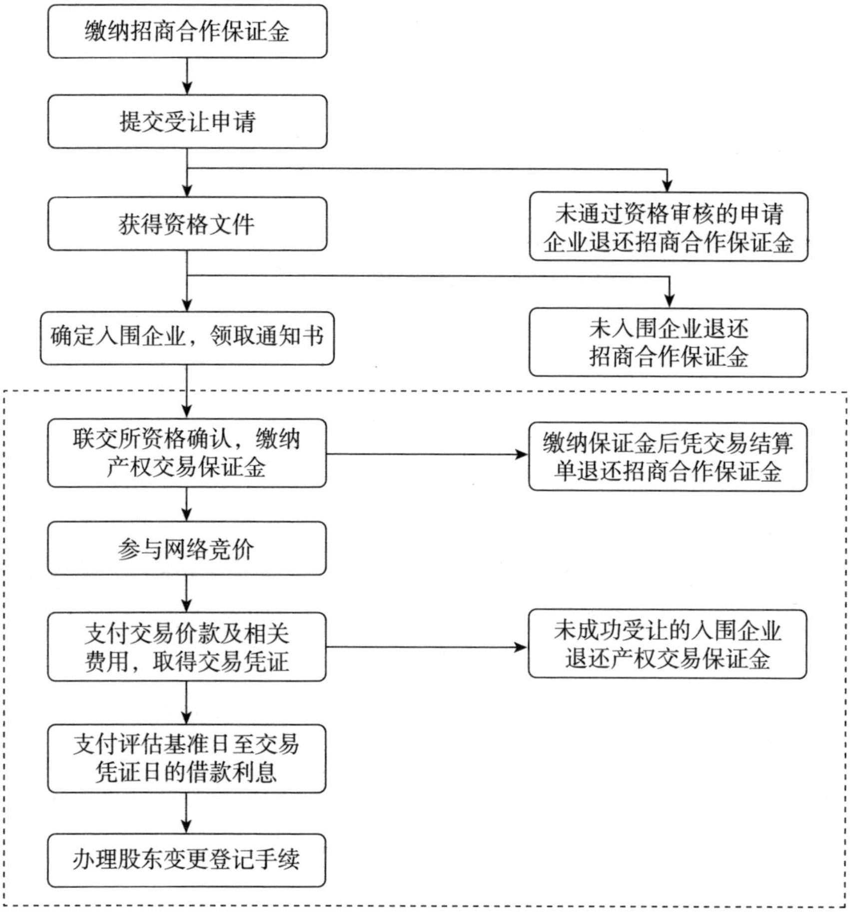

图2－3－1　保证金缴纳及退还流程

（二）招商合作保证金

根据土地市场现有出让业务流程中相关保证金操作规程，制定招商合作保证金缴纳期限及方式、招商合作保证金罚没规则以及未入围合作单位的招商合作保证金处置等规则。

1. 招商合作保证金缴纳期限及方式

由意向受让方在土地市场提交申请并通过资格审核后,缴纳至土地市场指定银行账户。

2. 招商合作保证金的退还罚没规则

出现以下几种情形的,可以罚没意向受让方已缴纳的招商合作保证金:

(1)申请企业提供虚假材料或提交材料存在隐瞒事实等情况的;

(2)有效申请企业获得招商合作资格后,无理由退出招商合作活动的;

(3)申请企业串通或存在串通嫌疑,损害国家利益、社会公共利益或他人合法权益的;

(4)有效申请企业提交的成果中出现可能影响评审公正、公平的因素,如企业名称、涉及单位名称、相关人员姓名等。

3. 未获得资格或未入围企业招商合作保证金的退还

(1)获取招商合作资格文件阶段:有效申请企业领取《资格证书》,作为参加后续招商活动的凭证;未通过资格审核的申请企业领取《未入围通知书》,作为退还招商合作保证金的凭证;

(2)确定入围企业阶段:通过资格审核的申请企业领取《入围通知书》,作为参与产权交易活动的凭证;未通过资格审核的申请企业领取《未入围通知书》,作为退还招商合作保证金的凭证。

4. 入围企业招商合作保证金的退还

入围企业须凭联交所出具的产权交易保证金交纳凭证(交易结算单),至土地市场办理招商合作保证金的退还手续。

对于入围企业的招商合作保证金处置,当入围企业按公告约定已在联交所缴纳产权交易保证金后,即代表其有资格参与后续联交所组织的网络竞价等一系列产权交易流程,交易流程由土地市场自然过渡到产权市场。入围企业前期在土地市场缴纳的招商合作保证金名义上已完成其对项目意向合作的申请,招商合作保证金予以退还处理,避免入围企业资金沉淀周期过长、成本较高,也响应了“场所联动”的工作机制。

(三)产权交易保证金

1. 产权交易保证金缴纳期限及方式

入围企业经确认受让资格后,按产权转让公告的约定缴纳产权交易保证金至联交所指定银行账户,即表明意向受让方在《产权受让申请书》中对转让方作出接受交易条件并以不低于挂牌价格受让产权标的承诺的确认,成为产权标的竞买人。入围企业逾期未交纳产权交易保证金的,视为退出招商合作活动。

2. 产权交易保证金的处置规则

产权交易保证金的处置以产权转让正式披露公告以及《上海联合产权交易所有限公司产权交易保证金操作细则》的规定为准。

出现以下几种情形的,可以罚没竞买人已缴纳的产权交易保证金:(1)竞买人被确定为受让方,且采用协议转让方式的,该交易保证金转为履约保证金,并在《产权交易合同》签订后转为部分交易价款;(2)采取竞价转让方式的,交易保证金转为竞价保证金,受让方的竞价保证金在《产权交易合同》签订并生效后转为部分交易价款;(3)竞买人未被确定为受让方且不存在违规违约情形的,其缴纳的产权交易保证金在确定受让方之日起规定的工作日内全额无息返还;(4)竞买人如未通过产权交易系统进行有效报价,或在被确定为受让方后未签订《产权交易合同》的,或未按照《产权交易合同》约定时限支付交易价款的,构成竞买人的缔约过失责任,以其缴纳的产权交易保证金承担相应责任。

第三节　招商工作流程及要点

招商工作流程如图 2-3-2 所示。

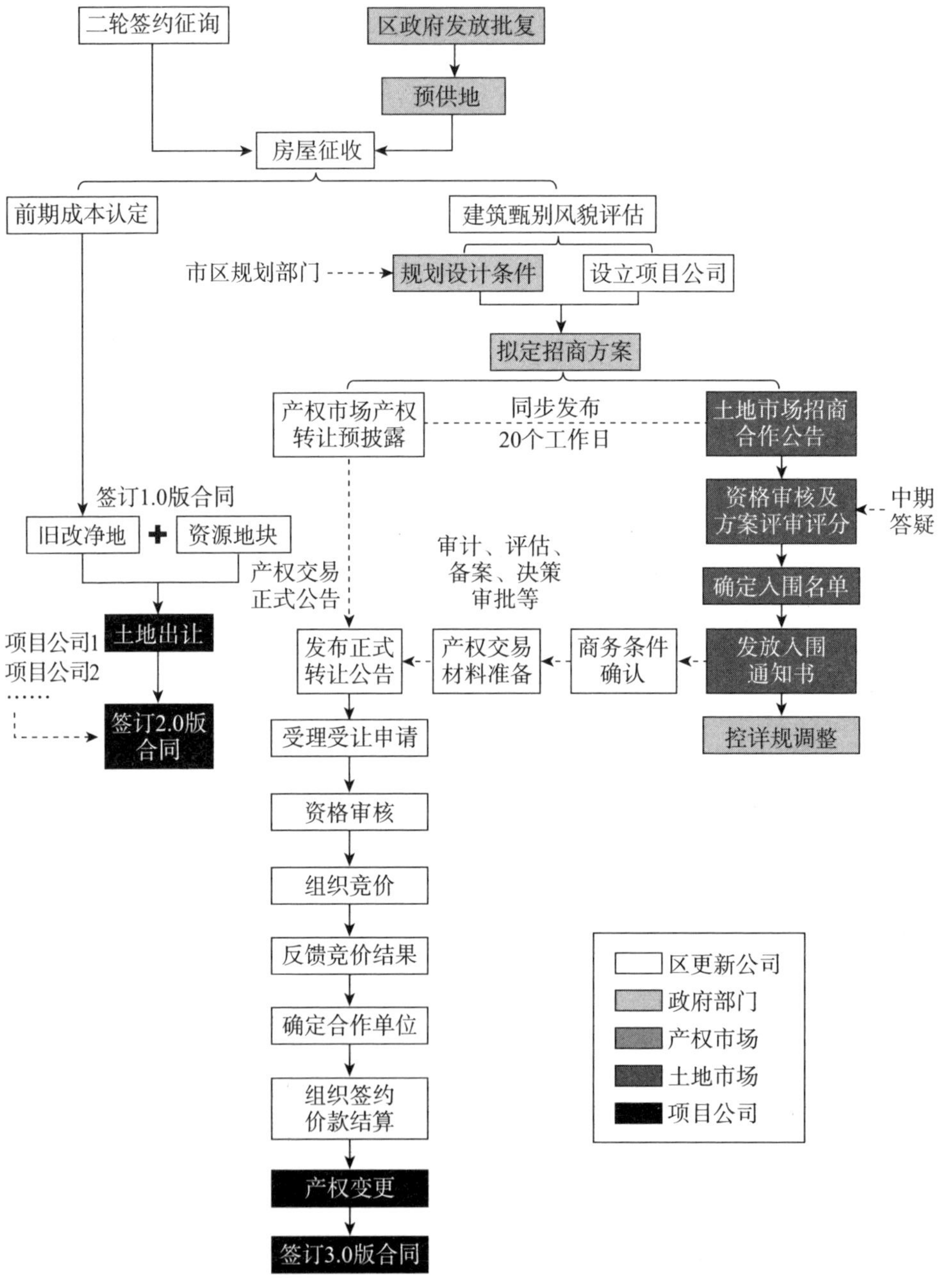

图2-3-2　场所联动招商工作流程

一、项目公司设立阶段

1. 区更新公司与土地市场签订 1.0 版土地出让合同；

2. 项目公司应该在招商合作方案设计前完成设立，招商合作方案定稿中要明确项目公司名称；

3. 项目公司与土地市场签订 2.0 版土地出让合同补充协议；

4. 由市更新公司会同区有关部门、区更新公司等共同组成招商工作组，负责统筹组织招商工作。

二、招商合作公告与预披露阶段

1. 接受招商委托，建立法律委托关系

城市更新项目公开招商工作实质上是项目主体以委托招商的模式实施的项目招商工作，是招商工作的一种创新和尝试。首先，建立严密明确的法律关系是确保委托招商工作顺利进行的重要保障，因此，项目主体应向土地市场和联交所提交正式的委托函作为委托招商工作的起点。其次，在委托函中明确项目主体和土地市场权利边界，明确在招商合作的过程中土地市场以自己名义在预先经双方确认的相关格式文书上的盖章是自己的意思表示，以便于招商合作工作的顺利开展。

2. 建立明晰的收件材料清单和收件标准

在与两个专业市场建立委托关系后，区更新公司向两个市场分别递交招商合作公告申请材料及产权转让信息预披露材料，由两个市场进行审核、发布，两个市场应对入市材料的齐全性和信息的完备性进行把关。

3. 两个市场分别发布招商合作公告和股权转让预披露公告

借助专业市场的业界地位，以公告的形式广而告之，是公开入市招商的核心要义。需要关注：一是确保内容的一致性。采取“场所联动”模式，需要在联交所和土地市场同时发布公告，既要符合各自业务规制，又要传达“场所联动”的意涵。因此公告内容要做到一致，不矛盾。二是公告内容与流程要相协调，环环相扣，流程上有对接接口。

三、方案评审、评分阶段

1. 合作申请受理

此环节主要涉及两块内容：一是招商合作保证金及相关内容，考虑申请企业在产权交易活动过程中要缴纳产权交易保证金，且前期活动不涉及最终资源配置，因此建议招商合作保证金可参考招投标保证金的比例设置，一般不超过标的2%。二是资格证明材料，应提供易核查、有效力的文件。

2. 申请企业资格审核

资格审核的结果直接关系申请企业是否能够参与后续活动，因此应坚持公正、合理、有据原则。建议着重注意以下两点：一是资格审核工作由公证处具体承担。聘请公证处担纲资格审核工作，是土地市场多年工作经验之一，具有实事求是的专业需求和很强的正面社会效应。二是关于审核的尺度，对于参与城市更新项目的资格审核，其保证金性质及设置资格要求的目的都与土地交易有所区别，因此审核在坚持原则的前提下尺度上的松紧可以适度下调，确保最大化吸纳潜在优质资源参与其中。

3. 发布申请结果公示（含后续方案评审、评分活动安排）

在规划实施方案符合合规性要求、初步报价不低于保密底价的申请企业中，根据专家评分结果由高到低确定入围企业，并进行申请结果公示。

公示时应明确以下内容：一是资格审核情况，可参照土地市场预申请的结果对外公布受理申请的情况和通过资格审核的情况，同时公示后续方案评审、评分活动安排，包括时间安排、规划实施方案编制要求、评审办法及评分表、违约及处置等。二是对于特殊情况应做好相应预案。如经资格审核通过的有效申请企业不足2个，则评审、评分活动终止，这既能够维护方案评审、评分阶段的严肃性，也有利于保证联交所后续竞价顺利进行。

4. 组织中期答疑

中期答疑环节的设置一方面可以回应申请企业在规划实施方案编制阶段的关切和诉求，另一方面也可以让相关部门积极引导说明规划设计要求所要达到的目标和效果。

答疑的具体形式可由项目主体根据答疑诉求确定。答疑虽然不能改变原有设计条件和评审办法，但是通过解释说明能够积极引导申请企业生产好作品。

5. 规划实施方案评审、评分

规划实施方案的评审、评分是公开招商工作的核心，应以专家的独立判断为准。以下几个问题需要重点关注：一是评审、评分工作的程序安排要高效合理，二是方案评审中无效方案的判定讨论。

6. 发放产权交易入围结果公示

作为旧改项目公开招商工作结果，对外发布入围企业名单，同时通报给联交所每家企业的得分情况，公开得分可以让入围企业在竞价时做到有的放矢，理性竞争。

四、控规调整及商务条件确认

在规划实施方案评审、评分结束后，转让方将控规调整以及对外结果公示。借鉴土地市场近三年相关地块出让案例，可以看到不同类型的地块项目会综合考虑竞得人不同方面的商务标及技术标。其中，涉及风貌保护建筑的项目会对开发商提出增加风貌保护及其他商业条件的要求，如近三年在一线城市涉及风貌保护要求、不可移动文物或历史建筑保护要求项目的经验；近三年在一线城市涉及风貌保护要求的住宅类项目规模等，并提供相关风貌保护专篇的概念设计方案。

在此阶段，根据项目类型和特点设置对应的商务条件，并在公司章程中约定重大决策事项、保留管理层一票否决权制度；在3.0版土地出让合同里约定重大经营事项，从而有助于优化正式产权交易条件的设置。

五、产权交易前阶段

1. 项目公司签订2.0版土地出让合同，成为城市更新地块的产权人。

2. 开展产权转让挂牌前期准备，包括审计、评估、备案、转让底价确定、拟定公告及竞价方案等工作。

六、产权交易阶段

1. 正式公告信息发布准备

转让方以及标的公司按照联交所发布正式产权转让公告的要求递交相关申请材料。

2. 正式公告信息发布

联交所对所递交的材料审核无误后，予以正式披露。

3. 选择合适的报价方式并开展竞价

适合旧改项目招商工作的产权交易竞价方式主要包括一次报价，多次报价和权重报价三种方式。（详见表2－3－3）

表2－3－3　竞价方式汇总

综合评分方式	优势	劣势
规划实施方案（土地市场）+一次报价（联交所）	报价所需周期短、节约时间成本，分值计算较为简单	各意向合作单位无法在报价过程中了解竞争对手出价情况
规划实施方案（土地市场）+多次报价（联交所）	通过多轮次报价有助于实现充分价格发现	若不同入围企业的规划实施方案分差过大，无法通过竞价弥补方案上的劣势，将不利于价格发现
规划实施方案（土地市场）+权重报价（联交所）	对于在具体权重评分项目上优势明显的企业，权重方案有利于优势企业得分	需要对权重比例、权重内容的科学设置，如存在入围企业在具体权重项目上优势明显，则不利于价格发现

综上比较，由于第一阶段在土地市场已完成对申请企业的资格审核和规划实施方案的评审、评分，故第二阶段在产权市场的产权交易过程中应主要考虑实现价格发现，多次报价更有利于充分价格发现。

4. 以综合得分排序确定合作企业

产权交易竞价形成的价格按以下机制转化为综合得分的一部分：

综合得分＝规划得分＋价格基础分＋价格增加分；

价格基础分：竞买人报价达到或超过底价即获得价格基础分；

价格增加分：竞买人报价超过底价部分所折算的得分。

5. 组织签约

联交所应当在确定受让方后确定工作日内，组织交易双方按照公告及承诺的方案实施要求签订产权交易合同。

6. 交易价款结算及出具凭证

受让方依据合同约定将产权交易价款交付至联交所结算账户，且交易双方支付交易服务费用后，联交所在确定工作日内出具产权交易凭证。

7. 产权变更

项目公司的原股东与合作单位完成项目公司股权变更。

股权变更后的项目公司与土地市场签订 3.0 版土地出让合同，明确方案实施要求。

七、专业机构的服务

（一）公证机构的服务

为确保招商工作的严肃性和公平性，按照土地市场交易惯例，引入公证机构开展全流程公证服务。公证机构主要服务内容包括：

1. 根据公告资格条件及申请要求对申请企业进行资格审核，并出具收件回执。

2. 根据公告中所列的违约情形确定评审材料是否存在违约，被认定违约的不再评审，且不纳入有效申请企业入围基数。

3. 对评审材料中的初步报价是否不低于委托方提交的保密底价进行认定，将符合报价要求的评审材料交予专家进行后续的评审、评分。

4. 如果申请企业中有境外或外商投资企业，公证处还应对相关证明材料进行公证。

（二）评审专家的管理和使用

1. 专家库的组成

由联交所统一组建专家库，库内专家须有明确的专业类别（与招商合作要求中的类别相匹配），明确愿意参与此类评审、评分工作的意向，以及具体的专家联系信息（应保证确实有效）。

2. 专家抽选规则

土地市场根据招商合作公告内的要求，于设计方案提交会前，申请公证机构至市场抽选评审专家。公证机构于专家库内根据招商合作公告内要求的专家类别，随机抽选一定数量的专家，电话确认是否出席情况后，以短信的方式予以邀约告知，并制作出席专家名单，密封签字后留存在土地市场保密室。

3. 保障机制

联交所应定期对专家库内的专家进行培训和考核，明确专家的规避准则、权利及义务，同时对专家库进行管理和更新。土地市场根据招商合作公告内的要求，对专家库内的专家按照抽选规则进行使用，对库内专家联系不上、无正当理由迟到或早退、无正当理由缺席等情况及时向联交所反馈。

第四节　上海首宗“场所联动”城市更新项目实例分析

一、项目及交易概况

2021 年 3 月，上海虹口城市更新建设发展有限公司（以下简称虹口更新公司）委托上海市土地交易市场（以下简称土地市场）和联交所，以公开方式，通过资格甄别、方案评审、产权交易等程序，选择全资子公司上海弘安里企业发展有限公司（以下简称弘安里公司）的合作单位，共同开发建设虹口区弘安里项目（以下简称弘安里项目）。

本次招商合作活动采用“场所联动”的方式，即通过土地市场组织规划实施方案评审，联交所组织网络竞价及产权交易，以规划实施方案得分（满分 20 分）与产权交易竞价得分（满分 80 分）加总后的综合得分最高者，确定为合作企业，向其转让弘安里公司 80% 股权。

弘安里项目是土地市场和联交所“场所联动”交易模式下的首宗试点项目，是上海地产集团与虹口区政府探索“市区联手、政企合作、以区为主”旧改新机制首批试点地块之一。该项目对应的地块即为虹口区 17 街坊地块（以下简称“17 街坊”）。“17 街坊”涉及动迁居民产证 2599 证，居住建筑面积 64, 275. 01 平方米；动迁非居产证 11 证，建筑面积 768. 76 平方米；动迁单位产证 74 证，建筑面积 5900. 01 平方米，是虹口区旧改历史上最大的单体地块。“17 街坊”房屋大多建造于 1912—1936 年，是砖木结构的二级以下旧里。由于建造年代久远，房屋破旧，存在很大的安全隐患。根据《关于确认虹口区 17 街坊旧城区改建房屋征收范围的函》（沪旧改认〔2016〕17 号），虹口区“17 街坊”项目列入上海市旧城区改建房屋征收范围。2017 年 9 月，上海市政府公布虹口区“17 街坊”为“上海市第二批风貌保护街坊”，要求成片保护。根据《关于印发〈上海市旧区改造项目实施流程（试行）〉的通知》（沪旧改发〔2018〕2 号），该项目纳入国家的棚户区改造范围。

在参与提交方案评审的十余家企业里最终入围五家企业,并于2021年8月9日由联交所组织竞价,最终以422,285万元确定苏州招恺置业有限公司为项目合作企业,成为开发建设弘安里项目的弘安里公司80%股权的最终受让方,并与转让方虹口更新公司在上海联交所签署产权交易合同和合作协议。

二、交易各方

(一)标的公司

标的公司为上海弘安里企业发展有限公司,成立于2021年1月,为弘安里项目的项目公司。本次交易前虹口更新公司持有弘安里公司100%股权,本次交易标的为弘安里公司80%股权及相应的股东债权。

(二)转让方

转让方为上海虹口城市更新建设发展有限公司,成立于2019年3月。虹口更新公司由上海地产(集团)有限公司(以下简称上海地产集团)旗下上海市更新公司和上海虹房(集团)有限公司(以下简称虹房集团)、上海北外滩(集团)有限公司(以下简称北外滩集团),按照市更新公司60%和虹口区属国资公司合计40%的比例分别持有。虹口更新公司作为区属更新公司具体负责项目实施,包括编制改造实施方案、创新银企合作、筹措改造资金和安置房源、组织开发建设和招商等工作。虹口更新公司股权架构见图2-3-3。

上海地产集团为上海市国资委全资持有的国有独资企业,成立于2002年11月15日,为上海市人民政府批准设立的地产功能保障类企业,以完成战略任务或重大专项任务为主要目标,兼顾经济效益,主要包括城市更新建设、旧区及城中村改造、长租公寓建设运营、保障房建设运营管理、黄浦江两岸岸线综合开发和管理、大众养老、生态环境建设等政府特定任务或特定功能。

市更新公司为上海地产集团全资子公司,成立于2018年10月,经营范围包括旧区改造,自有房屋租赁,房地产开发经营,市政基础设施建设投资,由其控股的各区属更新公司实现上述任务及功能。

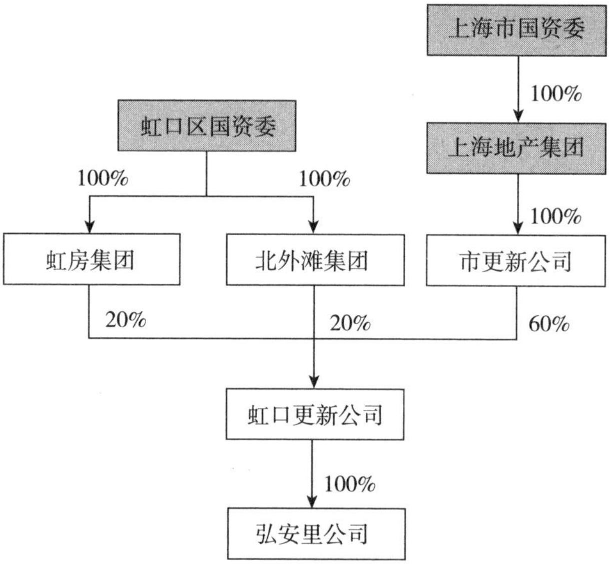

图 2-3-3 虹口更新公司股权架构

(三)受让方

受让方苏州招恺置业有限公司成立于 2021 年 1 月 29 日,主营房地产开发。由招商局蛇口工业区控股股份有限公司与苏州融志铭置业有限责任公司分别持股 51% 与 49%。

三、交易流程

2020 年 12 月 31 日土地市场挂牌打包出让“17 街坊”地块和“69 街坊地块”,虹口更新公司于 2021 年 2 月 7 日摘得上述地块。

(一)土地市场流程

1. 土地市场发布遴选公告,公告期不少于 20 个工作日(2021 年 3 月 22 日至 4 月 20 日),联交所同步发布产权交易预披露公告,同步结束。

2. 按要求交纳招商合作保证金。招商合作保证金金额为人民币(大写)叁仟万元。

3. 申请企业提交申请。公证处根据公告资格条件及申请要求对提交申请的企业进行资格审核。资格审核通过的,为有效申请企业,方可参与后续招商合作活动。

4. 提交申请的企业至土地市场领取申请结果文件。有效申请企业领取《资格证书》，作为参加后续招商合作活动的凭证，并领取规划实施方案设计基础资料，开始规划实施方案编制工作；未通过资格审核的申请企业领取《未入围通知书》，作为退还招商合作保证金的凭证。

5. 有效申请企业提交的方案。

6. 方案评审。根据方案最终得分情况，经评审专家签署《方案评审报告》后，确定入围企业，发布入围结果。有效申请企业于评审会结束后的 2 个工作日内，至土地市场领取通知书：入围企业领取《入围通知书》，作为参与产权交易活动的凭证；未入围企业领取《未入围通知书》，作为退还招商合作保证金的凭证。

7. 入围企业获得参与后续产权交易资格。入围企业须凭《入围通知书》，至联交所提交参与产权交易活动的申请。

（二）联交所流程

1. 预披露公告结束后发布正式披露公告，正式披露公告期限不少于 20 个工作日（2021 年 7 月 12 日至 8 月 6 日）。

2. 产权交易意向受让方将《入围通知书》及按联交所正式披露公告要求的受让材料提交联交所，联交所将受让意向登记情况以《受让资格反馈函》的形式反馈虹口更新公司，虹口更新公司应结合招商工作组的意见对意向受让方的受让资格进行确认，并在收到联交所反馈后的 5 个工作日内将确认结果反馈联交所。

3. 联交所在收到虹口更新公司对意向受让方的确认结果后，向获得资格确认的意向受让方发放交易保证金交纳通知；意向受让方按通知要求交纳交易保证金至联交所指定银行账户后获得竞买资格，成为竞买人，联交所向各竞买人出具交易安排通知。

4. 正式披露公告期满，联交所根据虹口更新公司依招商方案制定的《竞价实施方案》组织竞价，并将竞价结果反馈招商工作组。

5. 招商工作组根据联交所反馈的竞价结果，结合土地市场反馈的规划实施方案评审结果计算综合得分，确认旧改项目的最终合作单位，并将确认结果反馈联交所。联交所根据招商工作组确认的交易结果，组织交易双方按照公告及承诺的方案实施要求签订《产权交易合同》（2021 年 8 月 9 日）。

四、上海方案的新模式

(一)新模式的一二级联动机制

为了解决政府财政资金支持无法满足巨大的城市更新旧改的资金缺口的问题,上海从2019年开始探索“政企合作、市区联手、以区为主”旧改新模式。新模式的核心就是功能性国有企业参与旧区改造,实质是一二级联动①。

虹口更新公司作为地产集团旗下市更新公司下属负责虹口区城市更新的平台公司,承担了“17街坊”地块的前期工作,在形成净地后以出让方式取得该地块。在一级开发层面,由虹口更新公司负责一级开发阶段的市场化融资,以解决市场主体难以单方应对旧改资金巨大压力及开发周期较长的问题。

在二级开发阶段,对项目主体的商业运营能力、产业规划、发掘旧区文化底蕴等方面均提出了较高的综合要求,区属更新公司可以根据项目是否涉及风貌保护等综合因素,决定是否在项目公司层面引入二级开发商后保留部分或全部退出股权。在弘安里项目中,因涉及风貌保护,虹口更新公司需要从规划、设计、施工、投资到运营进行全流程把控,因此转让弘安里公司80%股权,保留20%股权。

同时,为了实现“好人家、好作品、好价格”的目标,单纯通过联交所市场价格优先的方式无法实现,所以需要通过土地市场来进行招商筛选出意向合作方,即通过土地市场给出的规划实施方案得分(满分20分)和联交所给出的产权交易竞价得分(满分80分)加总后的综合得分进行排序,综合得分最高者确定为本次产权交易的最终受让方。

“场所联动”的方式,通过两个市场的前后两个步骤的有机结合的顶层设计,打通了整个交易流程,为后续的同类城市更新项目的实施积累了可复制的方案和路径,可以在更多项目中进行应用。

(二)上海方案的创新点

1.通过预供地机制解决旧改资金难题

土地使用权抵押是目前市场上参与旧区改造的企业融资的主要途径。但在

① 任立军:《解析上海首宗“场所联动”城市更新项目(下)》,载微信公众号“砖济咨询”2022年4月22日。

虹口更新公司对弘安里项目地块进行一级土地开发时,因该地块尚未出让,无法按照一般房地产项目的操作模式办理银行抵押贷款融资。

上海方案的解决办法是实行“预供地”制度,即旧改项目前期征收达到一定程度时(指“一轮征询”同意比例达到95%及以上),由区旧改办向市旧改办提出项目地块供应意向书申请,区规划资源管理部门根据市旧改办的批复意见出具预供应意见书。虹口更新公司可以根据该意见书向银行申请办理抵押贷款手续。

2. 通过资源地块与旧改地块组合出让方式解决后续资金平衡问题

旧改项目尤其是涉及风貌保护项目在土地出让之前,需要投入资金量大,且周期不稳定,这很大程度上制约了市场化开发商参与此类项目的积极性。

2021年2月7日,虹口更新公司以1,113,534万元价格摘得虹口区四川北路街道HK193－02、HK193－03(地下部分)即“弘安里项目/17街坊地块”和北外滩街道HK300－02、HK300－03(地下部分)即“弘贤里项目/69街坊地块”。该两地块为组合出让,即两地块在四至范围、土地面积、用地性质及容积率上均不同,但在程序上是以一个国有建设用地使用权来进行定向挂牌出让。

上海方案通过实行旧改项目地块与资源地块组合出让的方式,解决因不同区块土地差异的造成的平衡问题,也解决后续参与二级市场项目开发的企业商业诉求上的后顾之忧,是对土地政策的一种创新。

第四章　城市更新各阶段涉税指引

第一节　各阶段的基本税务政策

一、土地出让阶段

(一)适用情形

旧区改造项目是指根据上海市城市更新和旧区改造工作领导小组办公室(以下简称市旧改办)安排,按照"市区联手、政企合作、以区为主"的方式,由上海市城市更新中心(以下简称市更新中心)承担的旧区改造项目。上海市城市更新建设发展有限公司(以下简称市更新公司)承担市更新中心具体工作,与相关区属企业合作成立区级城市更新公司(以下简称区更新公司),负责相关项目实施工作。

(1)区更新公司通过定向招拍挂方式取得旧改地块与资源地块,由区更新公司与土地市场签订1.0版土地出让合同。

(2)区更新公司对旧改地块项目、土地资源地块分别开发建设,设立全资项目公司,签订2.0版土地出让合同,并按规定办理土地出让金票据调整工作。

(3)市更新中心会同区有关部门、市区更新公司等组建项目招商工作组,通过合作单位遴选、方案评审、商务条件谈判、公开交易等工作,引进合作单位,共同实施项目开发建设,并由项目公司签订3.0版土地出让合同。(见图2-4-1)

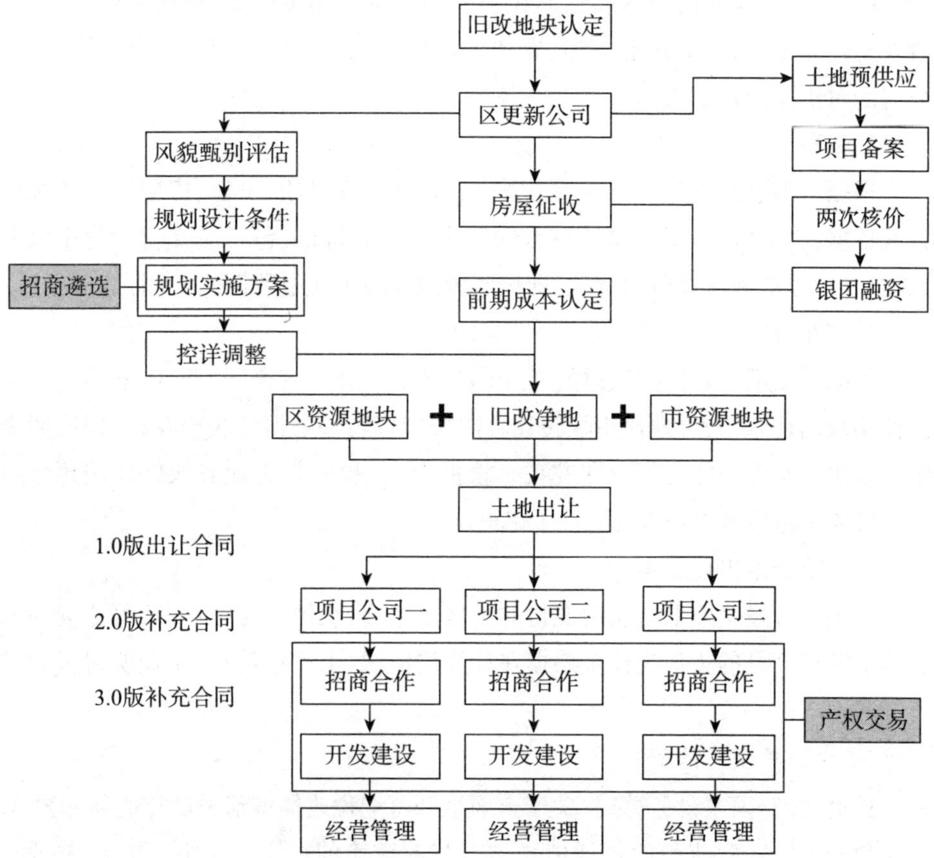

图 2-4-1　旧区改造项目实施流程

(二)相关税收政策

1. 增值税

根据《营业税改征增值税试点过渡政策的规定》第1条第37项规定,土地所有者出让土地使用权免征增值税。

2. 企业所得税

根据《房地产开发经营业务企业所得税处理办法》(已修改)第27条规定,土地征用费及拆迁补偿费属于开发产品计税成本支出,可在企业所得税前列支。土地征用费及拆迁补偿费指为取得土地开发使用权(或开发权)而发生的各项费用,主要包括土地买价或出让金、大市政配套费、契税、耕地占用税、土地使用费、土地闲置费、土地变更用途和超面积补交的地价及相关税费、拆迁补偿支出、安置及动迁支出、回迁房建造支出、农作物补偿费、危房补偿费等。企业转让股权取得的对价需确认收入。

3. 契税

根据《契税法》第4条第1项规定，土地使用权出让、出售、房屋买卖的契税计税依据，为土地、房屋权属转移合同确定的成交价格，包括应交付的货币以及实物、其他经济利益对应的价款，即按照缴纳土地出让金数额的3%征收契税。

4. 印花税

根据财政部、国家税务总局《关于印花税若干政策的通知》第3条规定，对土地使用权出让合同、土地使用权转让合同按产权转移书据征收印花税，即按照缴纳土地出让金万分之五征收印花税。根据《印花税法》，企业股权转让按照缴纳产权转移书据所载金额5‱征收印花税。

5. 关于土地出让成本

房地产开发企业取得土地支付的土地出让金，在销售房地产时，可凭规划和自然资源局开具的土地出让金票据在计算增值税、土地增值税、企业所得税时进行扣除。

（三）法规政策依据

1. 财政部、国家税务总局《关于全面推开营业税改征增值税试点的通知》（部分失效）附件3《营业税改征增值税试点过渡政策的规定》（财税〔2016〕36号）2016年5月1日起实施（本法规附件3《营业税改征增值税试点过渡政策的规定》中第1条第23项第4点已被财政部、国家税务总局《关于建筑服务等营改增试点政策的通知》废止；第1条第24款规定的中小企业信用担保增值税免税政策已被财政部、税务总局《关于租入固定资产进项税额抵扣等增值税政策的通知》停止执行）。

2.《企业所得税法》（2018修正）（中华人民共和国主席令第23号）2018年12月29日起实施。

3.《企业所得税法实施条例》（2019修订）（中华人民共和国国务院令第714号）2019年4月23日起实施。

4. 国家税务总局《关于印发〈房地产开发经营业务企业所得税处理办法〉的通知》（国税发〔2009〕31号）2008年1月1日起实施，2009年3月6日修订（本法规第 26 条第 2 款已被国家税务总局《关于房地产开发企业成本对象管理问题的公告》废止）。

5.《契税法》（中华人民共和国主席令第 52 号）2021 年 9 月 1 日起实施。

6.《印花税法》（中华人民共和国主席令第 89 号）2022 年 7 月 1 日起实施。

7. 财政部、国家税务总局《关于印花税若干政策的通知》（财税〔2006〕162 号）2006 年 11 月 27 日起实施。

二、项目销售阶段

（一）适用情形

项目公司在依法取得土地使用权的土地上自行完成项目开发，取得预售许可证并对外销售。

（二）相关税收政策

1. 增值税

（1）按销售不动产缴纳增值税 9%；

（2）项目公司销售自行开发的房地产项目增值税征收管理原则上按财税〔2016〕36 号、国家税务总局公告 2016 年第 18 号（已修改）规定执行。

2. 企业所得税

企业通过正式签订《房地产销售合同》或《房地产预售合同》取得的收入，应确认为销售收入的实现，具体按以下规定确认：

（1）采取一次性全额收款方式销售开发产品的，应于实际收讫价款或取得索取价款凭据（权利）之日，确认收入的实现。

（2）采取分期收款方式销售开发产品的，应按销售合同或协议约定的价款和付款日确认收入的实现。付款方提前付款的，在实际付款日确认收入的实现。

（3）采取银行按揭方式销售开发产品的，应按销售合同或协议约定的价款确定收入额，其首付款应于实际收到日确认收入的实现，余款在银行按揭贷款办理转账之日确认收入的实现。

（4）采取委托方式销售开发产品的，应按以下原则确认收入的实现：

①采取支付手续费方式委托销售开发产品的，应按销售合同或协议中约定的价款于收到受托方已销开发产品清单之日确认收入的实现。

②采取视同买断方式委托销售开发产品的，属于企业与购买方签订销售合

同或协议,或企业、受托方、购买方三方共同签订销售合同或协议的,如果销售合同或协议中约定的价格高于买断价格,则应按销售合同或协议中约定价格计算的价款于收到受托方已销开发产品清单之日确认收入的实现;如果属于前两种情况中销售合同或协议中约定的价格低于买断价格,以及属于受托方与购买方签订销售合同或协议,则应按买断价格计算的价款于收到受托方已销开发产品清单之日确认收入的实现。

③采取基价(保底价)并实行超基价双方分成方式委托销售开发产品的,属于由企业与购买方签订销售合同或协议,或企业、受托方、购买方三方共同签订销售合同或协议的,如果销售合同或协议中约定的价格高于基价,则应按销售合同或协议中约定价格计算的价款于收到受托方已销开发产品清单之日确认收入的实现,企业按规定支付受托方的分成额,不得直接从销售收入中减除;如果销售合同或协议约定的价格低于基价,则应按基价计算的价款于收到受托方已销开发产品清单之日确认收入的实现。属于由受托方与购买方直接签订销售合同的,则应按基价加上按规定取得的分成额于收到受托方已销开发产品清单之日确认收入的实现。

④采取包销方式委托销售开发产品的,包销期内可根据包销合同的有关约定,参照上述①至③项规定确认收入的实现;包销期满后尚未出售的开发产品,企业应根据包销合同或协议约定的价款和付款方式确认收入的实现。

(5)企业销售未完工开发产品取得的收入,应先按预计计税毛利率分季(或月)计算出预计毛利额,计入当期应纳税所得额。开发产品完工后,企业应及时结算其计税成本并计算此前销售收入的实际毛利额,同时将其实际毛利额与其对应预计毛利额之间的差额,计入当年度企业本项目与其他项目合并计算的应纳税所得额。

3. 土地增值税

采取预收款方式销售自行开发房地产项目的,按照(预售款 - 应预缴增值税税款) × 预征率预缴土地增值税。

4. 印花税

按照缴纳产权转移数据的 5‰征收印花税。

(三)法规政策依据

1. 财政部、国家税务总局《关于全面推开营业税改征增值税试点的通知》(财税〔2016〕36号）2016年5月1日起实施（本法规中《营业税改征增值税试点实施办法》第7条；《营业税改征增值税试点过渡政策的规定》第1条第23项第4点已被财政部、国家税务总局《关于建筑服务等营改增试点政策的通知》废止；本法规中附件3《营业税改征增值税试点过渡政策的规定》第1条第24款规定的中小企业信用担保增值税免税政策已被财政部、税务总局《关于租入固定资产进项税额抵扣等增值税政策的通知》停止执行；本法规中《营业税改征增值税试点有关事项的规定》第1条第4项第1点、第2条第1项第1点已被财政部、税务总局、海关总署《关于深化增值税改革有关政策的公告》停止执行）。

2.《房地产开发企业销售自行开发的房地产项目增值税征收管理暂行办法》（国家税务总局公告2016年第18号）（已修改）2016年5月1日起实施。

3.财政部、税务总局《关于调整增值税税率的通知》（财税〔2018〕32号）2018年5月1日起实施。

4.财政部、税务总局、海关总署《关于深化增值税改革有关政策的公告》（财政部、国家税务总局、海关总署公告2019年第39号）2019年4月1日起实施。

5.财政部、国家税务总局《关于全面推开营业税改征增值税试点的通知》附件2《营业税改征增值税试点有关事项的规定》（财税〔2016〕36号）2016年5月1日起实施（本法规《营业税改征增值税试点有关事项的规定》第1条第4项第1点、第2条第1项第1点已被财政部、税务总局、海关总署《关于深化增值税改革有关政策的公告》停止执行）。

6.国家税务总局《关于印发〈房地产开发经营业务企业所得税处理办法〉的通知》（国税发〔2009〕31号）2008年1月1日起实施，2009年3月6日修订（部分失效依据：本法规第26条第2款已被国家税务总局《关于房地产开发企业成本对象管理问题的公告》废止）。

7.《土地增值税暂行条例》（2011修订）（中华人民共和国国务院令第588号）2011年1月8日起实施。

8.《土地增值税暂行条例实施细则》（财法字〔1995〕6号）1995年1月27日起实施。

9.上海市地税局《关于调整住宅开发项目土地增值税预征办法的公告》（上海市地方税务局公告〔2010〕年1号）2010年10月1日起实施（本法规第6条已被国家税务总局上海市税务局《关于实行税种综合申报的公告》、国家税务总局上海市税务局《关于公布2021年度税务规范性文件清理结果的公告》废止)。

10. 国家税务总局《关于营改增后土地增值税若干征管规定的公告》(国家税务总局公告2016年第70号)2016年11月10日起实施。

11.《印花税法》(中华人民共和国主席令第89号)2022年7月1日起实施。

三、项目清算阶段

(一)适用情形

1. 符合下列情形之一的,纳税人应进行土地增值税的清算:(1)房地产开发项目全部竣工、完成销售的;(2)整体转让未竣工决算房地产开发项目的;(3)直接转让土地使用权的。

2. 符合下列情形之一的,主管税务机关可要求纳税人进行土地增值税清算:(1)已竣工验收的房地产开发项目,已转让的房地产建筑面积占整个项目可售建筑面积的比例在85%以上,或该比例虽未超过85%,但剩余的可售建筑面积已经出租或自用的;(2)取得销售(预售)许可证满3年仍未销售完毕的;(3)纳税人申请注销税务登记但未办理土地增值税清算手续的;(4)税务机关规定的其他情况。

(二)相关税收政策

1. 企业所得税

企业按规定对开发项目进行土地增值税清算后,当年企业所得税汇算清缴出现亏损且有其他后续开发项目的,该亏损应按照税法规定向以后年度结转,用以后年度所得弥补。后续开发项目,是指正在开发以及中标的项目。

企业按规定对开发项目进行土地增值税清算后,当年企业所得税汇算清缴出现亏损,且没有后续开发项目的,可以按规定计算出该项目由于土地增值税导致的项目开发各年度多缴企业所得税税款,并申请退税。

2. 土地增值税

按照转让房地产取得的增值额以及四级超率累进税率计算征收。

(三)法规政策依据

1. 国家税务总局《关于房地产开发企业土地增值税清算涉及企业所得税退税有关问题的公告》(国家税务总局公告2016年第81号)2016年12月9日起实施。

2.《土地增值税暂行条例》(2011 修订)(中华人民共和国国务院令第 588 号)2011 年 1 月 8 日起实施。

3.《土地增值税暂行条例实施细则》(财法字〔1995〕6 号)1995 年 1 月 27 日起实施。

4. 国家税务总局《关于土地增值税清算有关问题的通知》(国税函〔2010〕220 号)2010 年 5 月 19 日起实施。

5. 国家税务总局《关于营改增后土地增值税若干征管规定的公告》(国家税务总局公告 2016 年第 70 号)2016 年 11 月 10 日起实施。

6. 国家税务总局《关于房地产开发企业土地增值税清算管理有关问题的通知》(国税发〔2006〕187 号)2007 年 2 月 1 日起实施。

四、尾盘管理阶段的税务

(一)适用情形

纳税人在土地增值税清算时未转让的房地产,在清算后发生销售或有偿转让。

(二)相关税收政策

(1)增值税:与项目销售一致。

(2)企业所得税:与项目销售一致。

(3)土地增值税:与项目清算方式保持一致。

(4)印花税:按照缴纳产权转移数据的 5‰征收印花税。

(三)法规政策依据

1. 财政部、国家税务总局《关于全面推开营业税改征增值税试点的通知》(财税〔2016〕36 号)2016 年 5 月 1 日起实施(本法规中《营业税改征增值税试点实施办法》第 7 条;《营业税改征增值税试点过渡政策的规定》第 1 条第 23 项第 4 点已被财政部、国家税务总局《关于建筑服务等营改增试点政策的通知》废止;本法规中《营业税改征增值税试点过渡政策的规定》第 1 条第 24 款规定的中小企业信用担保增值税免税政策已被财政部、税务总局《关于租入固定资产进项税额抵扣等增值税政策的通知》停止执行;本法规中《营业税改征增值税试点有关事项的规定》第 1 条第 4 项第 1 点、第 2 条第 1 项第 1 点已被财政部、税务总局、海关总署《关于深化增值税改革有关政策的公告》停止执行)。

2. 财政部、税务总局《关于调整增值税税率的通知》(财税〔2018〕32 号)2018 年 5 月 1 日起实施。

3. 财政部、税务总局、海关总署《关于深化增值税改革有关政策的公告》(财政部、国家税务总局、海关总署公告 2019 年第 39 号)2019 年 4 月 1 日起实施。

4. 财政部、国家税务总局《关于全面推开营业税改征增值税试点的通知》附件 2《营业税改征增值税试点有关事项的规定》(财税〔2016〕36 号)2016 年 5 月 1 日起实施(本法规《营业税改征增值税试点有关事项的规定》第 1 条第 4 项第 1 点、第 2 条第 1 项第 1 点已被财政部、税务总局、海关总署《关于深化增值税改革有关政策的公告》停止执行)。

5. 国家税务总局《关于印发〈房地产开发经营业务企业所得税处理办法〉的通知》(国税发〔2009〕31 号)2008 年 1 月 1 日起实施,2009 年 3 月 6 日修订(本法规第 26 条第 2 款已被国家税务总局《关于房地产开发企业成本对象管理问题的公告》废止)。

6.《土地增值税暂行条例》(2011 修订)(中华人民共和国国务院令第 588 号)2011 年 1 月 8 日起实施。

7.《土地增值税暂行条例实施细则》(财法字〔1995〕6 号)1995 年 1 月 27 日起实施。

8. 国家税务总局《关于营改增后土地增值税若干征管规定的公告》(国家税务总局公告 2016 年第 70 号)2016 年 11 月 10 日起实施。

9.《印花税法》(中华人民共和国主席令第 89 号)2022 年 7 月 1 日起实施。

第二节　税收优惠政策

一、企业所得税优惠政策

(一)优惠政策

1. 居民企业以非货币性资产对外投资确认的非货币性资产转让所得,可在不超过 5 年的期限内,分期均匀计入相应年度的应纳税所得额,按规定计算缴纳企业所得税。

2. 企业股权收购、资产收购、合并、分立符合特殊性税务处理条件的，可以适用递延纳税政策。

（二）法规政策依据

（1）财政部、国家税务总局《关于非货币性资产投资企业所得税政策问题的通知》（财税〔2014〕116 号）2014 年 1 月 1 日起实施。

（2）财政部、国家税务总局《关于企业重组业务企业所得税处理若干问题的通知》（财税〔2009〕59 号）2008 年 1 月 1 日起实施。

二、契税优惠政策

（一）优惠政策

1. 企业按照《公司法》有关规定整体改制，包括非公司制企业改制为有限责任公司或股份有限公司，有限责任公司变更为股份有限公司，股份有限公司变更为有限责任公司，原企业投资主体存续并在改制（变更）后的公司中持股权（股份）比例超过 75%，且改制（变更）后公司承继原企业权利、义务的，对改制（变更）后公司承受的原企业土地、房屋权属，免征契税。

2. 两个或两个以上的公司，依照法律规定、合同约定，合并为一个公司，且原投资主体存续的，对合并后公司承受的原合并各方土地、房屋权属，免征契税。

3. 公司依照法律规定、合同约定分立为两个或两个以上与原公司投资主体相同的公司，对分立后公司承受的原公司土地、房屋权属，免征契税。

4. 资产划转。对承受县级以上人民政府或国有资产管理部门按规定进行行政性调整、划转国有土地、房屋权属的单位，免征契税。

同一投资主体内部所属企业之间土地、房屋权属的划转，包括母公司与其全资子公司之间，同一公司所属全资子公司之间，同一自然人与其设立的个人独资企业、一人有限公司之间土地、房屋权属的划转，免征契税。

母公司以土地、房屋权属向其全资子公司增资，视同划转，免征契税。

5. 债权转股权。经国务院批准实施债权转股权的企业，对债权转股权后新设立公司承受的原企业土地、房屋权属，免征契税。

6. 公司股权（股份）转让。在股权（股份）转让中，单位、个人承受公司股权（股份），公司土地、房屋权属不发生转移，不征收契税。

(二)法规政策依据

财政部、国家税务总局《关于继续执行企业事业单位改制重组有关契税政策的公告》(财政部、国家税务总局公告 2021 年第 17 号)自 2021 年 1 月 1 日起至 2023 年 12 月 31 日执行。

三、土地增值税优惠政策

(一)优惠政策

1. 对于一方出地,另一方出资金,双方合作建房,建成后按比例分房自用的,暂免征收土地增值税;建成后转让的,应征收土地增值税。

2. 纳税人建造普通标准住宅出售,增值额未超过扣除项目金额 20% 的,免征土地增值税。普通标准住宅,是指按所在地一般民用住宅标准建造的居住用住宅。高级公寓、别墅、度假村等不属于普通标准住宅。

(二)法规政策依据

1. 财政部、国家税务总局《关于土地增值税一些具体问题规定的通知》(财税字〔1995〕48 号)1995 年 5 月 25 日起实施(本法规第 1 条、第 3 条已被财政部、国家税务总局《关于企业改制重组有关土地增值税政策的通知》废止)。

2.《土地增值税暂行条例》(2011 修订)(中华人民共和国国务院令第 588 号)2011 年 1 月 8 日起实施。

3.《土地增值税暂行条例实施细则》(财法字〔1995〕6 号)1995 年 1 月 27 日起实施。

四、增值税优惠政策

(一)优惠政策

在资产重组过程中,通过合并、分立、出售、置换等方式,将全部或者部分实物资产以及与其相关联的债权、负债和劳动力一并转让给其他单位和个人,其中涉及的不动产、土地使用权转让,不征收增值税。

(二)法规政策依据

财政部、国家税务总局《关于全面推开营业税改征增值税试点的通知》附件 2《营业税改征增值税试点有关事项的规定》(财税〔2016〕36 号)2016 年 5 月 1 日起实施(本法规《营业税改征增值税试点有关事项的规定》第1条第4项第1点、第2条第1项第1点已被财政部、税务总局、海关总署《关于深化增值税改革有关政策的公告》停止执行)。

五、印花税优惠政策

(一)优惠政策

1. 实行公司制改造的企业在改制过程中成立的新企业(重新办理法人登记的),其新启用的资金账簿记载的资金或因企业建立资本纽带关系而增加的资金,凡原已贴花的部分可不再贴花,未贴花的部分和以后新增加的资金按规定贴花。

2. 以合并或分立方式成立的新企业,其新启用的资金账簿记载的资金,凡原已贴花的部分可不再贴花,未贴花的部分和以后新增加的资金按规定贴花。

合并包括吸收合并和新设合并;分立包括存续分立和新设分立。

3. 企业改制前签订但尚未履行完毕的各类应税合同,改制后需要变更执行主体的,对仅改变执行主体、其余条款未作变动且改制前已贴花的,不再贴花。

4. 企业因改制签订的产权转移书据免予贴花。

5. 自2018年5月1日起,对按万分之五税率贴花的资金账簿减半征收印花税,对按件贴花5元的其他账簿免征印花税。

(二)法规政策依据

财政部、国家税务总局《关于企业改制过程中有关印花税政策的通知》(财税〔2003〕183号)2003年12月8日起实施。

下　编

城市微更新的落地实例

第一章　城市微更新的概论

第一节　城市微更新的界定

一、城市微更新的背景与定义

2018 年 10 月 22 日至 25 日，习近平总书记在广东考察时指出："城市规划和建设要高度重视历史文化保护，不急功近利，不大拆大建。要突出地方特色，注重人居环境改善，更多采用微改造这种'绣花'功夫，注重文明传承、文化延续，让城市留下记忆，让人们记住乡愁。"这为城市更新指明了新方向：大拆大建、粗放性规划模式已不适用于当下，微更新才是城市自下而上精细化治理的最佳模式。

中国城市建设经过近 40 年的高速增长期之后，已经进入内涵提升和品质优先的新阶段。传统的拆除重建式更新模式或者行政征收—土地出让—改造模式在老旧小区穿插交错存在的情况下难以实施，微更新则是在人口、资源、制度、法律等层面赋予了城市更新的新功能、新内容。

城市微更新，可以定义为以对城市存量建筑资源维护、改造、扩建、扩充等的方式推进土地建筑资源重新优化配置、提高存量资源的利用效率、促进城市社区功能的局部升级、实现居住条件改善和生活品质提高，增强城市活力，传承城市人居文化特色的一种更新方式。

二、城市微更新的现状

如今，各大城市都逐步开始进行精细化管理，实施城市微更新。例如北京在老城胡同中进行社区营造实验；上海提出"街道是可漫步的、建筑是可阅读的、城市是有温度的"；南京开展"微更新、微幸福"优秀项目征集；武汉以"红色物业"社区更新实验助推"微更新"落地等。城市微更新已开始成为城市更新的主旋律。

城市微更新之所以广受欢迎,是因为它可以在不涉及用地性质、容积率等指标调整的前提下,只需投入较少的时间和金钱,即可极大改善居民的生活。城市微更新是一种更有实操性、更见成效、更灵活的更新方式。

城市微更新在外在形态上涉及建筑和空间改造、人口与产业调整重组、外部政策和金融等各方面资源的支撑,在内涵上涉及不同社会主体权利义务的行使与承担,在结果上可能形成新的利益分配,且无法套用原有的城市更新评价体系评判项目实施成效或者性价比。相比片区改造或者规模化的棚改,城市微更新要投入大量的人力和成本,但是现实中微更新项目混乱和低效的现象还是比较明显,因此城市微更新必须要有清晰的目标。

第二节　城市微更新的重要意义及目标任务

一、城市微更新的重要意义

党的十九大报告指出当前社会的主要矛盾已经转化为人民日益增长的美好生活需要和不平衡不充分的发展之间的矛盾。提高生活品质,满足人民对美好生活的需求成为现阶段的工作重点。据统计,2020 年中国城镇人口达到 90,199 万人,占全国人口的 63.89%;改革开放以来国内城市化加快发展,城镇化率已从 1978 年的 17.9%增长到 2020 年的 63.89%。城市化发展突飞猛进的背后是土地资源开发需求快速增长与供应不足之间矛盾已达瓶颈期的残酷现实。

《国家新型城镇化战略规划(2014—2020 年)》指出“城镇化必须进入以提升质量为主的转型发展新阶段”。2015 年中央城市工作会议提出要控制城市开发强度,树立“精明增长”“紧凑城市”理念,科学划定城市开发边界,推动城市发展由外延式扩张向内涵提升式转变。

改革开放 40 年来,以上海为代表的特大型城市经历了从旧城改造到城市更新的理念升级,从以物质与环境改善为主,转向注重社会、经济、文化等多重目标复合的可持续更新理念,从大拆大建转为有机更新,注重城市的经济、环境和社会多方面的融合,进而推动城市向更高层次不断迭代发展。

城市发展的主题开始从土地“扩充增量”转变成“优化存量”。而“优化存量”的重要途径就是城市微更新，尤其是针对老旧小区、棚户区、存量工业土地进行赋能以逐步消除更新效果碎片化等现实挑战。老旧小区、旧改难度高的城市核心区普遍存在硬件设施老化、公共服务紧缺、配套设施落后、市场力量介入动力缺失、改造工作庞杂烦琐等问题，2020 年国务院办公厅《关于全面推进城镇老旧小区改造工作的指导意见》印发以来，各地积极探索完善老旧小区基础设施、改善社区公共空间、拓展社区资源供给等渠道。

城市更新需要的资金规模大、时间周期长，并且更新形成的土地资源和项目开发、孵化、创造价值需要一个较长的时间，风险也比较大。政府资金需要在城市更新中扮演基石和“撬动”的角色。但是政府又受到自身债务规模和偿债能力的刚性约束，在自身资金不足、合法合规刚性约束强的背景下，如何导入社会资本，并能有一定的风险和收益平衡机制和进出通道，是未来需要着重考虑的问题。

近期国家对城市更新政策导向出现了较为显著的重大变化。为积极稳妥地实施城市更新行动，防止大拆大建问题，2021 年 8 月，住房和城乡建设部发布《关于在实施城市更新行动中防止大拆大建问题的通知》。主要内容包括坚持划定底线、坚持保留城市记忆、坚持量力而行推进改造提升三个方面，原则上城市更新单元(片区)或项目内拆除建筑面积不应大于现状总建筑面积的 20%，提倡小规模、渐进式有机更新和微改造。

二、城市微更新的目标任务

(一)经济目标

城市经济更有活力。微更新的主要目标之一是促进城市经济的可持续发展，更能适应城市经济结构转型和升级的要求。这一目标在要求微更新宏观层面上推动城市规模、空间布局和机构更加合理，促进城市土地利用、权利归属、产业发展相适应，微观层面上使物业功能更加完善、形象环境更加美观、资产价值得到提升。在城市中心零星土地、城市规划更新后留存待整改的地块上，提高土地利用效率和承载力。在基础物业服务基础上，加入智能化服务配套，挖掘社区居民共性需求，链接社会上的产业和市场服务机构，为城市居民共享城市发展成果提供共性增值服务。

(二)社会目标

社会更加和谐包容。通过城市微更新保护和延续城市历史文化脉搏、推进公共资源进社区、实现社会和谐包容发展。如果规模化的城市更新更注重效率和增长,那么微更新的目标则更为复合,要考虑在城市快速发展的进程中,如何避免贫困家庭集中、社会分层严重、提高社区宜居性,在面临老龄化挑战的城市中提高适老设施的覆盖面。以微更新项目作为载体,厘清各种权力属性,在一个空间中和谐共存,形成公正合理、稳定可持续的权利机制,优化公共政策,保障多方合法权益,推进社会融合发展;消弭快速城市化进程中,因改造价值不高、经济属性不强形成的割裂城市的洼地。

通过微更新可以修复传承城市的文化内涵和社区活力,增加居民对生活环境的满意度和支持率,营造和谐包容的社会组织结构,突出城市历史和文化风貌独特性;通过导入适合的资源,保全城市布局的文化遗产,在日常生活中创新其社会更新能量,形成保护和利用的良性循环。

微更新同时也是居民对城市化发展成果的共享,对公共资源、公共服务的共享,尤其是自下而上的微更新,通过改造老旧城区设施,优化公共资源配置,实现人居、教育、医疗、养老等基本公共服务在城市的全覆盖与均衡发展,适当向弱势群体利益倾斜;在更新机制上,积极发挥政府的政策制定、制度供给、宏观引领、微观实施引导等方面的作用,探索渠道支持社会参与,达到兼容并蓄、合理共治共享的目标。

(三)环境目标

城市环境可持续健康发展,打造绿色宜居城市人居微生态。将城市微更新与城市环境生态修复相结合,从生态格局、景观等层次上进行修复,改善区域人居环境;以低碳、环保型修复技术为核心,对城市污染和废弃地进行污染改造整治,治理历史遗留的生态环境、土壤污染,城市排污和垃圾分类集散转运系统等问题。通过微更新创造的社区空间,具有塑造文明多元人文生态环境的积极作用,横向水平面上创造居民进行社会交往、体验城市文化的场所,打破钢筋水泥建筑形成的垂直割裂。

(四)公共卫生目标

2022 年春上海爆发的新冠肺炎疫情,对上海市居民生活造成了很大冲击。全城实施静态管理措施控制疫情期望达到社会面清零的目标。但是在疫情中,可以看到老旧小区是疫情传染的重灾区，首当其冲的是市中心共用厨卫的老式旧里，公用设施同时成为疫情传染空间，导致疫情在街区内蔓延。抗疫防疫另一个主阵地就是没有安装电梯、建设于20世纪70年代末80年代初的社区。居住密度大、没有电梯协助人员和物资转运、公共空间场地缺乏，在疫情的冲击下，未来微更新的目标必须把提高公共卫生水平、提高辅助设施安装作为工作重点，提高城市应对危机的韧性。

第三节　城市微更新的政策法律演进

城市微更新总体来说是实践先行，随着国家法律政策体系的逐步完善，微更新也逐渐凸显出来，形成一个相对独立的板块，在上位法和国家政策的指导下，越来越多地体现在各省的立法文件中。

一是在法律制度建设方面，1989年制定《城市规划法（草案）》，1984年公布了第一部有关城市规划、建设和管理的基本法规《城市规划条例》（已失效）。在条例中指出旧城区的改建，应当遵循“加强维护、合理利用、适当调整、逐步改造”的原则。这对于当时还处于恢复阶段的城市规划和更新工作，具有重大的现实指导意义，与我们今天推进的微更新项目的内在要求和发展方向是一致的。

二是随着1994年国务院《关于深化城镇住房制度改革的决定》（已失效）公布，以及1998年单位制福利分房正式结束，全国掀起了住宅开发热潮。各大城市借助土地有偿使用的市场化运作，通过房地产业、金融业与更新改造的结合，充分发挥“土地级差地租”效益，新建了大量住宅，推动了旧城居住区的更新改造。2004年，原国土资源部、原监察部颁布《关于继续开展经营性土地使用权招标拍卖挂牌出让情况执法监察工作的通知》，规定2004年8月31日以后所有经营性用地出让全部实行招拍挂制度。2007年的《物权法》（已失效）更加规范了城市更新中的拆迁工作。

这一时期的城市更新可以说是机遇和问题并存，在高速城镇化的背景下，正是因为土地的市场化改革，地方政府有途径通过土地批租为旧城更新提供新的资金来源，由于市场机制引入，政府和市场共同推动，加快了旧区基础设施改善，使旧区土地得以增值，在北京、上海、广州、南京、杭州、深圳等城市开展大规模城市更新活动，涌现了北京“798”艺术区更新实践、上海世博会城市最佳实践区、南京老城南地区更新、杭州中山路综合更新、常州旧城更新以及深圳大冲村改造等一批城市更新实践与探索，更新重点涉及重大基础设施、老工业基地改造、历史街区保护与整治以及城中村改造等多种类型。

这一时期的城市更新是以政府或者国有企业作为更新主体进行主导的，但与此同时，也发生了一些破坏历史风貌、激化社会矛盾的严重问题，也是在这个时期，开始针对保护性利用价值更高的片区进行留、改、拆并举的城市微更新实践，在更小的单元上探索特大型城更新提级。

三是以《土地储备管理办法》等政府规章为依据进行的微更新实践。例如北京“798”艺术实践区，原为北京市土地储备中心收储的工业用地。这些土地原来划拨给国有华北无线电器材厂三分厂，在城市推行“退二进三”之后，由北京市土地储备中心进行收储并在支付征收补偿款之后纳入土地储备库。为盘活储备资产价值，在储备期间以临时利用的方式进行了艺术实践区的运作并取得了良好的社会和经济更新效益。而储备土地的临时利用依据是财政部、原国土资源部、中国人民银行联合印发的《土地储备管理办法》(已失效)第21条，在储备土地未供应前，土地储备机构可将储备土地或连同地上建(构)筑物，通过出租、临时使用等方式加以利用。储备土地的临时利用，一般不超过两年，且不能影响土地供应。储备土地的临时利用应报同级国土资源主管部门同意。其中，在城市规划区内储备土地的临时使用，需搭建建(构)筑物的，在报批前，应当先经城市规划行政主管部门同意，不得修建永久性建筑物。因此，“798”艺术实践区保留了原有厂房、建筑物、构筑物，进行了局部更新，如加固房屋、内部分割、道路整治等，并引入艺术实践资源，这在储备土地临时利用方面是创造性举措，为微更新项目引入社会力量，激活街区能量方面做出了有借鉴意义的实践。

四是近年来，相继出台了国务院《关于加快棚户区改造工作的意见》和《关于推进城区老工业区搬迁改造的指导意见》等重要文件。2014年《政府工作报告》提出的“三个一亿人”的城镇化计划，其中一个亿人的城市内部人口安置针对的就是城中村和棚户区及旧建筑改造。2015年，住房和城乡建设部将三亚市作为我国“生态修复、城市修补”(以下简称“城市双修”)的首个试点城市。2016年，原国土资源部印发《关于深入推进城镇低效用地再开发的指导意见(试行)》(已失效)，2017年印发《城镇低效用地再开发工作推进方案(2017—2018年)》。2017

年,住房和城乡建设部出台《关于加强生态修复城市修补工作的指导意见》。

五是 2015 年之后各地在城市更新的实施机制与制度建设方面进行了大胆探索与突破。2015 年 2 月“广州市城市更新局”挂牌成立,之后深圳、东莞、济南等城市更新局相继成立。

在城市更新管理法律、法规方面,上海出台了《上海市城市更新实施办法》《上海市城市更新规划土地实施细则》《上海市城市更新规划管理操作规程》《上海市城市更新区域评估报告成果规范》等重要文件,深圳出台了《深圳市城市更新办法》《深圳市城市更新办法实施细则》《深圳市城市规划标准与准则》等重要文件。

六是后续仍需提高立法层级,加速推进更新,明确微更新的地位和价值。城市微更新离不开法治护航。在国家推动的背景下,深圳、上海等地纷纷响应,开启了城市更新立法实践。2021 年 3 月 1 日起,《深圳经济特区城市更新条例》开始施行,这也是全国首部城市更新地方立法。2021 年 9 月 1 日起,《上海市城市更新条例》开始施行,对推动城市更新、提高城市竞争力、提升城市软实力具有重要意义。

除两部已经施行的城市更新条例外,2021 年 7 月 21 日,《广州市城市更新条例(征求意见稿)》结束向社会公开征求意见;北京也将《北京市城市更新条例(草案)》纳入正式立法议程。

在各地立法和实践基础上,未来可以提炼微更新中的共性部分,逐步完善。在《土地管理法》、《国有土地上房屋征收与补偿条例》以及通过最高人民法院对《物权法》(已失效)实施过程中出具的司法解释、批复等方式,集合而成涵盖城市微更新方方面面的法律体系。

第四节　城市微更新的不足

一、城市微更新的制度、政策供给不足

具体而言,一是改造所涉及的多方权责部门的上级统筹力量短缺。更新成本核算、土地用途及指标管控、财政投入等由于分别涉及不同单位、部门,产生了

巨大的博弈成本。二是基于事权分离和市场激励的政策短缺。规划审批、指标激励往往与产权登记、执照颁布存在事权分离现象，导致在改造谈判协商中达成的共识难以依法依规推进。

北京愿景集团参与了北京市劲松老旧小区改造项目，这也是北京首次尝试引入社会资本参与改造老旧小区。在项目实践中，主要遇到了以下三个问题：

一是产权结构复杂，缺乏组织协调机制。劲松老旧小区改造项目的产权所有方涉及政府、国有企业、社区、街道等，推动这类项目需要建立更清晰的组织协调机制，统筹资源，才能推动项目更加高效地执行。

二是社会资本参与的广度和深度不够。目前，北京市社会资本参与老旧小区改造的项目不多。一个重要的原因是没有明确的规范和章程，社会资本能参与哪些项目，能够参与到什么程度，目前还属于“一事一议”范围。建议政府层面能出台措施，鼓励具有专业能力和资质的企业参与城市更新项目，并建立公开透明的项目和企业考评机制，吸引更多企业加入。

三是城市更新项目的财务平衡和投融资机制仍有待完善。目前，全国各地城市更新遇到最大的问题还是政府财力不足。在大拆大建模式不被允许的情况下，政府怎么实现财务平衡，怎么吸引更多的社会资本、银行资本参与，需要持续探索。对企业来讲，项目建设过程需要低成本、长周期的资金支持。当前，老旧小区改造项目的银行贷款年化利率是8%至9%，资金成本偏高，建议针对此类民生项目适当降低利率。此外，当前融资仍然依赖产权抵押，建议加强金融创新，完善以项目运营权作为质押的融资模式。

二、城市微更新的内生动力机制不够成熟

老旧城区改造的内生动力直接来自政府、企业以及市民，各方利益平衡困难导致内生动力不足。具体而言主要包含四个方面：一是政府更新改造投入与市场主体自主更新的利益平衡困难；二是市民的短期“旧改”红利与长远土地资源透支利益平衡困难；三是市场主体短期投入利益与长期运营利益平衡困难；四是高强度开发的利益与社会公共利益平衡困难。

就特大型城市而言，微更新的着眼点主要是在城市旧改遗留的边角地块以及在上一轮大规模改造过程中，基于历史原因或者经济原因没有纳入旧改拆迁地块的项目，这些更新投入大，产出难，产出慢，社会资本参与的意愿比较低，或

者没有很好的渠道参与。单纯依赖财政性改造资金投入,基层政府也不堪重负,缺少管理和统筹民众意愿的方案比选设计能力。

三、传统开发模式不再适应微更新的改造要求

一是传统大拆大建的开发模式不断加剧老城区交通、公共服务等设施的承载压力,同时破坏了老旧城区特有的城市风貌和城市文脉。二是传统大拆大建的开发模式下,原住居民被迫迁出,破坏了原有的社会结构,瓦解了原有的社区文化,割裂了人、地和文化的关系。城市更新和传统城市建设不同,它是一种全新的城市发展模式。相比城市建设,城市更新过程中的经济问题更复杂。例如,城市更新项目需要处理复杂的产权关系,交易成本特别高;城市更新项目持续时间长,资金流动慢。更重要的是,如果仅以经济因素衡量城市更新,可能会引发城市功能分配不合理、丢失传统文化等问题。

我们要认识到,城市更新不只是一项工程,还是社会治理的过程,要让政府、市场和社会的力量同时发挥出来。市民愿意出钱享受更新带来的生活质量提升,分享更新项目收益;社会资本愿意为城市功能变化以及设施改善付费,也能投资项目获取分成;政府通过税收、房屋升值等,可以获得长期收益。

四、公众参与模式和渠道未能有效搭建和对接微更新领域

一是缺乏公开公正的信息平台。政府、开发商和居民之间存在信息与权利上的不对称,居民的需求和意愿未能得到有效的反馈和落实。二是居民缺少参与老旧城区改造的意识与方法。市民缺乏成熟的内部组织和对外部力量的认知与正确使用,对矛盾与不解更倾向于放弃跟进,处于被动位置。

第五节　推进城市微更新改造高质量发展的政策建议

一、政策完善:各部门统筹推进,完善政策法规体系

第一,实现部门间统筹,"改造与储备"双轮驱动。通过开展不同性质的老旧

城区改造项目,充分利用土地储备工作中积累的协调经验和相关人员共同合作开展土地整理,扩大土地供应总量,平衡土储与更新效益以及其中各方利益,优化城市更新的内生机制。

第二,完善老旧城区改造政策法规体系,提高政策稳定性。一是加快关于我国老旧城区改造条例的立法工作,明确老旧城区改造中各利益相关者的权利和责任。二是加快出台老旧城区改造工作的相关操作细则。加快健全现有老旧城区改造政策,建立健全老旧城区改造工作中所需的改造技术标准和规范体系。

第三,明确职能部门分工,加强项目管控。一是完善老旧城区改造各部门的职能分工。结合老旧城区改造的项目类型及改造方式,完善统一规范、明晰高效的项目行政审批流程。二是完善老旧城区改造项目跟踪监管系统,实现老旧城区改造项目全流程审批跟踪。

二、机制健全:推进有机改造,提升城市韧性与活力

第一,建立健全统筹协调机制与项目推进机制。通过加强土地开发中心和旧城改造部门的联动,建立健全政府统筹,多部门上下联动、齐抓共管的工作机制,形成老旧城区改造工作合力。政府部门应明确老旧城区改造项目的实施主体,建立健全老旧城区改造项目管理机制,推进改造项目平稳进行,有机结合老旧城区改造同步展开绿色社区建设。

第二,调整利益分配机制,平衡各方利益。在老旧城区改造中,探索对失地村民的多种补偿机制,进一步调整公开出让和自行改造两种模式的收益分配,制定更为严格的土地闲置管理制度,探索采取公开出让模式使企业分享土地增值收益制度,多方调动企业参与改造的积极性。

第三,提高城市韧性与可持续水平。老旧城区改造强调城市的韧性与可持续发展,在老旧城区改造的过程中应全面落实绿色发展理念,贯彻以人为本、绿色低碳、永续发展原则,以海绵城市建设促进城区环境和功能的全面提升,实现城市生产、生活、生态空间的有机融合。

三、模式创新:流程审批环节下沉,激发公众参与机制

第一,总结提炼老城区改造的共性与个性事项,科学设置流程,部分审批环节下沉,提升改造效率。发挥第三方专业机构在评估、矛盾化解、法律见证等方

面的积极作用,在合规合法的情况下缩短审批流程,优化各部门横向之间的联系与配合。

第二,进行协商式老旧城区改造,实施社区微更新模式。老旧城区改造规划需要通过协商来完成,特别是土地增值收益的再分配。探索构建项目公众参与平台,以公共咨询委员会等形式,发动市场、业主方或使用权人、专业机构参与老旧城区改造的积极性,针对公众的意见和建议,科学专业地提出应对方案。

四、平台搭建:搭建多元主体参与平台,培育市民公共意识

第一,拓展参与主体,实现改造项目模式多样化。老旧城区改造涉及的公众主体应向全年龄段人群与社会各阶层纵深拓展,从而促进老旧城区改造项目类型、模式与工作方法进一步走向多样化。为此,公共管理部门需要重视基层行政队伍专业化工作水平的提升,加强基层公共资源的使用效率和调配能力,与正在向"运营商"角色积极转型的各类市场主体共同应对提升服务效能、满足潜在市场需求等方面的挑战。

第二,搭建老旧城区改造多元主体参与平台。一是建立互动开放的老旧城区改造公众参与体系。把公众参与贯彻于老旧城区改造决策及后续管理环节。二是创新舆论宣传和公众参与的方法模式。广泛采用依靠新媒体、自媒体平台,立体宣传等方式传播老旧城区改造信息,营建优良的城区改造舆论氛围。三是探索建立老旧城区改造公共平台。充分利用数据、信息与知识支撑,开发老旧城区改造应用平台。

第三,培育市民公共意识,形成老旧城区改造的空间价值观。一是以政府为主导,加强老旧城区改造的普及工作。开展老旧城区改造的宣传活动与宣传教育,提高市民支持并参与老旧城区改造的积极性,并达成行动共识。二是以社区为阵地,创造良好的老旧城区改造环境。建设人与自然和谐共存的生态社区,开展旧城改造文化建设活动,培育市民对美好城市家园的公共意识,逐步形成旧城改造的空间价值观。

第二章　城市微更新的多元化探索

第一节　政府主导模式

上海市的城市微更新模式以“政府主导、国企实施”为主。2021 年 8 月发布的《上海市城市更新条例》规定，上海市城市更新坚持“留改拆”并举、以保留保护为主，遵循规划引领、统筹推进的原则；由市人民政府负责统筹并建立相关推进机制，市住房城乡建设管理部门下设办公室具体负责日常工作；区人民政府（含特定地区管理委员会）负责辖区内城市更新工作，城市更新实施主体由市、区人民政府遴选或直接指定。上海市国有资产监督管理委员会下属的光明集团、地产集团、百联集团、电气集团、锦江集团等知名国有企业为上海市城市更新项目贡献了巨大力量。在微更新层面，仍然秉承了基层政府和国企主导的模式。

实例 1　风貌保护之上海老市府大楼更新项目

一、老市府大楼更新项目概况

老市府大楼，原名工部局大楼，始建于 1914 年、竣工于 1922 年，最初为上海公共租界的最高市政机关工部局办公总部，建筑外形为英国新古典主义风格，带有巴洛克风格的装饰，其设计水平、审美取向和施工技术代表了当时的最高水平。1949 年，上海解放，新旧政府的交接仪式就在这幢大楼举行，同年 10 月 2 日在此升起了上海市第一面五星红旗，该楼继而成为新中国上海市政府大楼，直至 1956 年。这里也曾是上海市最高水平的人文艺术殿堂。1879 年，被誉为“远东第一乐队”的“上海公共乐队”在此诞生，比德国柏林爱乐乐团还早 3 年；世界著名物理学家爱因斯坦曾于 1923 年 1 月 1 日莅临大楼，在大礼堂用德语演讲相对论；20 世纪 50 年代，其内的礼堂成为上海市接待国际文化交流演出的重要场地。1989 年，这里被列为上海市第一批优秀历史建筑和市文物保护单位。

经过近百年的岁月交替,这幢历经风雨的历史保护建筑,被周边街区杂乱无章的黑色线圈、线缆遮住了“真容”。在周边环境改造前,站在老市府大楼正门前,无论从哪个角度,都很难拍出一张“无遮挡”美图。

在黄浦区新一轮“架空线入地行动计划”中,老外滩区域的架空线入地综合整治是其中重要的一部分,涉及福州路、汉口路、九江路、江西中路等6条道路。通过对这些道路的整治,外滩部分地区(东至黄浦江、西至河南中路、北至南京东路、南至福州路)所有东西向的道路实现了“零架空线”,彻底消除了“黑色污染”。

老市府大楼是上海首个以纯市场化方式实施城市更新的风貌保护项目。2019年保护性综合改造项目启动,对老市府大楼重现风貌、重塑功能,按照高端金融办公、文化和公共空间、特色配套商业的业态结构定位,打造历史风貌保护和城市更新经典新街区。

二、老市府大楼城市更新法律实务操作流程

(一)设立实施主体

老市府大楼在上海解放之后,一直作为政府机关办公所在地,产权归属政府所有,由政府履行产权人的管理、维修职责。在确立打造外滩第二立面的城市发展战略之后,为加快核心区域的城市更新,让外滩区域历史建筑“重现风貌、重塑功能”,引入市场化资源变古旧为经典,上海将市区两级国资企业作为平台,联手进行积极探索。

2014年,黄浦区政府和上海地产集团签订《黄浦区160街坊保护性开发合作协议》,并由上海地产集团下属世博土控公司和区属上海外滩投资开发集团合资成立上海外滩老建筑投资发展有限公司(以下简称外滩老建筑公司),负责项目的具体实施。

(二)产权归集和注入资产

在注册设立实施主体之后,市区两级政府相继以国有资产划拨方式,将160街坊资产(含老市府大楼)注入外滩老建筑公司。之后以该公司作为申报主体,进行腾空移交、方案征集论证、融资、报规报建以及施工改建等程序。

(三)审批权限下放

项目的审批层级按照实施主体的注册地和项目所在地进行属地化审批。如更新改造规划的设计招标由外滩老建筑公司作为主体主导招投标活动;规划设

计方案由黄浦区规划和自然资源局进行公示和审批；工程建设施工许可和监督也是向黄浦区提交相关资料。

（四）老市府项目的更新需要在文物保护法律法规的框架体系下实施

根据文物保护法律规定，已公布为文物保护单位或登记为不可移动文物的建筑物、构筑物等，在城市更新活动中应严格按照文物保护法律、法规的规定予以保护；涉及文物保护单位、不可移动文物及其他各类历史文化遗产类建筑、优秀近现代建筑、工业遗产保护类建筑和历史文化街区、名镇、名村的，实施方案还应包括保护方案与实施计划。

城市更新范围涉及优秀近现代建筑和历史文化街区、名镇、名村的，城市更新工作应当符合有关法律、法规和保护规划的要求，不得损害历史文化遗产的真实性和完整性，不得对其传统格局和历史风貌构成破坏性影响；住建、发改、资源规划、文化旅游、文物等相关职能部门应当按照各自职责做好城市更新工作；市级相关部门应当根据《保护条例》，在各自职能范围内制定立项、土地、规划、建设、财税、文物及其他与城市更新相关的配套政策。

因此老市府大楼在更新改造的过程中，对文物保护性修缮投入了大量的时间和精力。不仅编制了文物保护方案，还对建筑内部一些易受损伤的构件材料进行拆卸，按照历史年代、材质、安装部位等登记编号、处理保存，以备后续复原使用。例如门窗把手、插销，壁橱柜门及抽屉拉手等五金构件铜配件，要在施工前进行拆卸、溶剂清洗、铜器专用药水护理等工序。如果铜配件有损坏部位，能修复的进行修复，对于不能修复或者缺失的，请专业厂家按原样复制，达到风貌保护建筑修旧如旧的效果。

（五）项目资金筹措

老市府大楼更新项目资金完全需要企业自筹或者通过市场化方式解决，无法直接得到财政性拨款或者补贴。项目资金主要通过以下方式筹集：

(1)股东方按照出资比例缴付项目资本金共计人民币10.6亿元。其中黄浦区属国企上海外滩投资开发(集团)有限公司与上海地产集团旗下上海世博土地控股有限公司分别持股50%，出资额为5.3亿元。

(2)银行贷款。因历史风貌保护建筑不能作为抵押借款的标的物，因此在股东方缴付的注册资金不足以覆盖工程改造费用时，以更新主体作为借款人，项目资本金作为撬动杠杆，向金融机构申请贷款。担保方式为股东按比例向贷款人进行连带保证责任担保。

(3)未来可能考虑不动产信托投资基金产品(REITs)作为融资渠道。因老市府大楼项目中改造和新增的建构筑物,除了用于文物保护展览展示的部分,其他作为办公和商业用楼进行资产管理,带动区域结构更新、产业更新、经济体更新和生活方式更新。更新后的资产作经营性用途,因此在建成招商运营后,可以形成稳定的现金流,和其他项目合并形成规模,作为发行 REITs 的底层资产。这样,城市微更新在本项目上就从单一的文物保护展示功能发展到了通过有机更新让城市可持续经营的阶段,提炼发挥出金融与资产管理运作的双重价值。

实例2　老旧小区加装电梯

一、老旧小区加装电梯概况

作为国家重点发展的民生工程,老旧小区改造一直处在发展探索的过程中。早在 2011 年,上海就为老房加梯出台了第一份指导文件,实现从无到有的突破。2012 年至 2018 年,全市完工投入运行的老旧小区电梯共计不到 100 台。2021 年上海完成 1579 台电梯加装,超过过去 10 年完成总量的 3 倍。2022 年上海还要完成加装电梯 2000 台以上,在老旧小区微更新方面不断提速扩大覆盖面。在疫情之前已经完成 1813 台并且有 423 台投入使用。

2019 年,由市房屋管理局等十个部门联合制定的《关于进一步做好本市既有多层住宅加装电梯工作的若干意见》出台,明确居民可以提取住房公积金用于加梯建设资金,政府最高补贴从每台 24 万元增加到 28 万元。

2020 年,既有多层住宅加装电梯被列为民心工程,市级层面成立加梯专项办公室,以更大力度推进。各街镇居委充分发挥社区协商机制。

2021 年,《上海市既有多层住宅加装电梯操作指引》指导不同楼层的出资比例,促进居民意愿统一。下半年发布的《关于加强既有多层住宅加装电梯管理的指导意见》推动物业全程参与加梯,形成“建管并举”的全生命周期管理模式。

老旧小区改造是近些年来上海市城市微更新的最重要一环,随着旧区改造和消费升级,一些城市对老商圈进行改造,以适应新形势,更好地服务于广大市民。但与老旧小区越新越好的改造思路不同,很多城市对于老旧街区改造的核心是保留城市的“烟火气”。老商圈大都汇集百业,包括衣食娱购等日常基础消费,是城市“烟火气”的最佳承载者。这些老商圈是城市文化的缩影之一,也是城市的地标之一。总体来说,老旧小区加装电梯以及老旧商圈改造,对完善老旧小区住宅使用功能、促进无障碍环境建设、适应老龄化社会需求、提升城市生活品质具有重要意义。

但是,在给有的老旧小区安装电梯的过程中,一些现实问题也随之凸显。对于高层住户来说,安装电梯不仅会使其上下楼更加便利,还会带动房价上升。但对于那些住在低楼层的业主来说,安装电梯对自己几乎没什么益处,相反还容易带来噪音、遮挡阳光等问题。双方争论也由此产生,按照此前加装电梯需要全体业主一致同意的制度规定,加装电梯程序漫长,实际安装数量很少,推进效果不明显。近年来全国多地针对老旧小区加装电梯的工作已经积累了很多方式经验,归纳起来主要有以下几点。

(一)取消"一票否决制"

由于加装电梯获取居民合意较难,部分居民因分摊费用、造成生活不便等原因拒绝加装电梯,北京、上海、青岛等地出台文件规定只要小区2/3以上的居民同意安装电梯,就可以提出申请并作出指示,然后进入施工阶段。通过规避"一票否决"的方式来解决业主一人反对即可阻碍电梯加装的现状。

(二)形成资金共担机制

这一部分主要针对老旧小区加装电梯中的资金分配问题,一般来说,电梯安装采取"谁受益,谁出资"的原则。也就是说,在单元楼加装电梯时,一楼不受益可免费使用,其他楼层的业主只要保证不使用、不受益,也可不参与资金分摊。

(三)提倡使用公积金等

因为老旧小区改造涉及资金复杂,并非小数目,所以有的地方鼓励使用住宅专项维修基金,让渡小区公共收益。同时,也有地方针对老旧小区加装电梯此项工程,支持住户提取住房公积金。比如嘉兴市2019年借鉴宁波、杭州等地的规定,职工家庭依据《嘉兴市既有住宅加装电梯实施意见》参与加装电梯,符合条件的可一次性申请提取本人及直系亲属的住房公积金,支付加装电梯的费用。

(四)鼓励连片加装电梯

政府越来越建议老旧小区由现在的"居民自治的独立单元楼加装电梯"到"政府支持业主自愿的连片加装电梯"模式的转变,从居民协调工作到电梯安装企业成本角度促进加装电梯工作的开展。

（五）保障措施

对于加装电梯新增的部分面积，不再另行测绘补缴新增面积对应价款，也不计入各分户业主的产权面积，无须重新办理不动产登记或者在不动产登记簿上注记。

除此之外，有的地方老旧小区电梯安装已经有了新模式——“共享电梯”，也就是把小区住户新建电梯的责任承包给电梯公司，由电梯公司全权出资负责小区电梯修建，日后按市场化方式运作，如果要用电梯，就需要向电梯企业缴纳费用，如果不使用就不缴费。

二、分解职责，分布推进

（一）坚持业主是实施主体

房屋业主或者房屋所属小区业主委员会（未成立业主委员会的由房屋所在地居民委员会指导推举业主代表）是加装电梯的申请人，负责做好加装电梯的业主意愿征询、资金筹措、协议签订、项目申报、工程实施、维护管理等工作。

（二）推动业主协商

在业主自我协商、业委会组织业主协商的基础上，按照《关于加强城乡社区协商的实施意见》，居民委员会应根据需要，积极搭建社区协商平台，组织业主民主协商，引导各利益相关方理性表达意见诉求，寻求各方意愿的最大公约数，促进共识达成。业委会负责召开业主大会，核实业主身份信息和房屋信息，统计关于加装电梯的意见和建议。其中反对票主要集中在低区住宅，原因是加装电梯会产生噪音；遮挡房间日照或者阻碍通风；是占用小区尤其该楼栋的公用绿地面积。

由于上海市现行《关于进一步做好本市既有多层住宅加装电梯工作的若干意见》关于业主表决比例的规定，与《民法典》第278条的规定不一致，故从2021年1月1日起，本市既有多层住宅加装电梯的业主表决比例依照《民法典》第278条的规定执行，即申请人应当就加装电梯的意向和具体方案等问题进行充分协商，并征求所在楼幢全体业主的意见，由专有部分面积占比2/3以上的业主且人数占比2/3以上的业主参与表决，经参与表决专有部分面积3/4以上的业主且参与表决人数3/4以上的业主同意。

（三）政府分级负责

市房屋管理部门负责加装电梯的统筹协调工作，会同市相关部门做好相关政策制定和实施指导工作;市财政、规划资源、民政、建设、市场监管部门分别负责加装电梯的资金补贴、规划管理、社区协商、质量安全监管、电梯安装和使用监管等方面的指导。市电力、燃气、水务、通信等行业管理部门负责指导相关配套管线单位,做好加装电梯项目的电力扩容、管线移位等相关配套服务工作。

各区政府负责本区加装电梯的组织推进工作,并建立由区领导牵头,区相关部门和街道参加的协调推进工作机制;区房屋、规划资源、建设、市场监管、民政等部门按照职责分工,做好加装电梯项目的指导、审批、监管及社区协商指导等工作。长岛路某小区与潍坊新村均属于浦东新其,因此由浦东新区相关部门履行审批、备案和指导职责。

三、项目实施

(一)开展前期评估

对居民提出加装电梯意愿的小区,街道(镇)应当委托建筑设计等专业单位,对小区加装电梯的规划要求、建筑条件、消防安全、小区环境等进行可行性评估,初步明确该小区加装电梯整体设计要求。评估结果应告知所在小区业主委员会,同时告知居民委员会,并抄送区房管、规划资源部门和相关配套管线单位。

(二)签署加装电梯协议

加装电梯具体方案表决通过后,加装电梯出资人可以在协商一致的基础上签署加装电梯协议,明确约定加装电梯的所有权归属、使用规则、管理责任和费用分摊等相关事项。加装电梯协议约定的加装电梯所有权人依法享有相关权利,并履行相关义务。

(1)加装电梯所有权人的房屋所有权发生变更时,加装电梯的相关权利和义务由变更后的房屋所有权人承继。其中,加装电梯所有权人通过买卖、赠与等方式转移房屋所有权的,要书面告知其他加装电梯所有权人,并在房屋买卖合同、赠与合同中明确告知受让人对加装电梯的权利和义务。

(2)加装电梯所有权人为公有住房承租人的,公有住房承租人变更后,加装电梯的相关权利和义务由变更后的公有住房承租人承继。其中,通过差价换房等方式变更公有住房承租人的,加装电梯所有权人要书面告知其他加装电梯所有权人,并在公有住房承租权转让合同中明确告知受让人对加装电梯的权利和义务。

(3)加装电梯所有权人将房屋以出租、出借或通过其他方式转移房屋使用权时,要书面告知受让人对加装电梯的权利和义务。

(三)相关费用落实

加装电梯房屋幢业主对加装电梯所需费用、电梯运行维护费用、修理及更新改造费用的筹措、分担及委托电梯管理单位等应达成一致意见,并签订相关协议。

(四)编制设计方案

业主应当依据小区加装电梯整体设计要求,编制加装电梯项目的建筑设计方案和施工图设计文件。电梯选型应当经济合理,同一小区的电梯设备、安防系统等优先选择型号一致和相应匹配的设备,为运行管理和维保提供便利。

(五)公告意愿征询结果及公示方案

业主签订协议后,区房管部门指导业主委员会和居(村)民委员会在小区范围内将业主意愿征询结果进行公告,规划资源部门同时对建筑设计方案进行公示。

(六)办理相关手续

公示结果无异议的,申请人按有关规定向区规划、建设、市场监管部门办理项目规划许可、安全性论证、开工信息报送或施工许可、电梯安装及使用登记、竣工验收等手续。

四、扶持政策

(一)有关规划技术规定

在满足消防安全、不影响通行的前提下,建筑退道路红线、退用地边界距离与最小建筑间距均按照原建筑外墙计算。

(二)政府资金补贴

前期可行性评估费用纳入街道(镇)的公共财政预算。房屋安全性专家论证费用由公共财政承担。政府按照加装电梯施工金额的40%予以补贴(最高不超过28万元/台),市与区分担比例各为50%。

(三)可提取住房公积金

业主可以按顺序申请提取本人及其配偶、本人直系血亲的住房公积金,用于加装电梯中业主个人所需支付的建设资金。

五、老旧小区加装电梯具体流程

(一)意愿征询结果公告

申请人在完成意愿征询、资金筹措等工作后,区房管部门指导业主委员会、居(村)民委员会在小区范围内将业主意愿征询结果进行公告。

(二)规划许可

收到加装电梯建筑设计方案后,5 个工作日内在小区范围内公示建筑设计方案,公示期为 10 个工作日。通过公示后,申请人向规划部门提交加装电梯建筑设计方案等材料办理规划许可手续,签订告知承诺书,手续完备,当场核发建设工程规划许可证。

(三)房屋安全性论证

加装电梯的施工图设计文件应当通过相关部门委托组织的房屋安全性专家论证。材料符合论证要求的,论证组织单位 7 日内组织专家论证,并在论证会后 3 日内出具专家论证意见。设计单位应当按照专家论证意见,完善设计方案。

(四)开工信息报送或施工许可

申请人向区建设行政管理部门上报加装电梯项目基本情况、勘察、设计、施工、监理单位相关合同信息、建设工程规划许可证、房屋安全性论证意见等材料。申请材料齐全、手续完备的项目,总投资额 100 万元以上的,可采取告知承诺审批的方式当场予以核发施工许可证,对于告知承诺审批的项目,建设行政管理部门在施工许可证上标注"实行告知承诺方式审批"等区别于一般项目的有关内容;总投资额 100 万元以下的,办理开工信息报送手续。

(五)电梯安装、使用登记

电梯安装企业向区市场监管部门填报安装施工企业资质情况,加装电梯项目的规划许可、开工、电梯安装等信息,接受检验机构对电梯的安装监督检验。

申请人委托电梯施工单位在不晚于电梯投入使用后的 30 日内,向区市场监管局填报使用登记表、含有电梯使用单位统一社会信用代码的证明或个人身份证明、电梯设备产品合格证(含产品数据表)、特种设备监督检验证明等,办理电梯使用登记。

(六)竣工验收备案

加装电梯项目竣工后,申请人向区房管部门申请竣工验收,区房管部门会同区建设、规划资源等部门组织联合验收。

实例3　不成套职工住宅和小梁薄板房屋的更新改造

一、不成套职工住宅和小梁薄板房屋的更新改造概况

上海市在“十四五”期间，将全面完成非旧改地块无卫生设施旧住房改造；全面启动以拆除重建（含原址改建）为主的280万平方米不成套职工住宅和小梁薄板房屋的更新改造；力争实现“2000年年底之前建成的、纳入改造范围的、符合改造条件的各类旧住房改造”全覆盖；实施5000万平方米各类旧住房的更高水平更新改造；逐步建立对重要路段、重点区域、重要建筑的周期性更新改造机制。

彭浦新村改造：彭浦新村建设于20世纪50年代。2018年8月开始启动正式签约。启动后3个月，1748户租赁房签约率达到99.88%，362户产权房签约率高达100%，同时创造了签约首周内项目生效的新速度，改造项目正式生效。该项目要拆除11幢非成套房屋，建筑面积27,560平方米，新建7幢带电梯高层。改造完成后，每户将在原有面积基础上新增2平方米左右，共用厨卫变成独用。五期改造项目从筹备到正式签约满足生效要件经历了一年半的时间。彭浦新村此前已经完成51幢公房改造，受益居民1919户。

曹杨一村改造：曹杨一村建成于1952年，是可容纳1002户居民的48幢砖木结构两层楼房。历经几十年的风雨侵蚀，曹杨一村的居住环境、质量和功能，已不能满足现代人民群众的需求。房龄老旧、结构不稳、设备老化、人口老龄化严重、违建较多等现实状况，加之建筑加过层数，部分建筑材料已有老化趋势，也给曹杨一村带来了不少安全隐患。从2018年起，普陀区委、区政府以城市更新为抓手，将旧住房成套改造定位为重点工作，提出了“打造美丽普陀，不能留下死角，增进民生福祉，住房改善为先”的目标，曹杨一村旧住房成套改造的项目应运而生，改造的目标是“实现小区环境共享，打造工区特色主题，提升区域文化风貌”，使曹杨一村成为具备独特历史意义的宜居社区。

改造项目于2019年12月启动，改造后，每户实现套内厨卫独用，户均增加使用面积约8平方米，增加了小区的智能化设施。

二、成套改造是重点

在总结过去旧住房更新改造的基础上，上海市《关于进一步做好本市既有多层住宅加装电梯工作的若干意见》拓展了更新改造方式及内容。例如，针对建筑结构差、安全标准低、无修缮价值的不成套职工住宅和小梁薄板等存在安全隐患

的房屋,按照“能改愿改则应改尽改”的原则,重点推进拆除重建改造。对确无条件实施拆除重建改造的不成套职工住宅,通过对房屋加层扩建或在北侧、南侧加建等方式,完善厨卫使用功能的贴扩建改造。鼓励结合抽户实施旧住房成套改造。改造后的公有住房,按照实际确定房屋类型,换发租赁凭证,并调整租金标准。

在旧住房修缮改造方面,上海市《关于进一步做好本市既有多层住宅加装电梯工作的若干意见》明确,不仅要加大屋面及相关设施改造、厨卫综合改造等旧住房修缮改造力度,而且要按照“内外兼修”的要求,通过对小区基础设施改造及房屋屋面、外墙、楼梯等公共部位进行维修,提升小区环境、完善房屋基本功能。将管线入地、二次供水、消防设施建设、停车设施建设、积水点排除、环境整治、违法建筑整治等统筹实施。不断扩大社区服务供给,对社区内慢行通道、广场绿地、社区服务设施等多种类型的空间和设施进行改造提升。

三、允许用地性质、建筑容量和建筑高度适度调整

在此前的旧住房成套改造实践中,因无明确的成套改造住房验收标准,许多规定都照搬新建住宅标准,因而推进工程遭遇困难。此次上海市政府在《关于进一步做好本市既有多层住宅加装电梯工作的若干意见》在相关规划、土地、建设等方面作了调整,以加快推进旧住房更新改造。

例如,“对提供城市公共空间、保障性住房等公共要素和落实保留保护要求的旧住房更新改造项目,在符合区域发展导向的前提下,允许按照区域评估情况,在满足服务配套和城市安全要求、落实公共要素和全生命周期管理的基础上,进行用地性质、建筑容量和建筑高度的适度调整”“支持符合风貌保护要求的更新项目新增建筑用于公益性功能”。对拆除重建项目和贴扩建项目的建筑间距,也作了明确规定。

在土地方面,允许将建筑增量用于保障性住房、租赁住房和经营性配套设施的收益用以平衡改造成本。项目周边不具备独立开发条件、符合扩大用地要求的零星土地,可通过扩大用地的方式结合改造。

在建设标准上,拆除重建项目中涉及地基基础、主体结构安全性和消防等方面的强制性标准,原则上按照现行住宅设计标准进行施工图审查,其他涉及套型设计、建筑功能及有关配套方面的标准,依据《上海市拆除重建改造设计导则》进行施工图审查。

上述意见还明确了在组织实施方面建立专项改造计划的编制机制、建立改造区域的评估机制、建立提升改造设计的保障机制、强化统筹资源的协调机制、强化居民共建的参与机制等。

四、旧住房更新改造法律规范

旧住房更新改造是一项系统性的城市更新范式,所涉的法律规范主要包括:

(一)法律、行政法规

1. 规范改造活动的法律规范

包括《土地管理法》《城乡规划法》《城市房地产管理法》《招标投标法》及相应的实施条例,同时《文物保护法》对房屋改造过程中注重文物保护也作出了相关规定。

2. 规范建筑活动和建筑标准的法律规范

《建筑法》对建筑活动的监督管理和建筑工程的质量和安全作出了详细的规定;《节约能源法》涉及房屋满足节能性的相关规定;《防震减灾法》对房屋的抗震性作出了具体的规定;《消防法》规定建筑设施应满足消防安全的需要。旧住房更新改造实施过程中的建设活动应遵循前述法律法规的规定。

3. 规范社区治理或管理的相关法律规范

这方面主要涉及的法律规范包括《民法典》、最高人民法院《关于审理建筑物区分所有权纠纷案件适用法律若干问题的解释》、最高人民法院《关于审理物业服务纠纷案件适用法律若干问题的解释》、《物业管理条例》、《不动产登记暂行条例》等。

4. 规范与旧住房更新改造配套实施相关的法律规范

如《老年人权益保障法》第六章设专章规定,在城乡规划和新建、改建过程中,应统筹考虑适合老年人的公共基础设施、生活服务设施等设施设备建设;针对老旧小区普遍存在缺乏无障碍设施的现象,建设无障碍设施将成为重要的改造事项之一,应遵循《无障碍环境建设条例》的相关规定;改造过程涉及加装电梯的,还应符合《特种设备安全法》的有关规定。

(二)国家推进旧住房更新改造工作的指导性文件、规范性文件

主要包括:2020 年 7 月 10 日,国务院办公厅发布《关于全面推进城镇老旧小区改造工作的指导意见》。

2021 年 3 月,《中华人民共和国国民经济和社会发展第十四个五年规划和

2035 年远景目标纲要》,将实施城市更新活动上升到了国家发展战略。

2021 年 8 月 30 日,住房和城乡建设部发布《防止大拆大建通知》,正式标志着城市更新由"拆改留"转变为"留改拆",以保留保护为主。

(三)上海市推进旧住房更新改造的立法与发展

2015 年 5 月,《上海市城市更新实施办法》明确了城市更新的定义、职能部门职责及管理机制。

2017 年 11 月,《上海市城市更新规划土地实施细则》提出了更为细致的城市更新实施机制。

2020 年 2 月,《上海市旧住房综合改造管理办法》对旧住房综合改造的实施制定了具体的规范和建设标准。

2021 年相继发布的《关于加快推进本市旧住房更新改造工作的若干意见》和《上海市住房发展"十四五"规划》,提出了较为具体的实施目标。

2021 年 8 月 25 日,《上海城市更新条例》获得通过,首次从地方性法规层面规定了城市更新。

五、旧住房改造类型

根据《上海市城市更新条例》《关于加快推进本市旧住房更新改造工作的若干意见》等相关法律法规的规定,上海市旧住房更新改造主要包括以下类型:

(一)旧住房成套改造

根据旧住房建筑结构、安全性能、空间肌理和整体风貌等情况,旧住房成套改造主要包括拆除重建、贴扩建改造、里弄房屋内部整体改造、抽户实施旧住房成套改造等几种具体情形。

(二)旧住房修缮改造

包括加大屋面及相关设施改造、厨卫综合改造等旧住房修缮改造力度、持续完善住宅小区管线入地、二次供水、消防设施建设、停车设施建设等基本功能、扩大社区内慢行通道、广场绿地、社区服务设施服务供给、强化建筑设计理念等方面,提升旧住房修缮改造水平。

(三)保留保护建筑修缮

主要包括实施优秀历史建筑的保护修缮、加强保留历史建筑的保护更新、有序推进历史风貌区内房屋整体修缮等方面。

六、实施过程中的相关问题

(一)旧住房更新改造的运作模式

城市更新是一项较为复杂的城市系统工作,需要由政府统筹推进。过往的旧区改造活动,往往由政府主导,并以财政收入收储土地。自 2019 年开始,上海探索"政企合作、市区联手、以区为主"的旧改新模式。《上海市城市更新条例》规定了"统筹推进、政府推动、市场运作"的城市更新基本原则,首次引入"更新统筹主体"概念,并规定市、区人民政府应当按照公开、公平、公正的原则组织遴选确定与区域范围内城市更新活动相适应的市场主体作为更新统筹主体,由更新统筹主体统筹开展城市更新活动。

(二)意愿征询和表决

根据《民法典》、《上海市城市更新条例》、国务院办公厅《关于全面推进城镇老旧小区改造工作的指导意见》(以下简称《老旧小区改造指导意见》)、上海市《关于加快推进本市旧住房更新改造工作的若干意见》(以下简称《旧住房改造若干意见》)等法律法规之规定,在旧住房更新改造过程中,应坚持"居民自愿"原则,即应征求居民(房屋所有人、公房承租人)意见或由业主表决。根据改造实施的方式不同,对居民的意愿征询或业主的表决亦有差异,具体如下:

1. 通过征收方式实施的旧住房更新改造

对于需要拆除重建的旧住房更新改造,如通过征收方式实施,则根据《上海市国有土地上房屋征收与补偿实施细则》之规定,征收范围确定后,房屋征收部门应当组织征询被征收人、公有房屋承租人的改建意愿,有 90% 以上的被征收人、公有房屋承租人同意的,方可进行旧城区改建,并且补偿协议在签约比例达到 80% 后生效(目前征收过程中常常采用的"两轮征询")。

2. 公有旧住房的更新改造

如老旧小区的房屋为公有旧住房,在《上海市城市更新条例》的第 32 条规定了需要"两轮意愿征询"。

3. 私有旧住房的更新改造

如老旧小区的房屋为私有旧住房,对于私有旧住房更新改造涉及的业主意愿征询或表决,《上海市城市更新条例》没有明确规定。我们认为,根据《民法典》第 278 条之规定,对于修缮类、改建类、重建类的旧住房更新改造,应当由专有部分面积占比 2/3 以上的业主且人数占比 2/3 以上的业主参与表决,并应当经参与表决专有部分面积3/4以上的业主且参与表决人数3/4以上的业主同意;从有利于维护业主权益以及推进旧住房更新改造的实施方面考虑,应参照《上海市城市更新条例》第32条之规定,在签约比例达到95%后方可实施。另外,《上海市城乡规划条例》第34条虽将“扩建”与“新建”、“改建”并列规定,但因“改建”与“扩建”对业主的权益影响并无实质差异,因此,对于扩建类旧住房更新改造的意愿征询或表决以及签约比例的要求亦应按前述改建类的要求实施。

经上述意愿征询与表决程序不能实施更新改造的,如为保护社会公共利益的需要,政府可依法通过征收的方式实施更新改造。

(三)公有旧住房更新改造过程中更新协议/调整协议的效力问题

1. 公有住房承租人是否能视为业主

对此目前法律法规并未明确规定,司法实践中也存在诸多争议。有的法院判决直接否认了公有住房承租人的业主身份,而上海市第一中级人民法院(2019)沪01民终10667号民事判决书则认可了公有住房承租人的业主身份。

根据《民法典》《物业管理条例》《上海市住宅物业管理规定》,业主为房屋所有权人。但从《上海市房屋租赁条例》的规定来看,公有居住房屋承租人就其承租的公有居住房屋可以占有、使用和收益,亦可通过转让或互换的方式处分承租权,可见,承租人之承租权具有明显的物权性质,并且从《上海市城市更新条例》《上海市国有土地上房屋征收与补偿实施细则》等规定来看,房屋征收、旧住房的更新改造,涉及公有居住房屋承租人的,亦需征询公有居住房屋承租人的意见。因此我们认为,在公有旧住房小区更新改造的过程中,也应参照业主表决权规则对公有居住房屋承租人进行意见征询或表决。

2. 更新协议或调整协议的效力

《民法典》第502条第1款规定,依法成立的合同,自成立时生效,但是法律另有规定或者当事人另有约定的除外。从目前各地城市更新的实践来看,一般是通过地方性法规、地方政府规章对更新协议或调整协议的生效作出具体规定,因此,《民法典》第502条第1款之“法律另有规定”应作扩张解释,不仅包括法律、行政法规,还应包括地方性法规、地方政府规章。

(四)配套政策问题

根据《老旧小区改造指导意见》的规定并结合目前上海出台的配套政策,旧住房更新改造的配套政策主要是以下几类:

1. 改造项目审批制度

探索将工程建设许可和施工许可合并为一个阶段，简化立项、规划、用地等相关审批手续。不涉及建筑主体结构变动的低风险项目，实行项目建设单位告知承诺制的，可不进行施工图审查。鼓励相关各方进行联合验收。

2. 完善适应改造需要的标准体系

《老旧小区改造指导意见》要求全国各地抓紧制定本地区城镇老旧小区改造技术规范。如上海出台了《上海市各类里弄房屋修缮改造技术导则》《上海市三类旧住房综合改造项目工程技术导则》《上海市拆除重建改造设计导则》等技术指导规范。

3. 建立存量资源整合利用机制

《老旧小区改造指导意见》要求各地合理拓展改造实施单元，推进相邻小区及周边地区联动改造，加强服务设施、公共空间共建共享。

4. 土地支持政策

《老旧小区改造指导意见》要求城镇老旧小区改造涉及利用闲置用房等存量房屋建设各类公共服务设施的，可在一定年期内暂不办理变更用地主体和土地使用性质的手续，《旧住房改造若干意见》中也明确了相关支持政策。

5. 财税政策

根据《旧住房改造若干意见》相关规定，上海市规定市区两级可安排财政专项资金，发行地方政府债券，筹措改造资金；对改造过程中产生的税费进行减免；依法合规对实施城镇老旧小区改造的企业和项目提供信贷支持；居民可提取住房公积金，实施既有多层住宅加装电梯。

第二节　多元合作模式

广州市的城市更新加强了多元参与，根据 2015 年通过的《广州市城市更新办法》，广州城市更新遵循“政府主导、市场运作，统筹规划、节约集约，利益共享、公平公开”的原则，相关产权主体也可以参与到改造项目当中去。

同时，广州市的城市更新强调按照片区策划方案确定的发展定位、更新策略和产业导向，来加强政府土地储备、推进成片连片更新。

实例1　海珠区琶洲村全面改造项目

琶洲村位于琶洲岛中部珠江南岸,紧邻国际会展中心,区位十分优越。改造前村内环境脏乱、危楼林立、用地规模有限、建筑密度高、质量差、配套设施不完善。在2009年广东省、广州市分别出台"三旧"改造政策文件后,琶洲村成为广州市"三旧"改造首先启动的九条村落之一。

琶洲村采取"城中村整体拆除重建"的全面改造模式,形成了其独具特色的"政府主导,市场运作,村民自愿,多方共赢"的模式。琶洲村城中村改造以村社为主体,通过公开"招拍挂"方式引进社会资金进行改造(2009年10月保利地产摘牌),并根据"三旧"改造有关规费优惠政策,实行税费减免和返还优惠政策。改造规划总用地面积75.76公顷,改造范围内的集体土地全部转性为国有土地,项目总投资约170亿元。改造后相关指标实现"一降四升":建筑密度由62%下降到18%、绿地率由4%提升到46%、市政用地由2%增加到16%、公建配套面积比例由0.8%增加到6%,村集体及村民收入大幅提升。

实例2　济南宽厚里改造项目

济南宽厚里项目所在地成为"宽厚所街",改造前存在一些清末民初风格的四合院。街区更新改造汲取了之前济南红尚坊项目、百花洲项目的更新经验,在政府主导下引入市场主体,社会公众也积极参与到改造方案中,三方多元推动项目的实施。

济南市政府通过控规文件等对更新街区的规划、定位和发展做出原则性顶层设计,但是并不干涉更新的具体操作和运营。世贸集团在前期规划、中期运作以及后期管理中全过程参与、全方位介入,决定项目的整体规划、业态和操作。

项目实施过程中,社会性组织也积极参与。由于宽厚里更新项目保留有历史风貌的保护建筑,对于该部分建筑的规划、保护和修复以及利用方式,一些非营利性的社会组织也发挥积极作用,希望为城市留住更多文物古迹和城市记忆。更新项目最终由世贸集团作为总体操作方,在提高城市功能、保留城市记忆、综合平衡各方利益等方面作出了积极的探索。

第三节　市场主导模式

深圳的城市更新以市场主导模式为主,政府制定相应引导性政策,包括总的纲领性政策以及配套政策、市场体平等合理获取利益机制等,将部分权利和收益让渡给市场,从而撬动市场资金,推动项目建设。深圳的城市更新积极鼓励本地房企、银行、全国房企以及各类金融机构全面参与,充分激发市场活力、提高效率。

实例1　深圳盐田三村、四村、西山吓村及小布村整体搬迁项目

一、盐田整体搬迁项目概况

盐田整体搬迁项目采用“市政府指导,区政府主导,股份有限公司全面参与,市场化运作”的模式,项目由政府公开招标,实施主体为佳兆业集团。佳兆业至今为止已成功打造20余个城市更新项目,被称为“旧改之王”。佳兆业下属子公司佳兆业置业发展有限公司专门负责旧城改造项目。佳兆业以其高周转效率和产业运营能力打造出独特的业务模式,公司以业主回迁率高及回迁速度快形成项目快速滚动成熟特点,项目周期一般在3~5年,高周转带动佳兆业资金占用和财务费用大幅下降。

根据盐田港后方陆域现状及规划情况,整体搬迁项目采用“整体拆除、异地重建”的改造模式,项目整体规划超13万平方米两大集中式商业购物中心+融合式街区商业,拆迁区的总占地面积为34.6万平方米,涉及4个股份公司和13个自然村,回迁物业的建设和业主签约同步进行,回迁周期短。实施整体搬迁后,政府整合零星用地,向盐田区提供了50万平方米的土地供应,实现后方陆域物流用地及居住用地的功能分区。

二、更新项目的实施步骤

(一)计划立项

计划立项是指项目申请纳入“城市更新单元计划”。申报主体可以为权利主体(如村委会等)、由权利主体委托的市场主体(如房企)或市/区政府,项目申报需满足一定的前提,如达到最小改造规模、补公用地达到一定比重、改造意愿满

足条件等。其中,改造意愿征集是立项前的关键步骤,不同城市要求有所不同,如深圳为单地块“双2/3”,珠海为旧住宅“双95%”、非旧住宅“双3/4”。在完成意愿征集后,申报主体可向区更新办提交申报材料,经区、市两级审批后项目纳入“城市更新单元计划”,标志立项成功。

(二)专项规划报批

专项规划报批是指“城市更新单元规划”的编制和审批,通常须在立项公告后一定时限内完成方案报送,如深圳要求1年。在这一流程中,申报主体一般首先向主管部门申请核查土地及建筑物信息,再聘请有资质的规划设计单位编制规划方案,并与规划国土部门深入沟通、报审,以获得对公司有利的批复指标。专项规划报批是房企就容积率、配建要求等与政府进行博弈的过程,通常需要耗时1~2年。

(三)确定实施主体

确定实施主体是指,通过签订《搬迁补偿安置协议》等方式形成单一实施主体的过程。这一阶段房企首先与原权利主体签订《搬迁补偿安置协议》,再向区旧改部门申请认证实施主体资格,认证通过后与区旧改部门签订监管协议、设立资金监管账户。这一步骤通常耗时1~3年,部分城市为缩短项目周期,不绝对要求100%的签约比例。如珠海规定,项目在城市更新单元规划批准2年后,仍因搬迁谈判未完成等原因未能确认实施主体的,如果已签订搬迁安置补偿协议的不动产产权比例不低于95%,市、区政府可以依法对未签约部分房屋实施个别征收。

(四)土地获取

土地获取是指实施主体完成建筑物拆除、原房地产证注销等工作后,与政府签订土地使用权出让合同,标志旧改项目正式孵化完成。旧改项目土地一般采用“招拍挂”方式公开出让,少数地区允许协议出让。2018年4月,广东省发布粤国土资规字〔2018〕3号文,首次允许旧改用地协议出让,对广东旧改项目的推进作用巨大。(3号文规定,三旧改造用地属政府收购储备后再次供地的,须以“招拍挂”方式出让,其余可以协议方式出让。)

上海市作为城市更新的先驱实践者,除了政府和本地国有企业主导的各类城市更新活动外,也有非常多的市场主体参与到城市更新项目中。

实例2　上海越界陕康里微更新项目

位于上海静安区康定路的陕康里项目，是老静安少数可用于改造的工业用地，系由锦和集团与美国华平投资合作成立的城市更新平台——锦和资管具体实施的更新改造。锦和资管为市场化主体，已完成了近20个位于北京、上海核心区域的存量资产微更新，为城市更新的积极参与者，致力于将存量资产提升价值，增加城市活力。

陕康里项目前身为静江建材市场大楼、华洋折中式的教堂、修理工厂等，现状老旧不堪，产权复杂，顶峰时项目现场实际租户将近百家，超过350人居住，人员混杂，存在大量安全隐患。锦和资管通过司法拍卖收购获得了陕康里项目后，在区政府、街道以及城市管理执法大队等各部门的协同与支持下完成了原有租户、使用人的补偿和清退工作。在保留原有建筑结构的前提下，发掘历史文脉，赋予曾经的锡克教堂与静江建材市场全新的面貌，将原来破旧的建筑物改造成为创意办公、开放式商业街区，建筑与环境有机融合，大幅提升该片区可利用公共空间。该项目定位融合个性化办公、体验式商业的创意生活潮流街区。汇聚人气餐饮酒吧、精品咖啡、创意设计、潮流资讯等高端品牌，于2020年完工正式开业后，很快成为上海新的时尚打卡地，目前已成为成熟运营项目，创造了客观、稳定的经营现金流，成为上海微更新项目的成功案例。

改造前：

改造后：

第三章　城市微更新的投资模式

第一节　政府主导模式

一、财政资金直接投入

对于一些公益属性比较强、资金需求不大的城市微更新项目，往往是以政府部门为实施主体，利用财政资金直接进行投资建设的。

实例1　2018年南京市玄武区香林寺沟片区环境综合整治工程

该项目由玄武区建设房产和交通局负责实施，包含河道景观工程、游园绿地工程、建筑立面出新、街巷整治工程等。项目总投资4.1亿元，资金来源为财政资金。

二、城市更新专项债

该种融资模式适用于具有一定盈利能力，能够覆盖专项债本息、实现资金自平衡的项目，往往以政府或者地方国企为实施主体，通过城市更新专项债或财政资金+专项债形式进行融资。财预〔2020〕94号《关于加快地方政府专项债券发行使用有关工作的通知》约束了专项债的资金用途：坚持不安排土地储备项目、不安排产业项目、不安排房地产相关项目。利用专项债的城市更新项目必须具备现金流平衡且不涉及土储和房地产开发。

从已发行的城市更新专项债来看，项目类型包括保障性住房、市政建设、老旧小区更新、区域环境整治、公共设施供能提升等，这些债券的主要还款来源包括商业租赁、停车位出租、物管等经营性收入以及土地出让收入等。

实例2　2020年9月青岛市政府发行第二十六期政府专项债券

2020年9月青岛市政府发行第二十六期政府专项债券，其中涉及济南路片区历史文化街区城市更新项目，该项目概算总投资11.6091亿元，政府专项债券融资8.50亿元，占总投资的73.32%。项目收入主要为客房出租收入、商业出租收入等，项目可偿债收益对债务融资本息覆盖倍数为1.31倍。

2022年5月深圳市政府也发行了第十四期政府专项债券，发行金额5.6亿元，部分用于城市更新项目，收入来源主要是产业园、商业办公等出租收入。

2022年广州市海珠区为实施城市更新改造补短板项目发行4.37亿元专项债券，主要优化区域内的基础设施功能。

三、地方政府授权国企进行一二级开发

该类项目一般以地方国企为实施主体，地方国企利用自有资金，配套债券资金、银行贷款（包括政策性银行贷款、城市更新专项贷款等）以及其他融资等方式筹集资金。该类项目往往市场化属性更强，有一定的项目现金流入平衡，也是地方城投参与土地一二级开发的重要方式之一。

实例3　南京石榴新村城市更新项目

2020年6月，石榴新村作为南京市推行城市更新的首个试点项目正式启动。南京市秦淮区政府委托南京越城建设集团为项目实施主体，项目收益来源包括居民承担的改造投入、增加部分面积销售及开发收益等，项目按规定可使用住宅专项维修资金，国家及省老旧小区改造、棚改等专项资金，以及市、区财政安排的城市更新改造资金等。融资方式为：南京越城建设集团自筹资本金，并通过银行贷款进行融资。同时允许配套建设和运营一批商业设施，并将部分政府债券融资用于项目更新改造，满足了项目资金需求。

第二节　多元合作模式

一、政府、房企、产权所有者三方合作

该模式下，地方政府、房企、产权所有者三方共同合作，能够加快项目进度，提升项目收益，适用于产权复杂但盈利能力较好同时公共属性配置要求较高的项目。具体来看，政府负责公共配套设施投资，房地产企业承担项目改造与运营工作，产权所有者则协调配合分享收益。

实例1　深圳市福田区水围村综合整治项目

该项目管道燃气、给排水管网、供电系统等公共配套部分由区政府出资，村民楼改造部分，由水围村集体股份公司、深业集团和福田区住建局共同签订合同，约定水围村公司将29栋楼二层以上物业的使用权移交给深业集团，由深业负责房屋改造、运营，同时向水围村公司定期缴纳租金，二层及以下物业保留集体使用权；福田区住建局担任项目监理人，在项目改造完成后向深业集团租赁其负责的区属公共租赁住房定向分配给福田区相关企业的员工使用。该项目实现了经营收益、各方共赢。

二、政府和社会资本合作(PPP)模式

PPP模式适用于回报机制较为成熟的项目，引入社会资本方可以提高更新效率，减轻财政负担，但由于PPP有财政承受能力10%限额的红线，其规模也受到了一定限制。在该种模式下，政府公开引入社会资本方，由政府出资方代表以及社会资本方共同成立项目公司，再以项目公司作为投融资以及建设运营主体。项目资金来源主要为股东资本金以及市场化融资。

实例2　重庆市九龙坡区城市有机更新老旧小区改造项目

2020年9月，重庆市九龙坡区城市有机更新老旧小区改造项目采用PPP模式进行，社会资本方为北京愿景华城复兴建设公司、核工业金华建设集团、九源国际建筑公司，政府出资方为渝隆集团，双方共同出资建设SPV项目公司，总投

3.7180亿元,采用“投资改造—运营—移交”(ROT)模式运作,合作期限11年,回报机制为可行性缺口补助。

三、投资人+工程总承包(EPC)模式

投资人+EPC模式由政府委托下属国企与工程建设企业共同出资成立合资公司,由合资公司负责所涉及城市更新项目的投资和建设运营,项目收益主要为运营收益及专项补贴。该模式能够引入大型工程建设单位及专业运营商,但需要注意项目合规性,以免新增隐性债务。

具体来看,投资人+EPC模式的一般流程是:(1)地方政府授权地方国企招投标及项目实施;(2)地方国企通过招投标程序选择社会资本方;(3)社会资本方单独或与地方国企成立项目公司;(4)项目公司与社会资本方签署EPC协议;(5)项目公司进行投资、建设、运营;(6)地方政府向地方国企拨入财政资金;(7)地方国企向项目公司支付投资回报;(8)社会资本通过出让股权等方式实现退出。

实例3 广东东源县城乡基础环境综合提升工程项目

广东东源县城乡基础环境综合提升工程项目投资额超过40亿元,项目采用“投融资+设计施工总承包+运维服务”(投资人+EPC+O)模式实施,建设内容包括土地综合整治、饮水工程建设、环保基础设施建设等。东源县政府授权东源县城乡建设投资公司作为项目投资主体,通过对外招标,与中标联合体(中铁二十三局集团、中铁建发展集团等)组建项目公司,项目回报为农田垦造指标交易等。

四、城市更新基金

城市更新基金一般由政府主导,国有企业牵头,联合社会资本设立,适用于政府重点推进、资金需求大、收益回报较为明确的项目。目前,城市更新基金的投资人主要以房地产、建筑施工企业为主,但也有资金期限较短、投资回报及附加要求多、退出机制不明确等缺点。基金构架一般为母基金+子基金,子基金主要针对城市更新的各个阶段或子项目。2021年以来,上海、北京、天津、无锡等地相继成立城市更新基金。

实例4　上海城市更新基金

2021年6月，上海成立800亿元规模的城市更新基金，计划用于投资上海中心城区的旧区改造和城市更新项目。组织形式上，上海地产集团是基金管理人，为普通合伙人，其他参与的企业包括国资背景的房企、险资等，为有限合伙人。

五、城投公司主导

从2019年开始，以重庆为代表，逐步从城投类公司中剥离土地储备职能，城投类公司保留一定量的经营性资产，通过资产盘整运作，提高服务城市、运营城市的能力，未来城投公司在城市更新中也会发挥功能引领作用。

2021年8月，住房和城乡建设部发布《防止大拆大建通知》，明确了城市更新由政府主导的地位，项目不应沿用过度房地产化的开发建设方式，不应大拆大建，应更加侧重城市更新的公益属性，以提升功能、保留城市记忆为主，鼓励推动由“开发方式”向“经营模式”转变。（见图3－3－1）

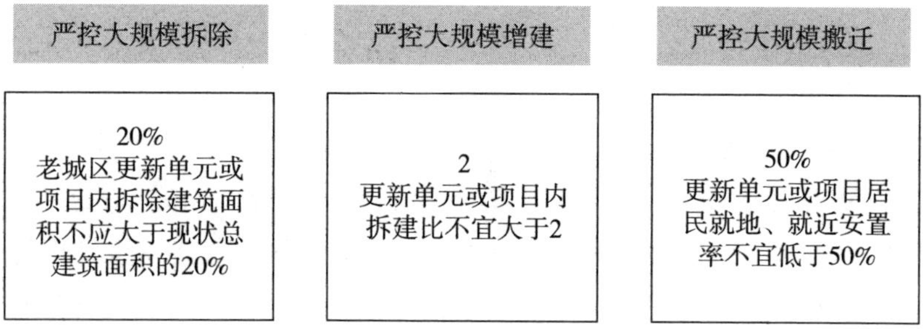

图3－3－1　防止大拆大建问题“三严控”

资料来源：《关于在实施城市更新行动中防止大拆大建问题的通知》，中泰证券研究所整理。

《防止大拆大建通知》对于当前参与各类城市更新项目的主体有着直接广泛的影响。一方面，对于希望借道城市更新模式绕开监管与土拍的房企来说，《防止大拆大建通知》中关于拆除面积、建设强度、就地安置比例的明确规定使城市更新的土地价值有较大幅度的下降，城市更新利润降低，使各地在推进过程中的项目也将面临较大的不确定性。另一方面，在坚持政府统筹、公益性实施、项目收益自平衡的基础上，比起房企，城投公司更具备产业协同能力、城市综合服务能力和资产管理能力，未来城投可能会成为城市更新项目中市场化运作的主流主体，承担承接政府委托与市场化融资的职能。同时这也是区域开发、利用土地的新模式，将成为地方政府发展的重要工具。

城投参与城市更新主要通过参与一级开发或者以一二级联动的模式参与。土地一级开发一般是政府授权城投企业进行土地开发，在对国有土地（毛地）或乡村集体土地（生地）进行统一的征用、拆迁、安置、补偿，并进行适当的基础建设，使土地达到“三通一平”“五通一平”“七通一平”的建设条件（熟地）后，再由政府进行收购储备，后续再出让获得土地出让价款，给予城投的回报构成主要是成本加合理的收益率。但这种业务模式由于涉及土储，难以进行市场化融资。

一二级联动模式是目前城投参与城市更新的核心利润来源，也是城投市场化转型的重要手段之一。具体而言，该种模式下城投作为开发商，首先与原土地或建筑物权益人等签订拆迁安置补偿协议等，完成拆迁后再以协议出让、定向招拍挂、补缴地价以及通过原始权益人直接向实施主体转让等模式获得土地使用权，后续再进一步实施二级开发，即城市更新项目的一级、二级开发都是由城投自行负责的，如果项目不涉及土地，一级整理环节也属于正常的工程项目，可以进行相应的市场化融资。此外，城市更新属于经营性项目，能够实现收益平衡，不涉及新增隐性债务。

对于不涉及土地收储的城市更新项目，一级整理环节融资属于正常的工程项目贷，二级开发环节融资属于房地产开发贷，实施主体并购原始权益人股份的融资属于并购贷。但值得注意的是，根据《商业银行并购贷款风险管理指引》以及各地银保监局出台的政策，以收购土地使用权为目的的并购贷应穿透审查，存在被认定为前融的风险。

对于涉及土地收储的项目，一级整理成本可能用于抵扣土地出让金，因此金融机构提供的一级项目贷可能涉嫌提供前融；由于土地经过收储，实施主体需要通过招拍挂或协议出让方式交纳土地出让金，金融机构不能为此提供融资；二级开发环节，融资属于开发贷范畴，不受影响。

资金能否平衡、现金流何时回正、收益如何保障，是城投公司开展城市更新项目必须要考虑的问题。城市更新项目涉及环节多，每一个环节均能构成盈利来源，要实现项目投入产出平衡，需要城投公司合理规划，争取正收益项目和负收益项目打包组合，并充分挖掘项目潜在收益。比如配套公共停车场、充电站、能源站等公共设施的运营收入，引入酒店、购物、餐饮、会展等配套商业业态等。

同时城投公司也应提高运营管理能力,创新业务模式,提高运营收入。

总体来看,城投参与城市更新的收益可以分为两大块:第一块主要是一级开发的收益,即实施范围内经营性用地(包括商住、工业仓储和科教等用地)土地出让收入实现后合规路径的返还。第二块主要是获取二级开发和土地增值的收益,包括城市基础设施和公共服务设施的运营收入;社区配套的商业、物业管理、广告、停车、充电桩等经营性收入;涉及产业导入的入驻企业租赁厂房收入以及相关附加收入;土地二级开发收入,包括通过提高容积率、改变土地性质、提升住宅和物业品质以增加土地价值、将不可自由交易的"小产权"改变为能够自由交易的"大产权"等方式获得的收益。

从实践来看,参与城市更新项目的主体除了城投类企业外,主要还有房地产开发企业、施工单位,这与城市更新项目的建设开发内容是相吻合的。通过多年的市场化发展转型,很多城投公司往往也形成了房地产开发、工程建设施工等业务板块,因此,城投公司从以下不同的角度参与城市更新项目:

(1)作为政府方代表参与城市更新PPP项目,目前重庆、南宁、西安等地均已明确鼓励采用PPP模式推进城市更新项目的实施。

(2)作为政府授权主体通过"政府授权+股权合作"或"投资人+EPC+O"的模式参与城市更新项目,由地方政府授权城投公司作为城市更新主体,城投公司依法遴选投资人,并与投资人共同合作成立项目公司,由项目公司具体负责城市更新项目的实施。

(3)从房地产开发的角度,通过一二级联动或一二三级联动的方式参与城市更新项目。通过二级房地产开发销售或者3年的物业持有获取一定的收益,以弥补基础设施和公共服务设施建设和运营带来的收益不足的问题,实现项目投资和收益整体自平衡。此种模式要注意土地获取的合法合规性。

(4)从工程施工角度,参与城市更新项目,包括土地一级开发、基础设施及市政配套、住宅、商业、办公等工程建设。

实例5　广州开发区投资集团有限公司

广州开发区投资集团有限公司(以下简称广州开投)是广州开发区交通设施建设、园区建设运营、城市更新改造建设主体。目前,城市更新板块主要由该集团城市更新部及下属子公司润埔投资运营。项目获取方面,广州开投是开发区四大城市更新改造的主体之一,其国有企业性质使其在项目获取方面具有天然优势。目前该板块主要收入为改造咨询业务收入,2020 年实现收入 4213.46 万元,主要系润埔投资实现的元岗村改造咨询服务收入、征拆经费收入等。

广州开投通过一二级联动的模式参与城市更新。在一级开发方面,公司主要提供的服务包括:动员村民签订改造合作意向、测量摸查现状、编制改造方案并公示征得一致意见后报批、落实用地指标和规划、签订安置补偿协议、拆迁、一级土地整理、安置区复建管理、回迁安置服务等,这些服务是各项目能够进入二级土地开发的必要前提。项目成熟进入二级开发阶段后,通常由广州开投引入房地产开发商,合作进行二级开发,中标的开发商需向公司支付前述三旧改造前期服务的服务费。合作开发城市更新改造项目方面,广州开投和合作方成立项目公司,按股权比例投入,共享收益;项目融资及建设由项目公司负责,发行人按持股比例承担项目公司的资本金出资部分,建成后按股比分红,改造项目由合作开发商控股,建设由开发商主导。

实例 6　天津城投集团

2021 年 6 月 19 日,天津城投集团与国家开发银行天津市分行签署战略合作协议,双方将进一步加大在城市更新、城市路桥、环境水务、轨道交通等领域的合作力度和合作深度。双方本次确定了拟合作的 4 大类 15 个项目,其中,城市更新试点项目 4 个,总投资约 400 亿元;其他重大基础设施项目 11 个,总投资约 800 亿元。

第三节　市场主导模式

一、城市更新贷款

2020 年 7 月 17 日,国家开发银行与吉林、浙江、山东、湖北、陕西 5 省,中国建设银行与重庆、沈阳、南京、合肥、福州、郑州、长沙、广州、苏州 9 个城市,分别签署支持市场力量参与城镇老旧小区改造的战略合作协议。

2021 年 4 月 29 日,国家开发银行重庆分行向重庆市首个城市更新项目——九龙坡区民主村片区城市更新项目发放贷款 17.5 亿元,支持项目加快推进,以改善老旧片区居民生活环境,提升核心区域城市形象。

2021 年 5 月 31 日,铜陵市政府与国家开发银行安徽分行城市更新项目合同签署仪式在合肥举行,铜陵经开区申报的城市更新项目和基础设施建设项目成功入列首批签约贷款项目,总额度 16 亿元,期限 20 年,年利率约 4.5%。

2021 年 6 月 19 日,天津城投集团与国家开发银行天津市分行签署战略合作协议,双方将进一步加大在城市更新、城市路桥、环境水务、轨道交通等领域的合作力度和合作深度。双方本次确定了拟合作的 4 大类 15 个项目,其中,城市更新试点项目 4 个,总投资约 400 亿元;其他重大基础设施项目 11 个,总投资约 800 亿元。

二、开发商自主融资

该模式适用于商业改造价值较高、规划清晰、开发运营属性强的项目。该种模式下,项目完全由开发商按照规模要求进行项目开发。该种模式的核心是开发商能够顺利获取土地,并在更新过程中,通过容积率的突破平衡投入。

实例 1　深圳宝吉厂城市更新项目

2010 年 1 月佳兆业以 8.4 亿元的价格完成收购宝吉厂房等资产,并向政府申请将用地性质改为商住用地,并于 2011 年 1 月获得龙岗区人民政府批准。整个项目集 70 年产权纯居住的住宅和沿街商业、保障房、商务公寓、大型商业购物中心、五星级酒店和超甲级写字楼于一体,项目资金由佳兆业自主融资。

三、居民或企业自主更新

有城市更新需求的企业或居民(村集体),可以申请自主进行更新改造并分享更新收益。该种模式下,一般由企业或居民(村集体)使用自有资金或者自己筹集资金,一般适用于自身经营价值高、主体诉求高的项目。

实例 2　广州黄埔沙步旧村改造项目

广州黄埔沙步旧村因公配设施存在设施不足、经营管理混乱等诸多问题,城市更新迫在眉睫。沙步旧村项目于 2016 年列入城市更新和资金计划预备项目。2021 年 7 月,沙步旧村改造实施方案获得区政府正式批复。因村民自主更新意愿强烈,最终批复由村集体自行更新。经测算,改造总成本为125.51亿元,项目规划复建安置区面积总计87.98公顷,净用地面积48.08公顷,平均净容积率4.31,融资区面积总计70.29公顷;土地由村集体在完成拆迁补偿安置后,按规定申请转为国有土地,协议出让给原村集体与万科组成的合作企业。